行安 茂／編著

河合栄治郎の生涯と思想

河合栄治郎没後80年記念論集

北樹出版

序

　本書を企画するに至った契機と課題について述べておきたい。今年は河合栄治郎（1891-1944）没後80年記念の年である。戦後の日本においては河合栄治郎についての回想記や研究書が次々と出版されてきた。とくに、社会思想研究会編『河合栄治郎　伝記と追想』（社会思想研究会出版部、昭和23年）および江上照彦『河合栄治郎伝』（社会思想社、昭和46年）は注目されるべき、貴重な著書である。編者はこれらの著書から非常に学ぶところがあり、本書において参考にさせてもらった。

　さて本書は全体の構想として河合栄治郎の生涯とその思想展開とを再検討することを目的としたものである。第1部においては河合の少年時代と家庭環境、小学校時代、中学校時代、高等学校時代、大学時代に焦点を置き、その成長過程と将来の理想について検討した。これらの点を押さえておくことが、その後の河合の問題意識を知る上において重要なヒントを与えることができるからである。家庭環境においては父母の考え方や性格が河合少年の成長において基本的影響を与えているからである。とくに、父親が河合栄治郎の性格形成に大きな影響を与えたことは、無視することのできない点である。世間では子どもの成長の転機は父親への反抗から自律の第一歩を踏み出す場合があるが、河合栄治郎の父親は河合少年の教育については理解のある親であった。

　河合少年の成長過程において注目される、もう一つの点は中学校時代に病気のため一学期くらい休学したことである。病名は説明されていないが、病名が何であったかを知ることは、河合栄治郎の早世の原因を知る手がかりになるかもしれない。もう一つ注目すべきことは、彼はこの休学中、多くの本（古典）を読んでいたことである。この経験は、後年彼が文章家として、さらに雄弁家として成長する素地となっていた。休学後は、別の中学校に転校し、彼の優れた諸能力を発揮したことは第1部第1章において説明したところである。

　河合栄治郎の思想形成の最初の時期は、彼が第一高等学校時代において新渡

戸稲造と内村鑑三との二大恩師からキリスト教の影響を受けたことである。河合栄治郎はその後二人の恩師からは思想的に離れてゆくが、この時期は河合が理想主義を身につける重要な原点であった。この点については第1部第2章において詳しく説明されるはずである。

河合の大学時代は彼が労働問題に関心をもった時期である。彼が農商務省に官吏として入省したのは労働問題を解決するために制度の改革に熱意をもったからである。その契機は大学時代に『日本職工事情』の本を読んで労働問題を解決することが急務であることを彼が知ったからであった。もう一つは山室軍平のキリスト教に基づく孤児救済活動から感銘を受けたことである。この点については第1部第3章において述べたので参照されたい。河合栄治郎は以上のような問題意識をもって大学卒業後、農商務省に入省する。その後、彼はアメリカ出張を命じられ、アメリカの労働問題の現状を視察する。アメリカに滞在中、河合はジョンズ・ホプキンズ大学のスロニムスキー教授と会うことができ、対談中河合は教授から T. H. グリーンの『政治義務の原理』を推薦された。河合は帰国後、グリーン研究に集中するようになるが、これは数年後のことである。

さて、河合栄治郎は大正8 (1919) 年5月、アメリカ出張から帰国後、参事官に任命される。そして彼は国際労働会議で報告する日本政府代表の報告草案の依頼を受ける。彼は渾身の努力によってこの草案を完成し、これを農商務省幹部に提出する。ところが農商務省幹部は河合栄治郎の草案がラディカルであるため河合と意見が対立する。その結果、農商務大臣は草案を別の官吏に委託する。こうして河合は期待に反し、除外され、孤立化する。彼はこうした状況に至ったときは辞表を提出する覚悟をしていた。遂に河合栄治郎は辞表を農商務大臣に提出する。その後、大臣および幹部から慰留を求められたが、これを受け入れる河合栄治郎ではなかった。彼は遂に農商務省を辞職する。

河合栄治郎は一介の浪人となったが、恩師、友人、知人等の推薦により大正9 (1920) 年6月、東京帝国大学経済学部助教授となる。彼は大正15 (1926) 年2月、東京帝国大学教授となる。これより先、彼は大正11 (1922) 年-同

14（1925）年、オックスフォード大学に留学する。帰国後グリーン研究に没頭する。昭和5（1930）年『トーマス・ヒル・グリーンの思想体系』を刊行した。

　河合栄治郎の思想体系の原型はこのグリーン研究にあるので、河合の『トーマス・ヒル・グリーンの思想体系』は極めて重要な意味をもつ。河合はこの思想体系をベースにして『社会政策原理』（1931）、『学生に与う』（1940）等を刊行する。河合はこの中で道徳、芸術、宗教について独自の解釈をしてゆく。これより先、昭和14（1939）年1月、出版法違反により検事局の取調べを受け1月31日、文官分限令第11条第1項第4号により休職を命ぜられる。こうして河合は多忙な日を送りながらも『学生に与う』を出版したが、体調も悪くなりかけていたといわれる。

　河合栄治郎は大正9年6月、東京帝国大学経済学部助教授、大正15年2月、東京帝国大学教授として順境の下で理想主義体系の完成に向けて着々と進めていたように見えたが、昭和16年−18年頃にかけて病状がいろいろと体内で悪化していた。

　この点については江上照彦著『河合栄治郎伝』の中の「花も嵐も踏み越えて」によれば、いろいろな病気が河合栄治郎の体内に起こっていた。体重も19貫から12貫少々に激減していたといわれる。河合自身も大きなショックを受けたといわれる。

　本書の第2部は「河合栄治郎の理想主義とその展開」である。第2部は10章から構成される。その内容は『学生に与う』を中心としたものであるが、第2章は「戦闘的自由主義者としての河合栄治郎とその再評価——小野塚喜平次との関係を中心に」である。第3章は「河合栄治郎の社会改革とイギリス政治思想」との関係を中心にした思想展開である。第4章は教育思想史の視点から見た「河合栄治郎の教育原理たる『人格』の思想史的意義——『自他実現』としての『人格の完成』理解」である。第5章は「教育者としての河合栄治郎とその再評価」である。第6章は「河合栄治郎に学ぶ教師の在り方生き方——私の「河合」体験と教師体験から」である。第7章は教育学の視点から見た「河合栄治郎の教養論と学生の生き方」である。第8章は「河合栄治郎を継ぐ人々

——青日会から河合栄治郎研究会まで」である。第9章は編者が『イギリス理想主義研究年報』第17号（2021）に投稿した「故川西重忠教授とその河合栄治郎研究」を一部カットし、修正したものである。第10章は編者が河合栄治郎の生涯と思想について学ぶものは何であるかを述べたものである。

　なお、第1部第2章は「河合栄治郎の思想形成と新渡戸稲造」として設定した。さらに、第1部第7章は「河合栄治郎の芸術論とその再評価」として設定した。今まで河合栄治郎の教養論の中の「芸術」についてはほとんど研究はされなかった観があったので今回取りあげることにした。河合は生前において奈良へ旅行していたが、その目的の一つは芸術作品等の鑑賞にあった。この点は河合栄治郎の才能の特異な側面であるが、これまで十分評価されてこなかった。本書において河合栄治郎の芸術論の一章を設定したことは彼の教養論を理解する上で重要であると考えられたからである。

　以上本書の概要を述べたが、最後において河合栄治郎が残した課題は何であったかについて述べておきたい。

　河合栄治郎は晩年において理想主義体系七巻を完成し、刊行することを念願していた。河合はこの大事業が完成するまでは生きなければならないという強い決意と執念とをもっていた。河合栄治郎は理想主義の体系の完成になぜ執念をもったのであろうか。彼はこの体系を完成する上において残された課題を何と考えていたのであろうか。彼にとっては人生の究極目的は人格の完成であった。しかし、人格はいかにして完成されるであろうか。現実の自我はいかにして完成されるであろうか。人格の完成と現実の自我との間には克服すべきギャップがある。この壁は何であろうか。これらは利己心、自負心、功名心であることは、河合栄治郎は『学生に与う』の「宗教」の中においてすでに述べている。しかしこれらの克服は、彼によれば神を信ずることによってのみ可能であるといわんとする。しかし、河合栄治郎はキリスト教徒ではなかった。河合がアメリカ出張から帰国してから後はキリスト教から離れて行ったことは本書においてすでに指摘された通りである。では河合は日本仏教について積極的に関心をもったであろうか。彼はほとんど仏教、とくに禅には関心をもってい

なかった。河合栄治郎は晩年西田幾多郎に関心をもっていたが、西田幾多郎の哲学を理解するためには日本仏教、とくに白隠禅を理解する必要があるが、河合はこの点についての関心をほとんどもってはいなかった。こう考えてくると、河合栄治郎は宗教的には中途半端であったといえよう。以上のように見てくると、自我の成長によって人格を完成する哲学的基礎を明らかにすることは、残された重要な課題であるといわねばならない。

この問題については編者は本書の関係ある諸章において言及し、十分ではないが、白隠の「純一無雑打成一片」の真実が西田幾多郎の宗教論にどのような影響を与えたかについて述べたので参照されたい。この意味において河合栄治郎が西田哲学に関心をもち、人格の完成を目的とした自我の成長を再検討することは非常に重要な意味をもつ。

現代では河合栄治郎は忘れられた思想家であろう。しかし、戦後の日本を再建するために河合栄治郎が学生への大きな期待から学生を対象とした教養書を出版した功績は非常に大きかったといえる。本書の執筆者の多くは戦後に生まれた人々であるが、河合栄治郎の教養書等から影響を受け、それぞれの立場から河合栄治郎の生涯と思想について執筆していただいた各執筆者に対して深甚の謝意を表したい。

河合栄治郎の教養論についての著書は一読して興味を引き起こし、読みやすいように見えるが、他面において河合の思想を理解することは困難であると感じた人々も少なからずいたのではないかと推察される。こうした人々にとって本書が何らかの役に立てば幸いである。十分ではないが、『河合栄治郎の生涯と思想——河合栄治郎没後 80 年記念論集——』を完成したことは編者にとって念願の事業であった。読者のご批判をいただければ幸いである。

行安　　茂

8

　　　　目　　次

第1部　河合栄治郎の思想形成とその環境

第1章　河合栄治郎の中学校時代と高等学校時代……………………14

　第1節　少年時代と家庭環境　(14)

　第2節　河合栄治郎の中学校時代と勉強　(16)

　第3節　河合栄治郎の理想と立身出世　(18)

　第4節　河合栄治郎の高等学校時代と価値観の転換　(20)

第2章　河合栄治郎の思想形成と新渡戸稲造……………………………25

　第1節　立身出世主義と明治時代　(25)

　第2節　第一高等学校校長　新渡戸稲造　(26)

　第3節　第一高等学校と教養主義　(28)

　第4節　新渡戸の人間観と信仰　(30)

　第5節　教育者新渡戸を継ぐ　(32)

第3章　労働問題の現実と社会改革者としての河合栄治郎……………35

　第1節　大学生活をどのように送るべきか　(35)

　第2節　河合栄治郎の問題意識と労働問題　(37)

　第3節　河合栄治郎はなぜ『日本職工事情』に関心をもったか　(39)

　第4節　河合栄治郎が見た農商務省の組織と課題　(40)

第4章　農商務省時代のアメリカ出張とその成果………………………43

　第1節　河合栄治郎のアメリカ出張とその成果　(43)

　第2節　帰国後の河合栄治郎の辞表の提出とその後の運命　(45)

　第3節　河合栄治郎の農商務省への辞表と大臣等の説得　(47)

　第4節　河合栄治郎の農商務省の辞職から東京帝国大学助教授へ就任　(49)

目　次　9

第5章　河合栄治郎の思想体系とグリーンの影響……………………52

　第1節　河合栄治郎の思想体系　(52)

　第2節　グリーンの「自我実現」から「個人成長の問題」へ　(55)

　第3節　最高善、人格、自我の三者関係　(57)

　第4節　河合栄治郎はなぜ「共通善」を生かそうとしなかったか　(59)

　第5節　グリーンの人間完成と河合栄治郎の課題　(62)

第6章　河合栄治郎は『学生に与う』をなぜ書いたか………………65

　第1節　『学生に与う』を書いた時代の背景　(65)

　第2節　「教養〈一〉」と現代の青少年の課題　(67)

　第3節　河合栄治郎の自律と自我の成長　(70)

　第4節　河合栄治郎の道徳論──自我を媒介として　(72)

　第5節　河合栄治郎の学生生活と健康ケア　(74)

第7章　河合栄治郎の芸術論とその再評価………………………………78

　第1節　芸術的活動の二つ　(78)

　第2節　美的観照体験の特質　(79)

　第3節　美的価値を具える芸術の特性　(80)

　第4節　美的鑑照成立の過程　(81)

　第5節　美的鑑照の人格への影響　(83)

　第6節　芸術論の再評価　(84)

第8章　河合栄治郎の宗教論とその限界………………………………90

　第1節　河合栄治郎の宗教論とその背景　(90)

　第2節　人間はなぜ神を求めるか　(92)

　第3節　理想主義の生き方と宗教　(94)

　第4節　河合栄治郎の宗教論とその課題　(97)

　第5節　グリーンの宗教の河合栄治郎への影響　(99)

10

第9章　河合栄治郎の晩年と理想主義体系の構想……………………102
第1節　晩年の河合栄治郎の心境　(102)
第2節　理想主義体系の内容と計画　(104)
第3節　理想主義体系の構想と「グリーンの思想体系」　(106)
第4節　行為の善と最高善との関係　(108)

第10章　河合栄治郎の生涯と思想から学ぶもの──筆者の経験から……113
第1節　河合栄治郎の影響と学生時代　(113)
第2節　大学時代の失敗と大学院への進学　(114)
第3節　河合栄治郎の思想体系へのチャレンジ　(117)
第4節　『学生に与う』の執筆と河合栄治郎の身体の衰弱　(120)
第5節　河合栄治郎の生涯から学ぶもの　(122)

第2部　河合栄治郎の理想主義とその展開

第1章　河合栄治郎の理想主義とその体系………………………………126
第1節　河合栄治郎の理想主義の体系とその背景　(126)
第2節　河合栄治郎の理想主義とその原動力としての強い性格　(127)
第3節　河合栄治郎は利己主義をどう克服したか　(129)
第4節　河合栄治郎はなぜ共通善を評価しなかったか　(132)
第5節　河合栄治郎の宗教論　(134)

第2章　戦闘的自由主義者としての河合栄治郎とその再評価
　　　　──小野塚喜平次との関係を中心に………………………………136
はじめに　(136)
第1節　小野塚喜平次との師弟関係　(136)
第2節　第一次世界大戦と国際協調主義　(139)
第3節　ファシズムとの闘争　(142)
おわりに　(145)

目　次　11

第3章　河合栄治郎の社会改革とイギリス政治思想……………………149

はじめに　(149)

第1節　社会改革への意欲──ベンサム、グリーンとの出会い　(149)

第2節　イギリス留学　(153)

第3節　河合のイギリス政治思想研究　(155)

第4節　国家主義・ヘーゲル主義を巡って　(156)

第5節　自由主義・社会主義を巡って　(158)

小　括　(161)

第4章　河合栄治郎の教育原理たる「人格」の思想史的意義
──「自他実現」としての「人格の完成」理解……………………163

第1節　河合栄治郎の人格概念に注目すべき教育学的理由　(163)

第2節　河合の「教育原理」の意味内容と思考スタイル　(164)

第3節　河合の「人格」についての語り口　(168)

第4節　「自他実現」としての「人格の完成」　(173)

第5章　教育者としての河合栄治郎とその再評価…………………………178

第1節　はじめに──教師から見た河合栄治郎　(178)

第2節　河合栄治郎は知られているか──私の体験から　(178)

第3節　ある大正人に河合栄治郎が与えた影響（教育）──父の場合　(180)

第4節　教育者としての河合栄治郎──人々をどう教育したか　(184)

第5節　おわりに──河合栄治郎の教育論　(188)

第6章　河合栄治郎に学ぶ教師の在り方生き方
──私の「河合」体験と教師体験から………………………………189

第1節　「心に点火する」教師・河合栄治郎を摑む　(189)

第2節　生きる力を与える「人類の教師」と河合栄治郎　(193)

第3節　『学生に与う』から学ぶ昭和の高校生　(196)

第4節　おわりに　「教師に恝う」──河合栄治郎の箴言から　(199)

12

第7章　河合栄治郎の教養論と学生の生き方……………………………201

第1節　はじめに　（201）

第2節　河合栄治郎の教養論の概要　（202）

第3節　河合栄治郎の教養論の特徴　（205）

第4節　生きられた教養と権力——多様な学生文化と生き方の問題　（208）

第5節　おわりに——未完の自己形成としての教養　（210）

第8章　河合栄治郎を継ぐ人々——青日会から河合栄治郎研究会まで……212

はじめに　（212）

第1節　木村健康と青日会　（212）

第2節　関嘉彦と社会思想研究会　（215）

第3節　川西重忠と河合栄治郎研究会　（217）

おわりに　（221）

第9章　川西重忠とその河合栄治郎研究……………………………223

第1節　川西重忠の学生時代と卒業後の活躍　（223）

第2節　川西論文に見る関嘉彦の生涯と思想　（224）

第3節　川西重忠の『断固たる精神』と河合栄治郎の「人格の成長」　（227）

第4節　川西重忠とその優れた経営能力と実行力
　　　　——河合栄治郎研究への動員力と若い人を育成する能力　（230）

第5節　川西重忠の生き方のバックボーンと『学生に与う』の思想　（232）

第10章　現代学生の生き方とその課題——筆者の経験から………………234

第1節　現代の大学院生と研究の継続　（234）

第2節　国立大学への異動とグリーン研究の国際会議　（236）

第3節　大学の中間管理職と視野の拡大　（238）

第4節　民主主義と地域社会への貢献　（241）

第5節　専門の研究を深めることとコミュニケーションへの積極性　（243）

参考文献　（247）　　　　あとがき　（249）

第1部

河合栄治郎の思想形成とその環境

第1章

河合栄治郎の中学校時代と高等学校時代

行安　茂

第1章　少年時代と家庭環境

　河合栄治郎（1891-1944）は父の河合善兵衛と母の曾代の次男として東京府南足立郡千住（現東京都足立区千住）に生まれる。父は酒屋を経営していたといわれる。河合少年は8歳の頃、父が経営している酒屋の手伝いをしていたといわれる。彼は次のように当時を回顧する。

　　私は東京の酒屋の次男として生れた。家は決して富んではいなかったが、生活に窮するほど貧しくなかった。所謂（いわゆる）中産階級と云うのであろう。尤も私が生れた時分は、九尺二間の小酒屋であったらしいが、私が物心のついた時分は、既に相当の世帯を構へて、その地方での有志家の一つに数へられていた。私が八九歳の頃に鞋（わらじ）をはいて、酒や醤油の徳利を集めて得意先を廻った時、そこの台所のおかみさんが、感心なものだ、あれが徳嶋屋（これが私の家の家号であった）の倅だよと云うのを小耳に挿んだことがあるから、次男に徳利集めをさせる必要はもうなかったので、親は修業の為に子供を働かせたのだと思う。[1]

　河合少年は8歳の頃から得意先を廻っていた様子が想像される。察するに、得意先を廻るとき、彼は両親から一軒一軒のおかみさんに挨拶の仕方を教えてもらい、丁寧な言葉で挨拶していたであろうと想像される。それは成人になっ

てからの人間関係のコミュニケーションにおいて役立っていたであろうと考えられる。父親は公共心に富み、地方政治に強い関心をもっていたといわれる。父親が尊敬する人物は尾崎行雄であったといわれる。河合少年は父親から公共心を受け継ぎ、政治への関心を強くもっていたと想像される。母親は人々に対する同情心をもっていたと伝えられている。それは河合栄治郎が教師として学生に接するとき、教育愛として彼等の心を引きつけたことであっただろうと考えられる。河合栄治郎は両親からすばらしい資質を受けつぎ、彼の理想主義の思想的源泉となっていたと推察することができる。

　河合栄治郎は後年に至って両親について次のように回想している。

　　私自身は親においてまたとなく幸福であった。両親とも教育らしい教育をうけてはいない中産の商人であった。けれどもそれは私の親をして完全な親たらしめることに、何の妨げにもならなかった。母は親として申しぶんなかった、父は親として申しぶんなかったのみでなく、人としても優れた人であった。私は今までに結局父ほどの優れた人に会ったことがない。これは子の贔屓目からのみではないと思う。少年時代から親に信頼され、充分な自由を与えられた私は、親子の葛藤について、何ら自らの体験を持ち合わさない。父とは学生時代に別れて母だけが残ったが、ある問題の時に、母は一言それでいいのかいと暗に不服を込めて駄目を押したのと、私が農商務省参事官を辞した時に、帝大の助教授という噂があった、母は一言役人のほうがいいねと漏らした。私の生涯に親が私に反対したのはただこれだけであった、しかもこの二つともきわめて消極的の反対でしかなかった。こうした私の親子関係について多少の智識があるとすれば、それは親しい学生のために、親子の間に口をさいた経験によるのである。[2]

　河合栄治郎の親子関係は理解し合える、理想的なものであったように見える。一般に、父と子とは少年時代が対立しやすく、子は父に反抗的である場合が多いが、河合栄治郎の場合は反抗心はなかったように見える。家族関係の場

16 第1部 河合栄治郎の思想形成とその環境

合、河合少年は姉との関係がよかった。姉は河合栄治郎の死後、故人を回想して次のように語る。

　　故人は幼い頃よりなかなかきかない気で、負けじ魂であったが、一面誠にやさしく情にもろい性質であった。子供の時から體は丈夫で病気をしたことがない。中学時代耳が少しわるく、先生から注意があって充分治療をしたためか、その後全快した。中学から高等学校晩年迄相当評判の健啖家であった。それで時々胃腸を悪くしていた。実によく食べた。甘いものは殊更大好きであった。故人の欠点と言へば、若い頃からあまり壮健であったため、とかく養生が出来ず、衛生の思想には乏しかった。美点と言へば、誠に行儀がよく、私とあれ程親しくしていても、膝を崩したこともなく暑中でもきちんと着物をかへて面會をした。十年許り前から一年に一度位は必ず姉さんと旅行することにしましょうと言って、温泉や名所によく同道してくれた。こんな際でも実に礼儀正しく丁寧であった。[3]

第2節　河合栄治郎の中学校時代と勉強

　河合栄治郎の中学時代を回顧するとき、まず気がつくことは、彼が小学校へいつ入学し、いつ卒業したかを確認しておく必要がある。木村健康の「河合栄治郎年譜」によれば、河合栄治郎は明治24年2月13日生れるとされており、小学校（千壽尋常学校）に入学したのは明治29年となっている。河合少年が5歳のときであった。当時の学齢が制度上5歳であったのかどうかはわからないが、現在と比べて2歳早かったと考えられる。河合少年が小学校を卒業したのは明治35年であったから6年間小学校へ在学していたことになり、この点は現在の制度と同様である。ただ違う点は河合少年は11歳で小学校を卒業していることである。小学校への入学が5歳のときであるから6年間を小学校で学んだことは現在の制度と同様である。

　次に注目されることは、河合少年は明治35年に小学校を卒業した後、郁文

第1章　河合栄治郎の中学校時代と高等学校時代　17

館中学校に入学したが、病気のため休学したといわれる。河合栄治郎はこの点
について以下のように回想する。

　　高等小学の二年から入った中学は浅草にあった郁文館中学の分館で、
　こゝに一年半ほど通った。曾々二年生の時に病気にかかったので、それを
　機会に休学して、本所の府立第三中学校に転校して、そこで中学四ヶ年を
　暮したのであった。私が病気になった半年は丁度明治三十六年の秋から春
　にかけてで、日露間の風雲唯ならざる時であった。當時の私は固より日
　露開戦の狂熱家であった。毎朝新聞を見ながら、桂首相や小村外相の優柔
　不断に地團駄を踏み、参謀次長の田村怡造将軍が死んで、開戦論者の児玉
　源太郎が内相の栄職を捨てて、参謀次長の後任に据わった時には雀躍して
　喜んだものであった。だが此の半年の休学は私にとって、此の上なき読書
　の機会でもあった。私は子供の時から歴史の本を読むことが好きであっ
　た、そして将来は歴史家になろうと思っていた。[4]

　河合がどのような病気で休学したかについては何も述べていないが、休学中
多くの本を読むことによって知識を得た。彼が読んだ本は以下の通りであっ
た。『太平記』、『源平盛衰記』、『平家物語』、『徒然草』、『八犬傳』等であっ
た。河合栄治郎が後年書いた著書を読むとき、筆者の知らない漢字等が使われ
るのを見て、彼がどのような古典を読んでいたのであろうかと疑問をしばしば
もったことがあった。彼は中学校時代にすでに名作の古典を読んでいたからで
あったことを初めて知ったのであった。
　河合栄治郎は中学校時代に英語の勉強をしたいと考え、小学校時代の恩師の
小林先生からの紹介により村松治作という先生のところへ通ったという。河合
少年はこの村松先生から英語以外に漢文の知識を与えられたといわれる。河合
少年は村松先生を通して徳富蘇峰を知るようになる。そして河合少年は「蘇峯
氏の著述に親しみ、あの赤い表紙の『國民叢書』を一冊も余さず読み通し、殊
に『静思餘録』は愛誦して措かなかった。又その名伝記『吉田松陰』には殊に

18　第1部　河合栄治郎の思想形成とその環境

感動したのである。」[5] 河合少年は中学校時代「蘇峯狂」であったという。

　　最近（昭和十年十二月）の『改造』に、久保田万太郎が「東京の子供た
　ち」という題で、私共の中学時代のことを書いて居られるが、その中にも
　ある通り私は全くの蘇峯狂であった。氏の文章は一つは漢文から来り、一
　つは英国のマコーレーから来ているので、氏を通して私は漢文に親しむよ
　うになった。村松先生が漢文が好きであったが、私は更に蘇峯氏から拍車
　をかけられたので、私は村松先生から漢書を教わるようになった。『十八
　史略』『唐詩選』『文章軌範』『史記』『唐宋八家文』等は、私の愛読したも
　ので、本郷の文求堂と云う本屋へ往って、漢籍を見たり買ったりすること
　は、当時の私の道楽であった。[6]

第3節　河合栄治郎の理想と立身出世

　河合栄治郎が中学校時代から抱いていた理想は功名心であり、立身出世で
あった。それには三つの影響があったと考えられる。第一は彼の父が公共心に
強く、政治に強い関心をもっていたことである。父が尾崎行雄を尊敬していた
のはそのためであった。第二は河合栄治郎が中学生時代のベストセラーの本は
雑誌『成功』であり、彼はその愛読者であったことである。第三は彼が中学校
在学時代は日露戦争が起こる前夜ともいうべき緊張した国際的関係の時代背景
であったことである。彼は愛国心の強い少年であったと想像することができ
る。河合栄治郎は当時を回顧して以下のように述べる。

　　中学校時代の約五年間国文、漢文、英文と私の読んだ書物の数はかなり
　に多かった、今にして考えれば早熟と云う方であったかも知れない。然し
　私がそれらの本から得たものは、畢竟思想表現の方法、つまり文章の末枝
　であったので、思想の内容と云う点になると、私は小学校時代と別に変化
　していなかった。功名に焦り出世を求めるのが、私の結局の生活であった

ようである。時は日露戦争の最中から直後で、前に一言書いた雑誌『成
功』が、当時の風潮を物語っていた。中学の校長八田三喜先生（後に新潟
高等学校長となられた）は修身の教室で、南阿の英雄セシル、ローヅを語
り、英国帝国主義の立物ジョセッフ・チェーンバーレンを、又米国大統領
ルーズベルトの奮闘的生活を讃美した。私は教室に於て奮闘と努力と克己
と勤勉とを鞭たれた。だが何の為の奮闘であり勤勉であるかは分らなかっ
たし又分ろうともしなかった、所詮私は自分の立身出世と功名栄達とを少
年の時から持ち越して、無意識ながらそれを私の人生の目的として、孜々
として倦まなかったのである。中学校時代と云うものは、そうしたもので
よいのかも知れない、然し私は中学時代を回顧して、そこに自分を転化さ
せた何ものを見出さないのが、今でも物足りなく感ずるのである。7)

　河合栄治郎の中学校時代に彼が理想とした目的は立身出世であった。それは
具体的には何であっただろうか。それは一般的には、金、地位、名誉を得るこ
とであると考えられている。しかし、河合栄治郎はこれらの外面的目的を真の
理想と考えていたであろうか。上記の最後の文章によって云わんとしたことは
「立身出世と功名栄達」であったと考えられる。しかし、彼はこうした外面的
目的を達成することに満足していなかったように見える。なぜかといえば彼は
「そこに自分を転化させた何ものを見出さないのが、今でも物足りなく感ずる
のである。」と述べているからである。では彼は自己自身を満足させたものは
何であったのであろうか。それは彼の中学校時代においては見出されなかっ
た。それが発見されるのは、彼が第一高等学校に進み、新渡戸稲造校長に出
会ってから後のことであった。河合栄治郎は新渡戸校長と接することによって
生き方の転機が訪れた。それは地位、名誉、立身出世の外面的価値観から理想
主義の価値観への転換であった。

20 第1部 河合栄治郎の思想形成とその環境

第4節 河合栄治郎の高等学校時代と価値観の転換

彼はこの転換について以下のように述べる。

　　最も価値あるものは、名誉でも富でもなく又、学問でも事業でもなく、
　彼れの人格にあると云う彼の理想主義は、私に教えられた。私の価値の判
　断は転倒した、従来の私は死んで新しき私は生れた。私のその後が実践に
　於て理想主義に値したかどうかは保証しない、又当時の理想主義が決して
　組織的なものでも体系的なものでもないことは当然である、だが理想主義
　が私の確守すべき人生観であることだけは、爾来今日に至るまで変らな
　かった。私は廿歳前後の青年が往くべき方向の分岐点に立つ時に、その方
　向付けをして呉れる教師は、又となく尊い必要なものだと思うが、私はそ
　の点において幸福であった。その時分に愛読したカーライルの『サー
　ター・レザータス』は、機械観に永遠の否定を宣告して、目的観に永遠の
　肯定をするに至った自伝的作物だが、その意味が明白に把握出来たのは遥
　かに後年のことではあるが、その性質に於て私の経過した跡を顧みる時、
　畢竟機械観や功利主義に離別して、理想主義に転化したと云いうると思
　う。[8]

　この一文は河合栄治郎が第一高等学校在学中に書いた論文である。そこには
彼の思想（人生観）がどのようにして理想主義に転換したかがよく示されてい
る。彼は高等学校在学中、新渡戸稲造およびカーライルから影響を受けたこと
により、功利主義あるいは機械観から理想主義へ大きく転換したことが示され
ている。この転換は、すでに見てきたように、中学校時代に河合栄治郎が生き
方の転換を求めてやまない方向であった。この願望が果たせたのは、彼が第一
高等学校に入学してから後のことであった。彼がカーライルを知るようになっ
たのは、察するに彼が内村鑑三を知ることによってであった。河合栄治郎は彼

第1章　河合栄治郎の中学校時代と高等学校時代　21

自身が語るように、自分を理想主義に導いたのは、新渡戸稲造博士と内村鑑三の二人であるという。さらに、河合栄治郎は理想主義に入る道には認識論と道徳哲学の二つの行き方があると述べ、「私は道徳哲学の方から理想主義の方へと導かれた、之は私にとって好運であった。何故なれば真に理想主義の核心を把握するものは、その認識論に於てでなしに、その道徳哲学に於てであるから。」[9] という。この点については筆者も全く同感であることを述べておきたい。

　河合栄治郎が理想主義の文献としてあげているものは以下のものである。カーライルの『サーター・レザータス』、『英雄崇拝論』、『クロンウェル伝』、『フランス革命史』の外『カール・ヒルティ』、『ヒュー・ブラック』等の著書もあげられている。ヒルティの著作については『幸福論』が考えられていたのではないかと推察されるが、河合栄治郎がヒルティの『幸福論』や『眠られぬ夜のために』を読んでいたならば、彼は長命を保つことができていただったろうと想像される。

　中学校3年生、4年生時代の河合栄治郎は談話部と雑誌部との両方の委員をしていた。その基礎は、彼がすでに紹介した多くの本を読んでおり、これらの知識によって養われていた文章表現能力にあった。河合栄治郎は中学校5年生のときには「項羽と劉邦」の論文を書いていた。これは蘇峯の影響の下で書かれたと彼はいう。彼は中学校3年生のときにはすでに「回顧と反省」という題で多数の人々の前で語ったという。この文章は蘇峯の「静思餘録」等からのほとんど丸抜きであったと彼はいう。河合栄治郎は中学校時代からすでに先人の名文を読み、理解し、自己の文章を作成する表現技術を身につけていたと考えられる。彼が第一高等学校に入学してから弁論部の委員として活躍することができた背景には中学校時代の読書による知識と文章を書く表現能力とがあった。この意味において中学校時代の知識やその他の経験はその後の成長の基礎であったということができる。

　河合栄治郎は中学校4年生のとき、談話部の委員をしていた。その当時、彼は一高の弁論部の委員から一高において開催される「都下専門学校連合演説

22 第1部 河合栄治郎の思想形成とその環境

会」の案内状を受け取った。こうした交流によって河合栄治郎は中学校時代か
らすでに一高の弁論大会に出席していた。この経験から彼は一高に入学してか
ら後も一高の弁論部に入部し、この部の上級生との交流によって彼の才能を伸
ばした。このときの先輩は鶴見祐輔であった。河合はこの点について次のよう
に回顧する。

　　私は一高からの案内状を受取って、同級の二三名と共に、始めて一高の
　門を潜り、……先輩学生の雄弁なるものに接した。殊に私に感動を与えた
　のが、鶴見祐輔氏――当時氏は法科大学第一回生であった――の「日本
　海々戦の回顧」という演説であった。中学四年生としての私に、英雄崇拝
　心の強かった私に、その夜の鶴見氏の演説からどれ位の感銘を受けたか
　は、今でも充分には語りえないほどであった。会場を出た時に日は暮れ
　て、寄宿舎の部屋に燈火がついて、寮歌が漏れ聞えた。その時私は固く心
　に誓ったのであった、どんなことをしても一高に入ろうと。[10]

　河合栄治郎が念願の第一高等学校の入学試験に合格した喜びは彼がかねてか
ら抱いていた理想が達成されたことであったから非常に大きかったに違いな
い。彼の将来は洋々たるものであったことであろう。河合栄治郎はこれを予想
していたかもしれないように、一高の入学試験の喜びと将来への期待を次のよ
うに述べている。

　　明治四十一年七月廿五日此の日は私の一生にとって忘れることの出来な
　い日である、此の日私は伊香保温泉の町役場の官報で、一高入学生の中に
　私の名を見出したからである。その後よく何が今までの生涯で一番嬉し
　かったかと訊ねられたが、その時は言下に一高に入学したことだと答える
　のが常であった。それほどその日は私に深い感銘を与えたのである。その
　夜は睡ることが出来なかった。そして同行していた一高生の先輩――今の
　工学士柿沼宇治氏――から又更に寮生の話を聞きながら、全国から集めら

れた所謂天下の秀才の中に交わって、三年の生活を持つことの出来る未来
を望んで、どんなに身の幸福を感じたことであろう。実を云えば、私は友
に餓えていたのであった、中学時代に親しい友と云えば、先輩として前に
挙げた柿沼氏同級生として中村孝次郎君——今農学士として満洲で活動し
ている——だけで、而も二人とも専門を異にしている、私は当時の一部即
ち法文の学生の中に、尊敬するに足る腹心の友を求めて措かなかった。[11]

　河合栄治郎は第一高等学校に入学し、弁論部に入部し、さらに新渡戸稲造校
長の理想主義の生き方にふれ、彼自身のあり方・生き方を根本的に転換させた
という。

　　高校生活こそ吾々の生涯に最も大きな期待が懸けられている時代だと思
　う。それでは何が期待さるべきであるか、一言にして言えば、蛇が古い皮
　を脱ぐが如くに、古き今までの自分を殺すことである。死して而して再び
　生きるが為に（to die to live）・又別の言葉で云う為に、聖書の一句を引こ
　う、我クリストを知らざりし前損と思いしこと今は得となり、得と思いし
　こと今は損なれりと云う、あの価値判断の転倒が行われることなのであ
　る。此の時を逸して又と再び、自己を反省の俎上に上せ、自己を意識と意
　欲の対象とすることはあるまい。此の後に於て客観——自然と社会——を
　対象として、それの智識は限りなく量を加へて行くであろう、だが我が主
　観彼れ自身と直面し対立することは、此の時その経験を持たずしては、永
　久にその機は失われるだろう。高校生活が成功したか否かは、此の一点に
　於て決定されるのである。[12]

　河合栄治郎を理想主義に導いた恩師は新渡戸稲造博士の外に内村鑑三がい
た。この点について河合栄治郎は以下のようにいう。「私を理想主義に導いて
呉れた恩人としては、博士と先輩の外に内村鑑三氏を省くことは出来ない。先
生のクリスト教の教義は私にさまで興味を持たせなかった、後に纏められて

24 第1部 河合栄治郎の思想形成とその環境

『研究十年』『新約十年』『旧約十年』等となった聖書の研究よりも、その教義の上に立った人生や社会に対する批判を、私は貪るようにして読んだ、『よろづ短言』『独立清興』『後世への最大遺物』『ルーテル講演習』等がそれである。」[13] これらの中で、とくに筆者に最も大きな影響を与え20歳代初期の筆者最大の危機を乗り越えることを可能にしたのは内村鑑三の『後世への最大遺物』（岩波文庫）であった。筆者は、すでに他の著書で述べたように、岡山大学教育学部の教育実習中、若気の至りから実習指導教諭とのトラブルから実習成績が「可」という評価を受けた。筆者はそのためのリベンジとして教職の道に進むか大学院に進学するか一大岐路に立たされ、後者を選んだのは内村鑑三の『後世への最大遺物』の影響によるものであった。

註

1) 河合栄治郎編『学生と教養』日本評論社、昭和13年、279-80頁。
2) 河合栄治郎『新版 学生に与う』1997年、272-73頁。
3) 石井喜久「弟の思ひ出」社会思想研究会編『河合栄治郎 伝記と追想』社会思想研究会出版部、昭和23年、172頁。
4) 河合栄治郎編『学生と教養』282頁。
5) 同上、283-84頁。
6) 同上、284-85頁。
7) 同上、286-87頁。
8) 同上、294頁。
9) 同上、295頁。
10) 同上、287-88頁。
11) 同上、288-89頁。
12) 同上、292-93頁。
13) 同上、295頁。

第2章

河合栄治郎の思想形成と新渡戸稲造

森上　優子

第1節　立身出世主義と明治時代

河合栄治郎（1891-1944）は昭和のファシズムと果敢に戦った「戦闘的自由主義者」として、またその一方で昭和教養主義を牽引した教育者としても知られる人物である。河合が編纂した「学生叢書」全12巻（1936-41）は「昭和教養主義のバイブル」[1]として多くの青年たちに影響を与えた。彼らを魅了した河合の思想の特徴のひとつに理想主義がある。本章ではその思想形成の過程として河合が青年期を過ごした第一高等学校時代に着目し、当時出会った師のひとりである新渡戸稲造（1862-1933）を取り上げ、その思想の内実をあきらかにするとともに、河合への思想的影響を考察していきたい。

河合は1891（明治24）年に東京府南足立郡千住（現在の東京都足立区千住）で酒屋を営む河合善兵衛と曾代との間に次男として生まれた。彼は当時の家庭環境をつぎのように述懐する。

　　こうした東京の中産の商人の家には、宗教とか教養とかの雰囲気は皆無であった。学問を貴ぶ風はあったけれども、畢竟それは立身出世の為に必要な手段だからと云うので、貧乏から頭を擡げた父は、功名心の強い人であった、私も父から之を相続した。特別な家庭でない以上は、大抵の当時の商人の家庭はそうであったろうと思う。[2]

26　第1部　河合栄治郎の思想形成とその環境

　商家で育った河合は日常の生活のなかで「立身出世」が人生の目的であったと語る。そこには社会的上昇志向が色濃く反映されていることがわかる。河合はまた第一高等学校入学以前の自身の生きる指針についてつぎのように語っている。「日本伝来の国粋主義者であり、帝国主義者であり、全体主義者であり、立身出世主義者であった。もっと適切に云えば凡そ主義とか原理とかを持たない生まれたままの青年であった、そして生まれたままの青年は、詮じつめれば結局以上のようなものに帰着するのである」[3] このことばには近代日本の形成を担う模範的な青年像が映し出されている。

　青年たちの生きる指針となった立身出世主義は明治時代に入り、中村正直訳『西国立志編』(1871) や福沢諭吉の『学問のすゝめ』(1872-76) などを通じて多くの読者の心を摑むことになる。立身出世はその後学歴と結びつくものとなり、青年たちは学歴社会という競争のなかに身を置いて思想を内面化していった。このような思想状況の下に河合も例外なく置かれたが、その河合に大きな思想的転換が訪れる。それが第一高等学校在学の時代であり、当時の校長であった新渡戸との出会いによるものであった。理想主義者河合の原点には新渡戸の存在が大きな意味を有するのである。

第2節　第一高等学校校長　新渡戸稲造

　河合が東京府立第三中学校を卒業して第一高等学校（一高）に入学したのは1908（明治41）年であった。この明治後期は「明治前半期の日本の機動力であった立身出世主義に陰りが見え始めた時期」であり、また青年たちの関心が「「天下国家」的問題から離れ、個人的問題へと移行し始めた」時期にあたる。[4] いかに生きるべきかという問いと向き合い、煩悶する青年の登場である。当時の一高においても旧来からの質実剛健、籠城主義に対する批判として魚住折蘆 (1883-1910) などの個人主義、自由主義を主張する者が出てきていた。河合が入学したのはまさにそのような思想的変化が生じていた時期にあたる。この時期に一高生活を送った河合は「扠一高の三年は、私にとって収穫の

多い生活であった、三年の短い時間に之ほどの恵まれた生活は、今までの生涯には外国生活を除いては類例がない」[5]と回想しており、彼の人生のなかでもとりわけ充実した時であったことがうかがえる。その内実の一端はつぎの文章から読み取ることができる。

　　そうした私にとって、博士を校長とする一高の生活は正に驚異であった。始めて俗世の立身の外に、人世の目的のあることを教えられた。又英国、独逸の豊かな教養の世界が、私の眼の前に開かれた。私が後に理想主義と云う哲学的立場を採るに至ったのは、全く当時受けた博士からの賜物であった。[6]

「博士」とは新渡戸のことを指す。新渡戸は 1906（明治 39）年から 1913（大正 2）年まで一高校長を務めた。新渡戸の薫陶を受けた者は多く、そのひとりである河合においてはさきの文章のなかで彼自身の理想主義の形成に新渡戸の影響を認めている。

　では一高校長としての新渡戸はどのように評価されていたのだろうか。たとえば、1907（明治 40）年に入学した森戸辰男（1888-1984）は「当時は一高校風の改革時代で、先生自身がこの新校風建設の指導的な力であったのだ」[7]といい、また、1910（明治 43）年に入学の矢内原忠雄（1893-1961）は「全體を通じて博士の生涯は教育者の生涯であつたと私は思ひます。その中でも一高校長としての八箇年は、先生としても最も脂の乗りきつた時で、大なる感化を生徒にも又社會にも残しました」[8]と回想している。一高精神の「改革」という大事業に挑み、その支持層を獲得していた新渡戸とはどのような人物なのか、素描しておこう。

　新渡戸は内村鑑三（1861-1930）と札幌農学校二期生として同期であったキリスト者であり、国際人とも称される。一高校長に就任する前の 1900（明治 33）年には主著のひとつである *Bushido : The Soul of Japan*（和訳名『武士道』）をアメリカで刊行し、英文による日本文化論を発信した。その後も「太

28　第1部　河合栄治郎の思想形成とその環境

平洋の橋」として国際舞台で活動を続け、晩年には国際連盟事務次長を務め、ユネスコの前身である国際知的協力委員会の創設にも尽力した。このような活動の一方で教育者としての側面も持つ。さきの矢内原の「教育者の生涯」ということばに象徴されるように、新渡戸は学校教育、社会教育、女子教育に積極的に取り組んだ。本章で注目する一高校長時代は雑誌メディアを通じた社会教育活動を盛んに行った時期とも重なる。新渡戸の社会教育への高い関心はすでに1894（明治27）年に貧しい家庭の子どものために札幌に遠友夜学校を設立したところに見出すことができる。一高校長であった当時は『実業之日本』（実業之日本社）などの雑誌に修養言説を掲載し、多くの人びとを啓蒙した。彼の修養言説を集めた『修養』（1911）は当時のベストセラーともなっている。このような新渡戸の教育は人格教育といわれ、エリートと大衆を区別することなく行われたが、彼の教育活動の基盤にはキリスト教信仰に基づく人間の尊重があったのである。

第3節　第一高等学校と教養主義

　一高で河合は新渡戸と出会って「豊かな教養の世界」の扉を開くこととなった。筒井清忠は新渡戸の一高における教育活動を考察し、明治末期の一高において教養主義への転換が起こったと指摘している。[9] 河合のばあい、教養主義との出会いは一高入学以前の価値観であった立身出世主義との決別の契機となった。この点で、河合の一高時代は彼の思想形成においてひとつの転換点として位置付けられ、この体験は彼の生涯のなかで大きな意味を持つものと捉えることができる。そのことは河合が高等学校時代の重要性を強調するところにも如実にあらわれている。河合はこの時代について自分自身を客観視するときであるとし、期待されることとしてその経験を通じて「古き今までの自分を殺すこと」[10] といい、高等学校時代を新たな人生の指針の発見とその確立の時期と認識していた。

　一高における新渡戸の教育活動のなかでどのように「教養」の世界が展開さ

第2章　河合栄治郎の思想形成と新渡戸稲造　29

れたのかをみていこう。新渡戸の一高での具体的な活動としては修身講話、科
外講義、面会日、茶話会などを挙げることができる。修身講話は週1回、1年
生を対象に行われた。1906（明治39）年に入学した和辻哲郎は「わたくしは生
涯を通じてあれほど強く魅せられるような気持ちで講義を聞いたことはほかに
はなかったように思う」といい、講義の魅力を「先生の教養がその話の内容に
対してあふれ返るほど豊富であったことと、機智に富んだ先生の話術の巧み
さ」[11] であったと語る。そしてその「先生の教養」とはつぎのような内容で
あった。

　　先生の引用せられる詩や文句は、平生愛読していられるカーライルとか
　ゲーテとかロングフェローとかウーランドとかから自由に取って来られた
　が、しかしわれわれの虚を突くかのように、和歌とか、シナの古典の文句
　とか、儒学者の言葉とかを用いられることも少なくなかった。[12]

　講義のなかで東西の古典が紹介された様子がうかがえる。そして放課後に行
われた科外講義においても新渡戸はカーライルの『衣服哲学』、ゲーテの
『ファウスト』、ミルトンの『失楽園』などの古典を素材として取り上げた。[13]
このような新渡戸の講義は単なる学術的な古典講読ではなく、新渡戸自身が抱
いた「人生観的な要求乃至煩悶」に対して古典から「解決乃至示唆」を得た読
書体験を説くものであったとされる。[14] 新渡戸は自分の体験から「意志の鍛
錬とか、思想を固めるとか、心の慰めにすると云ふならばクラシックなも
の」[15] という古典の効用を導き出していた。明治後期という個への関心が高
まりをみせる思想状況のなかで新渡戸の「豊富な教養の世界」とは、教師が学
生と人間の生のあり様に関する煩悶を共有することで展開され、この点が新渡
戸の人格教育を特徴づけるものであったと考えられる。
　さて、新渡戸が最も感銘を受け、重視した古典といえば、トマス・カーライ
ル（Thomas Carlyle, 1795-1881）の自伝的著作である *Sartor Resartus*（和訳名
『衣服哲学』）である。新渡戸はそれを「三十四度」も読み込み、内容について

30 第1部 河合栄治郎の思想形成とその環境

さまざまな言説のなかで取り上げ、連続講演までも行うほどであった。[16] 新渡戸が生涯を通じて心酔したともいうべき『衣服哲学』においてカーライルが示した自身の思想の遍歴により、新渡戸は信仰のあり様を理解することができたのであろう。『衣服哲学』は新渡戸の生きる指針の確立に寄与した書なのであった。カーライルの著作は新渡戸のほかにも近代日本の知識人のあいだで広く読まれているが、河合も愛読したひとりであった。

　　その時分に愛読したカーライルの「サーター・レザータス」は、機械観に永遠の否定を宣告して、目的観に永遠の肯定をするに至った自伝的作物だが、その意味が明白に把握出来たのは遥かに後年のことではあるが、その性質に於て私の経過した跡を顧みる時、畢竟機械観や功利主義に離別して、理想主義に転化したと云いうると思う。[17]

　ここで河合は自らの理想主義の確立を『衣服哲学』で示された「永遠の肯定」への到達に準える。河合はカーライルに関して多くを語っていないが、新渡戸の講義がカーライルの思想を理解する一助となったであろうことは想像に難くないだろう。

第4節　新渡戸の人間観と信仰

　河合は「人格の成長」を道徳哲学において最高善とし、人生の目的とする。それは人種や性、地位の区別なく人間に平等に課せられるものであった。社会のあらゆる成員の「人格の成長」は社会の理想とされ、社会改革の原点ともなった。そしてその「人格の成長」は教育の目的でもあった。すなわち、河合は「教育とは人を人たらしめることであり、即ち自我をしてあるべき自我たらしめることである」[18] という。ここにみられる「人格」を重視する河合の視点には新渡戸の人間観からの影響がみられると考えられる。

第 2 章　河合栄治郎の思想形成と新渡戸稲造　31

　　博士はよく to be or to do と云う言葉を使われた、人の価値はその為し
　　た事業の結果にあるのか、或いは人その人にあるかと云う意味であるが、
　　云うまでもなく博士は to be の方を肯定されたのである。最も価値あるも
　　のは、名誉でも富でもなく、又学問でも事業でもなく、彼れの人格に在る
　　と云う彼の理想主義は、私に教えられた。私の価値の判断は転倒した。従
　　来の私は死んで新しき私は生まれた。[19]

　河合は新渡戸の理想主義を「to be」の重視に見出していることが読み取れ
る。そこでつぎに、新渡戸の人間観についてそれを特徴づけると考えられるキ
リスト教信仰の観点から確認しておこう。

　新渡戸は札幌農学校在学時に洗礼を受け、その後東京大学の中途退学を経て
アメリカのジョンズ・ホプキンズ大学に留学していたときにクエーカーとな
り、生涯を通じてその信仰に生きた。クエーカーは 17 世紀にイングランドで
誕生したプロテスタントの一派であり、人種や階級、性の区別なく、「内なる
光」(Inner Light) が万人に宿ると説く。「内なる光」は普遍的な真理であり、
「キリストの内在」ともいわれる。それは新渡戸のことばを借りると「黙座冥
想を主とし、各自直接神霊に交はる」[20] という神秘的な体験を通じて感得す
ることができるとされる。

　新渡戸はクエーカーの教理を「自分の心に省み良心に質して、正しいと思へ
ば何処迄も遣る、といふ事である。根本は心である。心が正義とし、是なりと
信ずる所を行ふ」[21] と理解する。それは「神が我を導き、我を教へ給ふ。正
しいと信ずれば、それは神の導きである。故に如何なる大きい事でも小さい事
でも、正しいと思へば思つたま、を実行する」[22] ということばとも置き換え
られるものであった。このように、人間の行動の判断基準に「心」、すなわち
「神」を置くところにクエーカーである新渡戸の人間観の特徴がみられる。新
渡戸はこのように人間存在のあり様を超越なるものとの関係性(「ヴァーチカ
ル」)に見出し、その関係性を自覚することにより主体的、自律的な生が保証
されると理解した。

32　第1部　河合栄治郎の思想形成とその環境

　だが、新渡戸は人間の生を超越なるものとの関係性という内的世界にだけとどまるものと捉えていない。新渡戸は人間を「社交的の動物」であり、「人の人たる道は其友と同棲し、社会にあつて活動し、同胞を助け、又助けられるにある」[23] と説き、人間の持つ社会性を重視した。この内容は矢内原が一高で新渡戸が説いたという「社交主義」（「Sociality」）と重なるといえる。新渡戸の主張する「Sociality」とは万人が持つ「内なる光」がお互いに響き合うことにより人間が互いに尊重し合う存在と認めるところに成り立つ。人間は神の意を具現する愛を実践することにより、お互いが尊重される「円満」な関係性のなかで生きる存在なのである。新渡戸の人格教育とはこのような人間の尊重を基盤とする共生社会の実現を理想とするものであったといえる。

第5節　教育者新渡戸を継ぐ

　河合は 1920（大正 9）年より東京女子大学講師、東京帝国大学助教授、第一高等学校講師として教壇に立つとともに『学生叢書』（1936-41）を編纂、『学生に与う』（1940）を刊行するなど、大正から昭和にかけて学校の内外を通じて教育活動を展開した。河合は新渡戸の追憶集に文章を寄せ、自分の教育活動をつぎのように語っている。

　　　　私が貧しきを教育者の地位に受けてゐる現在に於て、教育すべき内容と
　　　教育すべき方法とに於て、私は先生から受けたものを承継して、之を次の
　　　時代に引渡してゐるに過ぎないのである。[24]

　教育者河合のベースには新渡戸の教育思想の影響があることが示されている。河合は自らの教育活動を新渡戸を「承継」、「次の時代に引渡」すものと位置付けていることに注目しておきたい。武田清子は新渡戸の教育の特徴を「人格主義的、教養主義的教育の草分け」[25] と指摘するが、ここに新渡戸を起点とする人格主義、教養主義の教育の系譜を見出すことができるだろう。このふ

たりの教育活動の根底には、近代日本における人間の生の問い直しという課題が共通すると考えられる。新渡戸は日本の近代教育を「今日の教育たるや、吾人をして器械たらしめ、吾人よりして厳正なる品性、正義を愛するの念を奪ひぬ」[26]といい、河合は日本の教育に「指導原理」の欠落を見出す。すなわち、「What should I be?」という人格教育がなされず、知識のみが提供されたと振り返る。ふたりの教育活動とは明治以降の教師を中心とする一斉教授への批判と捉えることができ、理想主義に基づく教育の変革を目指すものであったといえるだろう。

　最後に、河合の理想とする教師像に触れておきたい。河合は教育における教師の存在に注目し、多くの論考を残している。河合は学校で師や友を獲得すべきとし、彼らの心的つながりを強調して「良き師」をつぎのようにいう。

　　　その人は諸君の問題を問題として来たことの経験を持ち、その故に諸君に関心と興味を持ち、そして諸君の成長に対して愛を抱く人でなければならない。[27]

　ここにみられるのは河合のいう「What should I be?」という問いを学生と共有し、人生の指針の確立へと導いてゆく教師像である。この教師像としてはまさに河合が理想主義という人生の指針を確立する過程で出会った新渡戸が想起され、新渡戸と彼を通して知り得た古典（教養）から受けた感化という河合の実体験に基づく発言と思われる。新渡戸から河合に受け継がれた人間への「関心と興味」、心的つながりが教育の根本にあることを改めて心にとどめておきたい。

　　　　注
　　本稿での河合栄治郎の著作の引用は『河合榮治郎全集』社会思想社（1967-1970）、新渡戸稲造の著作の引用は『新渡戸稲造全集』教文館（1969-2001）による。

1)　竹内洋『日本の近代12　学歴貴族の栄光と挫折』中央公論新社、1999、243頁。
2)　「第二学生生活」（1937）『河合榮治郎全集』17巻、149頁。
3)　「第二学生生活」前掲157頁。

34　第 1 部　河合栄治郎の思想形成とその環境

4)　筒井清忠『日本型「教養」の運命――歴史社会学的考察』岩波書店、2009、5-6 頁。
5)　「第二学生生活」前掲 163 頁。
6)　「第一学生生活」(1935)『河合榮治郎全集』16 巻、243 頁。
7)　森戸辰男「教育者としての新渡戸先生」『新渡戸稲造全集』別巻 1、296 頁。
8)　『余の尊敬する人物』(1940) 岩波書店、2018、214 頁。
9)　筒井清忠、前掲 27 頁。
10)　「第二学生生活」前掲 156-157 頁。
11)　「一高生活の思い出」『自叙伝の試み』(1961)『和辻哲郎全集』18 巻、岩波書店、1978、453 頁。
12)　「一高生活の思い出」前掲 454 頁。
13)　森戸辰男、前掲 298 頁。
14)　森戸辰男、前掲 299 頁。
15)　『読書と人生』(1936)『新渡戸稲造全集』11 巻、417 頁。
16)　1918（大正 7）年に軽井沢夏期大学で連続講演が行われ、その速記を基にして新渡戸の没後、『新渡戸先生講演　衣服哲学』(高木八尺編、1938) が刊行された。
17)　「第二学生生活」前掲 158 頁。
18)　「学窓記」(1948)『河合榮治郎全集』18 巻、55 頁。
19)　「第二学生生活」前掲 157-158 頁。
20)　「友徒」『帰雁の蘆』(1907)『新渡戸稲造全集』6 巻、139 頁。
21)　「友会徒の生活」『人生雑感』(1915)『新渡戸稲造全集』10 巻、29 頁。
22)　「友会徒の生活」前掲 32 頁。
23)　『世渡りの道』(1912)『新渡戸稲造全集』8 巻、24 頁。
24)　「新渡戸先生の思出」『新渡戸稲造全集』別巻 1、325 頁。
25)　武田清子『戦後デモクラシーの潮流』岩波書店、1995、85 頁。
26)　「我が教育の欠陥」(1906)『随想録』『新渡戸稲造全集』5 巻、115 頁。
27)　「第二学生生活」前掲 25 頁。

　　　参考文献
佐藤全弘・藤井茂『新渡戸稲造事典』教文館、2013。
竹内洋『日本の近代 12　学歴貴族の栄光と挫折』中央公論新社、1999。
　　　　『立身出世主義［増補版］――近代日本のロマンと欲望』世界思想社、2005。
筒井清忠『日本型「教養」の運命――歴史社会学的考察』岩波書店、2009。
松井慎一郎『河合栄治郎　戦闘的自由主義者の真実』中央公論新社、2009。
森上優子『新渡戸稲造　人と思想』桜美林大学北東アジア総合研究所、2015。
行安茂『近代日本の思想家とイギリス理想主義』北樹出版、2007。
　　　　『河合栄治郎の思想形成と理想主義の課題』一般財団法人アジア・ユーラシア総合研究所、2018。

第3章

労働問題の現実と社会改革者としての河合栄治郎

行安　茂

第1節　大学生活をどのように送るべきか

　河合栄治郎が東京帝国大学に入学してから頭の中から離れなかった問題は「大学生活をどのように送るべきか」ということであった。なぜ彼はこのような問題をもったのであろうか。それは、彼が大学に入学した後、先輩から以下のような言葉を聞いたからであった。「一高時代こそは人生の黄金時代だ、大学は無味乾燥の職業教育を受ける所だ」と聞いたからであった。河合は一高時代の生活と大学時代の生き方とを比較し、以下のように考えた。

　　　吾々は大学に往こうとする時には、一高の入学を許された時の歓喜とは凡そ正反対な後髪を曳かれるような憂愁を以って満たされていたのである。そこで大学——法科大学の政治科——に入った時に、私の前に横わった二者擇一の問題はこうであった、大学の教室の講義とか試験成績とかを中心生活として、一高以来の読書教養を第二義第三義の生活とするか或は後者を主として前者を無視して往くかと。[1]

　彼が上記の二つの問題を提起したのはなぜであったのであろうか。それは一高時代から身につけていた「読書教養」が職業選択において重要であることを認識していたからであった。しかし、大学の試験成績の重要性をも認識していた。彼はこれら二つの課題を次のような計画によって解決する。

36 第1部　河合栄治郎の思想形成とその環境

　　私は之に対して徹底的に試験を無視して仲間の尻の方に据わるのは、自
　分の負け嫌いが許さないし、成績が将来の職業決定に有力な標準となると
　すれば、之を軽視するのは愚である、従って講義と試験とを顧慮しないの
　はよくない、だから試験——当時六月であった——の前二三ヶ月間はすべ
　てを捨て〻之に没頭しよう、その代りに一年間の大部分は、講義や試験を
　忘れて自分の自由な読書に邁進しよう、之が私の定めた方針であった。[2]

　河合栄治郎は以上の方針によって大学生活を送ったので在学中は指導教授か
ら期待と信頼とを得ていた。彼がとくに影響を受けていた教授は、政治学の上
では小野塚喜平次博士と矢作榮藏教授であった。河合は一高を卒業する間際に
先輩から法科大学の矢作榮藏教授が洋行するのでその留守番に行かないかと依
頼された。これが河合と矢作教授とを結びつける契機となった。このことが矢
作教授夫人から河合が小野塚喜平次博士を紹介される縁になったといわれる。
河合は夏休み中に読むべき本を紹介してもらうために小野塚教授を訪問する。
彼は教授からエリネックの『國家學汎論』を読むことを勧められたという。さ
らに河合は小野塚教授からオッペンハイマーの『國家論』を紹介されたともい
う。河合は上記の二冊をもって夏に赤城山へ登り、700ページの『國家學汎
論』と『國家論』を2ヶ月間読んだといわれる。

　河合は夏休みを終えた後、大学第二回の新学年を迎えてから小野塚教授の演
習で歴史哲学についての研究を纏めたという。当時、彼は図書館に入り、政治
学、歴史学、歴史哲学、社会学に関する洋書を棚から取り出して読んだとい
う。第三回生になって河合は小野塚教授の演習に参加し、学問、史学、政治学
という題目で勉強する予定であったが、河合の父上が大患に遭い、報告するに
至らなかったという。河合は大学時代を回顧し、小野塚教授と矢作榮藏教授に
ついて以下のように感謝を述べている。

　　二先生と私との関係に就て書きたいことは多多あるが、それはこゝでは
　省くことゝして、その性格その学風が啻に私の内面生活に影響したのみで

第3章　労働問題の現実と社会改革者としての河合栄治郎　37

なく、私の職業、私の結婚、その後私が帝大に奉職するに至ったこと、すべて二先生に負う所である、私の後半生は二先生によって決定されたと云っても過言ではない。[3]

第2節　河合栄治郎の問題意識と労働問題

河合栄治郎は大正4 (1915) 年3月に東京帝国大学法科大学政治学科を卒業した。彼は同年3月12日、第一高等学校弁論部の主催の講演において「戦の将来を懐う」と題した講演をした。この演題は、その後「官に就くに際して」と改題されている。詳細は『第一学生生活』(日本評論社、昭和22年再版) を参照されたい。この講演記録を読むと、彼がなぜ農商務省に就職したかをよく知ることができる。

河合は小学校以来歴史に関心を寄せ、中学校時代、一高時代を通して歴史家になりたい熱意をもっていたことを知ることができる。すでに見てきたように、河合の中学校時代は日露戦争の最中のときであった。彼は少年ながら国家主義に燃えていた。

河合はなぜ大学を卒業した後、農商務省に官吏として就職したのであろうか。彼は大学に在学中のときから社会改革の情熱に燃えており、この理想を達成するためには官吏 (国家公務員) となって社会改革を進めることが唯一の方法であると考えたからである。河合の関心は当時の労働問題を解決することにあった。では労働問題とは具体的には何であったのであろうか。彼はすでにイギリスの労働者階級の悲惨な状況を知っていた。河合は次のようにいう。

若し英国の経済史を読むならば、現代労働問題の起これる経路を知ることが出来ましょう。幼い子供は工場で16-17時間も働かせられて、而も尚疲れて仆れるまでに鞭打たれまして、牢屋の様な寝室から逃げ出そうとするものは足に鎖を縛り付けられました。鑛山の坑の中で働く子供は腰に鎖を纏うて匐いながらトロッコを曳きました。必ずしも小供のみではあり

ません、女子に付ても当時の惨状を文章と絵画で見るものは今も尚涙を注がずには居られないでありましょう。奴隷の解放で着々として勝利を占めて来た人道主義の運動が、此のWhite Slaveの解放に向ったのは誠にさもあるべきことと思われるのであります。[4]

　他方、日本の労働状況はどうであったであろうか。河合は岡山の山室軍平の演説を聞いた感想を次のように述べる。

　　私が今も尚忘れ得ないのは嘗て神田青年会館で、岡山の孤児院長の石井十次氏の追悼会があったとき、山室軍平先生の述べられた御話であります。先生は其の昔まだ青年時代に京都に居られた時に、石井さんから頼まれて京都大津辺の孤児を見付けては岡山へ届けた、土曜には散歩がてら京都の附近を歩いては、孤児を探し歩いたそうです。そうして之等の孤児を京都の自分の下宿へ連れて来ては、一晩とめて翌日岡山へ送ったのである。下宿で泊らせながら両親の事や家庭の事、身の生立を詳しく聞いて夜を明したけれども、其の時いかに親なき小供の憐れなものであるかが熟々と身に泌みて、後年学校を出て将来の職業を定めようとしたときに、色々の此の世の野心や功名があらぬ方へ先生を誘惑しようとしたけれども、下宿の夜聞いた憐れな孤児の物語はいつも耳朶に残って居て、遂に救世軍へ入られたと云う御話しでありました。私は此の御話を聴いて実に感動した事を覚えて居ります。[5]

　河合栄治郎は山室軍平のキリスト教に基づく人道主義から強い感銘を受けたが、労働問題を解決する河合にとっては山室軍平の活動とは一線を画していた。河合の関心は個々人の救済よりも社会制度の改革にあったからである。河合にとっては制度の改革があって初めて個人を救済することができると考えた。彼にとっては人道主義と社会改革とは車の両輪であった。大学時代の河合にとっては社会改革が第一の重要な関心であり、この視点から職業が選択され

なければならなかった。河合が大学を卒業して農商務省に官吏として入省しようと決心したのは、彼が官吏として将来労働問題を解決したいという強い情熱をもっていたからである。これが大学時代において学んだ政治学を生かす道であると彼は考えた。

第3節　河合栄治郎はなぜ『日本職工事情』に関心をもったか

　労働問題を解決するためには、日本における労働の実状をよく知っておかねばならない。河合は東京帝国大学に入学したエリートではあったが、労働者としての経験をもってはいなかった。河合は自分の生い立ちを回顧して以下のように述べる。

　　私は東京の中流の商人の家に生れたものでありまして、身を以って労働者の生活を体験したものではありません。而して私の過去には労働者の生活に触れさせるような機会はありませんでした。従って私が労働問題に傾倒すると云っても、それは単に書物の上に於いて得た印象を通すの外なかったのであり、今の日本では私共に日本の労働問題を理解せしむるような書物には出会はなかったので、労働問題に如何なる形で自分が従って往くかは確然と定めることは出来ませんでした。[6]

　その頃、河合は幸運にも東京帝国大学の経済統計の研究室において『日本職工事情』（農商務省発行）を読むことによって将来への希望をもつことができたという。

　　此の書は日本の工場及び職工の状況を調査したものでありまして、此の方面の資料に乏しい今日、此の本に於て私は始めて吾が国の労働状況を知ることが出来ました。けれども私が特に心を惹かれたのは其の附録二巻であります。この二巻は日本の官庁で公刊された書物としては、類例無い位

40　第1部　河合栄治郎の思想形成とその環境

の特質をもっております。それは此の書が日本労働者の悲惨な事実を集め
たからでありまして、私共は此の二巻を涙なくして閉じることは出来ない
でありましょう。労働時間の長いことや、生活程度の酷いことは今は問題
にすることではありません。ここには虐待と蹂躙があります、ここには
法律と道徳がありません。百年前の英国の経済史を繙いて驚いた私共は、
聖代の日本に於て私共の身の囲りにかくの如き暗雲の生活があろうとは夢
にも思い設けなかった所であります。固より日本の労働者の生活がここに
あげらるるが如き事実のみとは申しません、しかしそれは他にも澤山類似
の事件を予想せしむるに餘りあります、又假令其の場合が少数であるにし
ても、それは雲煙過眼視すべき性質のものではありません、私の心は震え
たのであります。而して段々之に付て尋ねて往った時、之等の調査の結果
として工場法なる法律が制定されて、時間や年齢に付ての取締をするもの
であると云うことが分りました。工場法は既に法律として制定はされて居
るけれども、実施が延々となっていて今年或は来年に於て実施の計画があ
ると云うことを聞いて心は躍ったのであります。[7]

　河合栄治郎が東京帝国大学を卒業した後、農商務省に官吏として就職したの
は、彼が以上のような問題意識をもっていたからであった。しかし、彼は農商
務省がどんな組織であったか、そこに内在する問題は何であったかをすでにお
よそ洞察していたと見える。ではその問題とは何であったのだろうか。それは
農商務省が官僚組織として旧態依然とした、理想のない公務員の社会であった
ことを河合はすでに洞察していた。次節ではこの点を中心にして考察してみた
い。

第4節　河合栄治郎が見た農商務省の組織と課題

　河合栄治郎は日本の官僚組織に内在する問題を以下のように洞察する。

第3章　労働問題の現実と社会改革者としての河合栄治郎　41

　殊に今日の日本の社会を見まするに、いかに大多数の人々が漫然として
生きているでありましょう、彼等は「あること」のみに生きて「あるべき
こと」を知りません。「此の世の中は理窟通りには往きません」と云い
「それは机上の空論です」と云う。ここには What is が全部であって
What ought to be が何等の権威を持っておりません。最もよく現社会の
慣習に順應できる人は成功者であります。事を穏便に彌縫(びほう)するものが巧者
であります。理論を以て争わず便宜を以て事を処するものは福徳円満の長
者であって、抱擁の大なるもの、かくの如くして始めて人に長たるの器で
あると稱へられます。ここに純理と正論とは影を潜めて、すべてが現状を
維持するに都合よく道理が作られております。私共の提げて立つ問題は労
働問題であります。かくして如何でかそこに平和がありましょうか。[8]

　この一文を読むとき、河合は農商務省の組織と人間関係の実状とをすでに十
分知っていたように見える。この社会に入ろうとする若き社会改革者は組織の
中から反対を受け、異端者として扱われ、孤独の立場に置かれる。河合が将来
農商務省において孤立と迫害とを受けると予想していたように見える。なぜか
といえば河合は次のように洞察するからである。

　吾々は現存制度の上に於て特権を享有する人々より先ず多くの反対を受
けねばなりません。しかし彼等は利害の背反した為に起る反対であって其
の立場は比較的明白であります。それよりも大きな反対は変化を厭(いと)う大多
数の白眼であります。新な路に一歩を切り開いて進まんとする改革者は、
彼等より現存道徳の叛逆者を以て目されねばなりません。更に此の保守的
道徳は經となり緯となって多数者の趣味となり性格となって織り込まれて
おります。彼等からは異端者を以て疎外されなければなりません、否最後
に志を同うし理想を共にする親しき友の間から嫉妬、羨望、猜疑、阻隔(そかく)は
来るでありましょう。かくの如くして改革の途に立つものは常に寂然とし
て荒野における孤客であります。[9]

42　第1部　河合栄治郎の思想形成とその環境

　以上の二つの論文から河合が当時（大正4年時代）の日本社会の道徳観がどのような特色をもっていたかを知ることができる。大正3（1914）年は第一次世界大戦が起こり、日本もこれに参加した時代であった。河合が一高において講演したのはその翌年の1915年3月12日であった。他方、河合栄治郎は労働問題の解決のために農商務省への就職を志していた。こうした状況下において日本の世論は、農商務省においてのみならず多数の人々の道徳観は河合が抱く労働問題の解決運動に対しては逆風であった。その道徳観は変化を嫌う傾向にあったといわれる。それは農商務省の内部においてのみならず、多数の人々の中においても見られる保守的傾向であった。そのため、以下見られるように、河合栄治郎の労働問題を解決する方法は、ラディカルとして農商務省内において理解されないことになってゆくのであった。この問題を考察する前に、河合栄治郎が農商務省に入省してから後、アメリカへの出張が命令され、アメリカ滞在中彼が学んだ成果を瞥見しておきたい。

　　　註
1）　河合栄治郎編『学生と教養』日本評論社、昭和13年、303-4頁。
2）　同上、304頁。
3）　同上、310頁。
4）　河合栄治郎選集2『第一学生生活』日本評論社、昭和23年再版、356頁。
5）　同上、358頁。
6）　同上、361頁。
7）　同上、361-62頁。
8）　同上、364-65頁
9）　同上、365頁。

第4章

農商務省時代のアメリカ出張とその成果

行安　茂

第1節　河合栄治郎のアメリカ出張とその成果

まず、河合は農商務省へ入省したときの熱意と抱負とを以下のように述べる。

　　始めて官に就くに及び自分は堅く決心した。日本には一人の労働党の代
　議士もなく、又一つの有力なる労働組合もない。資本家は其の利害を述ぶ
　るの機関と便宜とを持つけれども、労働者は其の利益を代表する一人のス
　ポークスマンを持たなかった。此の間に於て若し農商務省の官吏が労働者
　の立場を熱心に考慮に入れるに非ざれば、彼等は一人の自己を顧みるべき
　ものを有しない、此處に於てか労働問題の局に当たる者は一個の殉教者の
　如き心事を持って事に当らなければならないと。又自分は漠然ながら日本
　の労働立法の第一期として、工場法の改正と労働保険の実施、治安警察法
　第十七条の撤廃と労働組合の公認を包含して、此の第一期の立法を完成す
　るまでは、如何なる難境に立っても官職を辞することなく、在朝の官吏と
　して之が為に努力しなければならない。然し苟くも自己の良心に疚しく
　感ずる事が起ったならば、断然躊躇することなく進退を決しなければな
　らないと思い定めて居ったのである。[1]

河合は以上のような決意と信念とに基づいて農商務省の一官吏として生死を
共にする覚悟であった。ところが、大正7 (1918) 年8月、河合は農商務省か

44 第1部 河合栄治郎の思想形成とその環境

ら工場法案研究の命を受けアメリカへ出張し、労働問題の研究視察をすること
になる。弟子の木村健康は河合のアメリカ出張の経験について以下のように紹
介する。

　　勇躍渡米した河合氏は、与えられた短い滞米期間を任務遂行のために最
　も能率的に送るため、あらゆる努力を惜しまなかった。氏は実に精力的に
　合衆国全土の代表的工場を視察し、また労働保護政策の学理を求めて諸々
　の大学を訪い、文字通り、東奔西走した。そればかりでなく、大戦に参加
　したアメリカ合衆国の民衆の感激と努力とに接触して、世界史の動きを身
　を以て体験することにも遺憾なきを期したのである。これらの努力の随伴
　的成果として、僅かの滞在後帰朝の途につくときには、氏は合衆国の生活
　方法と習俗とを一應身につけていた。……しかし滞在生活が河合栄治郎に
　あたえたものはこのような外面的なことばかりではない。氏が官僚として
　悩みつゝあった国家主義に対する懐疑を超克する端緒は、實に滞米生活の
　賜物であった。労働問題の学理を求めての巡礼の途上、河合栄治郎はジョ
　ンズ・ホプキンズ大学のスロニムスキー教授に面会するの機を得た。スロ
　ニムスキー教授に対して河合が具さに自己の抱懐する問題を訴えたとき、
　教授は河合氏の求めるものが恐らくは社会哲学であること、そうして河合
　氏の求める社会哲学は恐らくはトマス・ヒル・グリーンの『政治的義務の
　原理』の中に見出されるであろうことを示唆した。教授のもとを辞したそ
　の足で河合氏は直にグリーンのこの書を求めたが、滞米生活の繁忙は直ち
　にこれについての研究に耽ることを許さなかった。しかし河合氏はこの会
　談の結果、少くとも曾て恩師小野塚博士の示唆した個人主義の原理を再意
　識し再評価するに至ったのであり、自己の模索しつゝあった労働問題解決
　の原理が、まさに個人主義にほかならぬことを、漠然とながら感ずるにい
　たったのである。そうして後年大学教授となった河合栄治郎氏が、トマ
　ス・ヒル・グリーンから思想上決定的な影響をうけるにいたった淵源は、
　実にこのかりそめの会見にあったのである。[2]

第4章　農商務省時代のアメリカ出張とその成果　45

　河合は以上のようにして滞米生活およびグリーン研究によって個人主義の原理を発見し、これが労働問題を解決する新しい思想であることを認識した。それは労働問題を解決する上で国家主義と対立する思想であったが、新しく再評価されなければならないと河合は考えた。

　河合はアメリカに滞在中、女性の小説家であるミス・ハザノーウィッチに会い、個人主義の原理を聞かされたという。河合がこの小説家を知ったのは、彼がニューヨークの「婦人衣服製造職工組合」を訪問し、組合員との雑談のとき、ミス・ハザノーウィッチがこの組合で働いていることを知り、この作家を知り、彼女の作品『彼等のうちの一人』を知るに至ったといわれる。彼女は河合栄治郎のために労働組合の集会に傍聴の便宜を計ってくれたといわれる。河合が帰国するときはミス・ハザノーウィッチに挨拶したから、「日本の婦人と労働者のために戦って下さい」と激励されたという。

　河合はアメリカ出張によって彼の思想を画期的に転換させたと木村健康はいう。その転換とは河合が今まで抱いていた国家主義から個人主義への思想転換であった。当時、河合は28歳の青年官吏であったが、その適応能力と感性とは先輩の鶴見祐輔も驚くほどであったといわれる。そして河合の前途は有望であると多くの人々から期待されていた。

第2節　帰国後の河合栄治郎の辞表の提出とその後の運命

　河合栄治郎は大正8（1919）年5月、アメリカ出張から帰国した。河合は「近くワシントンに開かるべき国際労働会議の為に準備を為すの必要ありと云うので、自分の帰朝するや否や農商務省参事官に任ぜられ、巴里に於て議決せられたる九箇條の原則」等について「其の説明と意見を起草すべく命を受けたので」あった。当時「省内の保守的傾向と内務省の固陋頑冥なる思想とを眺めて、此の間に於て此の問題を提げて起つものは須らく職を賭する覚悟あるべきを予感したのである、しかし之は実にわが日本の労働政策の根本を決すべき大問題であって、之が為に一身を傾倒するも毫も悩む所なきを思って事に従っ

46　第１部　河合栄治郎の思想形成とその環境

た。」[3]

　河合は不退転の決意を以ってこの大問題に着手したのであった。しかし、「不幸七月下旬に於て農商務大臣は結局自分の意見を容れない事によって、別に他の人々に原案の起草を命じた。当時自分は事既に定まるを感じた。国際間に於ける日本の窮地を知り、国際労働会議の意義を感ぜる自分は、此の時官を辞して世論を喚起し、政府の対策に修正を加うべく宣伝の運動を為さんかと考えた。」[4] 河合はこの決意に基づいて大正８年10月末辞表を提出する。しかし、この決断をする背景には個人主義と国家主義との矛盾をどう解決するかという問題があった。これは農商務省に入省してからも彼の内面生活において燻っていたといわれる。木村健康はこの点について以下のように指摘する。

　　　上司や同僚の大部分は、労働階級の窮状に衷心同情をもつ人々であり、その人道主義的情熱は河合栄治郎氏の尊敬して措かないところであったが、労働者保護の諸方策が日本国家の利益を害する一点に立至ると、官僚諸氏は労働階級の利益を抛棄して、国家の利益の擁護者に一変した。そのため河合栄治郎氏は、会議の席上などでしばしば激論を戦わしたことがあった。さてこの上司官僚の諸氏の態度の根底は、国家の膨張と国力の発展とを第一義的として、労働者の利害もこの至高の目的の前には無視せざるを得ないと考へる国家主義の立場であった。労働問題の解決の前には、このような国家主義が鉄壁の障害をなして屹立していることを、青年官吏河合栄治郎は自己の生活の中から身をもって痛感せざるを得なかったのである。もしそうであるとすれば労働問題の解決を必生の事業とする河合栄治郎は、この牢固不抜の国家絶対主義に対して決然と宣戦しなければならない筈である。しかしこれに挑戦する覚悟を定めることは、河合氏にとって決して容易のわざではなかった。[5]

　河合栄治郎がアメリカ出張において新しく学んだものは個人主義の原理であった。個人主義とは何であったか。それは各個人の自由によって判断された

行動には責任が伴うという思想であった。他方、日本における社会改革の原理は伝統的には国家主義であって、国民の生活改善の諸方法はこの原理によって判断されなければならない。河合がアメリカ出張によって学んだものは個人の自由な判断による行動の選択であった。日本においては国家が個人よりも上位にあり、国家という全体的視点から個人の生活のあり方が改善されなければならないとされる。河合が身につけた思想は個人主義であり、この観点から労働問題は検討されなければならなかった。この主張は日本の国家主義と対立するので、河合栄治郎が提案する個人主義に立つ労働問題の解決案は農商務大臣にとっては採用されないと判断された。従って、国際労働会議に提出する日本政府の起草案は河合栄治郎以外の適任者に委託されなければならないと農商務大臣は考えた。

第3節　河合栄治郎の農商務省への辞表と大臣等の説得

　河合は農商務省に入省した直後から大臣以下の上司は彼の学力と人物とを高く評価し、期待していた。だからこそ、彼はアメリカ出張を命じられていたのであろうと推察される。確かに彼は英語の学力に優れ、アメリカ人とのコミュニケーションも自由にできたから多くのアメリカの識者から民主主義の根幹をなす個人主義の原理を吸収することができる能力をもっていた。彼が帰国してから農商務省の参事官に抜擢されたのは彼の実力が高く評価され、期待される人物であると評価されたからであった。しかし、河合が突然辞表を提出したのは大臣以下先輩の同僚からは理解のできない行動であった。

　河合は帰国後国際労働会議に出席する日本政府の代表のため労働問題の起草案を書くことのできる人物は自分以外にはいないという自負心をもっていた。だからこそ河合はこの起草案の作成者として指名されたのであった。しかし、その後、この起草案の作成者は河合以外の人に変更された。それはなぜであったのであろうか。河合の書いた起草案の断片から推察したことは彼の思想がラディカルであり、農商務省の幹部には受け入れ難いという判断であった。国家

主義を共有する農商務省の大臣以下幹部は河合参事官に国際労働会議に日本政府の意見として起草案を書かせることは不適切であると判断した。河合の思想がラディカルであることは、彼のアメリカ出張によって形成された個人主義（個人の自由に基づく行動の権利）であり、これを主張することは日本の国家主義と矛盾すると判断されたからであった。

　思うに、彼は個人主義の主張によって参事官のポストおよび起草案の作成義務の仕事が他の人に変更されるかもしれないことを予想していなかったのであろうか。もし彼が個人主義の原理を文面において主張することは日本の政府案に誤解を招く恐れがあることを察知していたならば、彼の起草案は問題にされなかったであろうと考えられる。その場合、河合は農商務省の幹部あるいは大臣に会って、個人主義の導入を起草文に入れてよいかどうかを相談することができたであろう。河合は慎重を期してこのような相談によって助言を得ることもできたであろうが、なぜ彼はこうした相談による助言を得ようとしなかったのであろうか。河合の自負心がこれを妨げたのであろうか。あるいは大臣は事前に河合参事官を呼び、大臣の応接間において起草文に盛り込まれる要点等を予め質問をしておくこともできたであろう。しかし、こうした親切は高等文官試験にすでに合格している河合参事官を子ども扱いにすることであるとし、この助言指導を控えたのかもしれない。さらに考えられることは、河合参事官自身が大臣の執務室を事前に訪問し、起草文に盛り込まれる個人主義についての可否を質問し、大臣の見解を聞くこともできたはずである。察するに、省内の上下関係においてこのような自由な場を設定することは、当時の上下の人間関係の道徳において部下が大臣を直接訪問することは不可能であったかもしれない。では、誰か相談のできる先輩はいなかったのであろうか。察するに、河合は入省後、エリートとして同僚から競争相手として必ずしも好感をもたれてはいなかったようにも見える。要するに、河合は省内では孤独であったのではないかと推察される。

　河合参事官の起草案が農商務省内においてなぜ受け入れられなかったかについて木村健康は次のように述べる。

第4章　農商務省時代のアメリカ出張とその成果　49

　農商務省の官僚は河合参事官の草案を餘りにも急進的と認め、これに徹底的変改を加へた。河合参事官はかねて深く熟慮し堅く決意していたとおりに辞表を提出した。個人的には自己に最もふさわしいと考えていた地位に、そうして私的には敬愛措かなかった人々に、袂別せざるを得ないのは、まことに不本意であったであろう。しかし大義の赴くところ、このような私情の介在はゆるさるべくもなかったのである。

　河合参事官のこの挙はまことに上司同僚の意表外に出たものであった。親しい上司や同僚は、如何にしてもこの有能多望な青年官吏を慰撫しようと努力した。遂には岡實局長が河合参事官を招致して翻意を勧説し、これが不成功に終ったときに、農商務大臣山本達雄男爵自ら乗り出して、河合参事官に留任を説いた。しかしあらゆる努力は空しかった。もとより河合参事官が、これら上司や同僚の厚意に対して不当に傲慢であったのではない。寧ろ、一属僚の進退について、ついには大臣までが乗り出して翻意を求めた厚意に対しては、河合参事官は最期まで分に過ぎた厚意として深甚の謝意を懐いていた。それにもかかわらず、河合参事官が初志を翻へし得なかったのは、こと公人の進退に関し、社会改革の根本原理に関する以上、まことにやむを得ないところであった。[6]

第4節　河合栄治郎の農商務省の辞職から　　　　　東京帝国大学助教授へ就任

　河合栄治郎は農商務省を去って無職の浪人となった。彼は給料によってのみ生活してきたから将来の不安もあったであろうが、著作の印税もあり、当分は生活することはできた。幸いにして無職の浪人生活を見ていた二人の恩師が河合の再就職のために動き出した。その二人とは小野塚博士と矢作博士であった。河合が農商務省を去る以前に森戸辰男（東京帝国大学助教授）が「クロポトキンの社会思想の研究」により筆禍事件を起こし、休職となっていた。小野塚博士と矢作博士とは森戸辰男助教授が占めていたポストを使って河合栄治郎

50　第 1 部　河合栄治郎の思想形成とその環境

を東京帝国大学助教授として推薦した。ところが、山川総長は河合の思想が急
進的であるとして河合を採用することに難色を示した。そのとき河合と親交の
あった藤沢利喜太郎博士の勧告によって山川総長は遂に納得し、河合栄治郎は
東京帝国大学助教授に就任することになった。それは大正 9（1920）年 6 月で
あった。

　河合栄治郎は、すでに見てきたように、アメリカへ出張中、ジョンズ・ホプ
キンズ大学のスロニムスキー教授に会うことができ、対談中、教授からグリー
ンの『政治的義務の原理』を紹介された。河合は対談の中で教授から「あなた
の求めていたものはグリーンの社会哲学であろう」といって、グリーンの本書
を紹介されたというのであった。アメリカに滞在中河合は多忙のため本書を読
むことはできなかった。今や東京帝国大学助教授として時間のゆとりができた
ので、グリーンの *Prolegomena to Ethics*（1883）を研究する計画を立てた。
このように考え、河合はこの主著をじっくりと精読しようと考えていたとき、
河合は大正 11（1922）年英国へ留学し、オックスフォード大学（ベイリオル・
カレッジ）を拠点としてグリーンを中心とした研究者等と交流を深めた。帰朝
したのは大正 14（1925）年 8 月であった。これから約 5 年間にわたりグリーン
の主著を中心として関係のある諸論文を読み、グリーンの思想体系を理解する
ように努めた。この点について木村健康は次のように説明する。

　　大正 14 年、河合先生は英国留学より帰朝し、東京大学において社会政
　　策講座を担当することとなった。その後、五年間に亘って先生の学問的精
　　力は挙げてこれをグリーンの研究に傾注された。その成果が昭和 5 年に
　　トーマス・ヒル・グリーンの思想体系として公にされたのである。各人は
　　各人のカントを読むというのは哲学者ヴィンデルバントの言葉であるが、
　　同じことはグリーンについても述べることができる。各人は各人のグリー
　　ンを読むのである。河合先生のグリーンの読み方は先生特有のものである
　　といってよい。その観点の一つは、先生がグリーンの哲学を以って社会政
　　策論の基礎としようとしたという点にある。即ち、従来の自由放任主義を

第 4 章　農商務省時代のアメリカ出張とその成果　51

　克服して、必要な場合には国家による社会生活の統制を容認し得るがごと
　き立場としてグリーンを読まれたのである。その観点からするならば、グ
　リーンにおけるヘーゲル的な面が強く前面に現われてくるはずである。[7]

　木村健康の「解説」から考えると、河合がグリーン研究に本格的に着手した
のは、英国留学から帰国した大正 14（1925）年 8 月以後である。この頃から河
合はグリーンの主著である Prolegomena to Ethics の研究に着手し、それが完
成したのは昭和 5（1930）年であった。約 5 年以上の歳月を要した研究であっ
た。河合は大正 15（1926）年 2 月、東京帝国大学教授に任ぜられていた。木村
健康は河合がグリーンの立場をヘーゲル的として読み、ここに社会政策論の基
礎を見出そうとすると解釈する。確かに河合は社会政策の原理をグリーンの国
家論の中に発見することができたかもしれないであろうが、そうだとすれば、
この解釈は河合が農商務省参事官時代に主張していた個人主義と矛盾する。こ
の点を木村健康はどのように考えていたのであろうか。河合は個人主義の原理
を貫き、これが国家主義と対立する点を洞察し、新しい時代の労働政策の原理
は個人主義の原理でなければならないと主張していた河合が東京帝国大学助教
授に就任し、社会政策講座を担当するようになってからグリーン研究によって
ヘーゲル的国家観を受容することには抵抗があったのではないだろうか。木村
健康はこの点をどう判断していたのであろうか。

　　註
1)　河合栄治郎編『第一学生生活』日本評論社、昭和 23 年再版、370-71 頁。
2)　社会思想研究会編『河合榮治郎　傳記と追想』昭和 23 年、17-18 頁。
3)　河合栄治郎編『第一学生生活』372 頁。
4)　同上、372-73 頁。
5)　社会思想研究会編『河合榮治郎　傳記と追想』15-16 頁。
6)　同上、23 頁。
7)　河合榮治郎全集 2『トーマス・ヒル・グリーンの思想體系』社会思想研究会出版部、昭和 33 年、
　　「解説」。

第5章

河合栄治郎の思想体系とグリーンの影響

行安　茂

第1節　河合栄治郎の思想体系

河合栄治郎の思想体系は彼の『トーマス・ヒル・グリーンの思想體系』の中にその原型を見出すことができる。本書は全15章から構成される、スケールの大きい大著である。これらの章は次のように構成されている。

第 1 章　緒論

第 2 章　千八百七、八十年代の英国（上）

第 3 章　千八百七、八十年代の英国（下）

第 4 章　英国理想主義運動

第 5 章　グリーンの生涯

第 6 章　グリーンの思想体系と学風

第 7 章　グリーンの認識論

第 8 章　グリーンの欲望論

第 9 章　グリーンの観たる「自由」の概念

第10章　グリーンの道徳哲学

第11章　グリーンの宗教論

第12章　グリーンの社会哲学

第13章　グリーンの社会思想

第14章　グリーン以後の思想界

第15章　グリーンの残したる課題

これらを見ると、グリーンの思想体系はスケールの大きい、歴史的展望に立った体系であると見ることができる。各章の各節の内容項目は紹介されなかったが、これらの項目を見ると、古代ギリシアのソクラテス、プラトン、アリストテレス、カント、フィヒテ、ヘーゲルのドイツ哲学を視野に入れ、イギリスではロック、ヒューム、スペンサー、ルウィース、さらにラッセルやムアを取りあげ、グリーン死後の動向およびアメリカのロイスやジェームズをも取りあげている。残念ながらデューイは取りあげられていない。グリーンのデューイへの影響についての論文を知っている研究者が日本にいなかったと見える。

さて、河合栄治郎がグリーンの思想体系から学んだものは社会改革の原理であった。彼が社会改革の原理をグリーンの思想体系の中に求めた内容は主として以下の七章において展開される内容である。

第 7 章　グリーンの認識論

第 8 章　グリーンの欲望論

第 9 章　グリーンの観たる「自由」の概念

第10章　グリーンの道徳哲学

第11章　グリーンの宗教論

第12章　グリーンの社会哲学

第13章　グリーンの社会思想

これらを背景とするグリーンの思想体系はどのようなものであったであろうか。河合の根本思想はグリーンの自我実現によって影響された「個人の成長」である。河合は人間にとって理想とは何であるかを問う。それは自己を成長せしめ、発展させ、かくして現在の自己よりもより高い自己を実現することである。いかなる自我を成長・発展させることが自我の目的であろうか。グリーンは「神的自我の実現」（divine self-realisation）といっているが、河合はこの点にあまり注目していない。他方、河合は科学的能力、道徳的能力、芸術的能力の実現としての自我実現には注目している。これらの能力を調和的に発展することが河合の善である。

54　第1部　河合栄治郎の思想形成とその環境

　河合栄治郎の思想体系を支える基礎原理は何であろうか。直ちに予想される
ことは宗教であるが、彼においては宗教はごく消極的にしか述べられていな
い。彼の思想を支えているものは何であろうか。彼が大学を卒業した後、農商
務省に入り、アメリカへ労働問題の調査研究のため出張したことは彼の思想体
系の構築に大きな影響を与えたように見える。彼が経験した個人主義の原理は
彼の思想体系においてはどのような位置を占めているのであろうか。さらにこ
の原理は日本の国家主義とどう調和したであろうか。

　社会改革者としての河合栄治郎の課題は何であったか。彼は次のようにいう。

　　凡そ改革者とは、今ある社会の意識とあらねばならぬ社会の意識とを対
　立せしめ、此の対立を克服せんとするものだと前に述べた。しかし更によ
　り真正にこれを言い換えるならば、彼の前に存在する対立は、両者の社会
　の意識ではない。それは、今ある社会を黙過せんとする自我と、あらねば
　ならぬ社会を実現せんとする自我の対立である。彼は単にあらねばならぬ
　社会を意識しこれを希求しつゝあるのではない。苦痛を冒し犠牲を賭し
　て、之を実現せんとする人格的責任を感ずるのである。それを為さざる時
　に自我は満足しえない。その自我の要求に実在を与えんとする欲望が、彼
　の改革的行動として実現するのである。若し彼にして正当なる理由なくし
　て、今ある社会を黙認せんとするならば、無為と逸楽とを享有せんとする
　彼自身を、彼れの自我は叱咤し鞭達し、その効なきや自己を軽蔑し自己に
　羞恥を感ずるであろう。かくて改革者の直面しつゝある対立は、ある社会
　とあるべき社会とのそれではない。又ある社会を黙認せんとする自我と、
　あるべき社会を実現せんとする自我とのそれでもない。その対立は彼自身
　の内部に於て、ある自我とあらねばならぬ自我との対立である。彼は此の
　対立を意識し、之を克服せんと努力する。此の努力の成功した時に、彼の
　活発なる改革的行動が現れ、その克服の成功を欠く所に、彼れの改革に懈
　怠が現れる。[1]

第5章　河合栄治郎の思想体系とグリーンの影響　55

　問題は最終的には自我の「改革的行動」の努力と怠慢な自我との対立から生ずる矛盾をどう解決するかにある。この解決は見方によれば簡単であるが、性格の弱い人にとっては困難であるかもしれない。要は強い意志の決定が支配的であるかどうかである。

第2節　グリーンの「自我実現」から「個人成長の問題」へ

　河合栄治郎は道徳的行為を決定する要因は利己心であるか、意志であるかを問題にする。一般的には行為の善悪を決定する原因は利己心か理性のいずれかであると考えられるが、善の行為を決定する要因は理性であろうか。人間の行為を決定するものは多くの場合、欲求であるが、欲求によって決定された行為が善行為であるとはいえない場合は少なくない。そうだとすれば、欲求はどのようにして道徳的となり得るのであろうか。欲求は多くの場合、利己心であることが多い。利己心が求めるものは自己の利益である。これを満足させる行為は多くの場合、他人の利益を害しやすいのみならず、他人の生命を殺害する行為となる場合も少なくない。こう考えると、利己的欲求はいかにして善の行為へと転換するかが問われる。利己心と理性とはどのようにして統一されるであろうか。河合は道徳的行為を動機づけるものは意志であるという。

　　利己心その他の自然的原因は、そのまま直接に意志の決定に接続するのではなく、たとえそれらの自然的原因は作用しようとも、まず吾々の自我を触発する、自我はそれが自己を満足せしめるか否かを考慮し、その結果として意志が決定されるのである。だから自然的原因は自我の介在によって阻止され、直接に意志の決定に作用するのではない。自我と称する非自然的なるものが介入し、それが意志の決定をなすので、かくして自然的原因による必然の決定は遮断されて、自我の決定が之に代わる、之を吾々は意志が自由に決定されるというのである。自我が満足するように意志決定を為すことは、あらゆる人間を通じあらゆる意志に対して妥当する心理的

56 第1部 河合栄治郎の思想形成とその環境

事実である。殺人強盗を為すものは、殺人強盗を為すことにより、彼の自
我が満足するからで、かかる行為を為さしめるものは、彼の自我である。
釈迦が出家入山し基督が十字架に仆れたのは、かくすることにより、かく
することによりてのみ、釈迦、基督の自然が満足するからで、決定を為さ
しめたのも亦彼らの自我である。悪と称される行為が為された場合にも、
その悪は自我と何らの連関なしに為されるのではなく、彼の自我が触発さ
れ彼の自我を満足せしめるものとして、悪なる行為も亦為される、悪なる
行為がかかる過程を経て為されることは、唯人間のみに可能である。[2]

　以上の説明は非常に理解され難い文章である。善をなすのも悪をなすのも自
我の決定によると考えられている。殺人強盗をなすのも釈迦が出家し入山する
のも自我の決定によるとされる。二つの場合の共通点は自我の満足を得ること
にあると河合は説明するが、これは理性の要求と一致するであろうか。さら
に、河合の説明はグリーンの『倫理学序説』の第二編『意志』を精読した上で
の説明であろうか。河合のいう「自我」はグリーンの「自我」と違っており、
抽象的である。なぜかといえばグリーンの意志決定の背景には欲求、知性、意
志の総合的統一作用が考えられている。これらの作用によって得られた判断に
よって善の行為と悪のそれとが識別されるからである。このようにして利己心
が行為者の動機と結果との総合判断によって行為の善悪が判断されるのであ
る。さらに、河合の説明において不明確な点は、自己の行為の善悪と他人のそ
れらとはどのように区別されるか、あるいは自他の行為が矛盾するとき、自己
の善と他人の善とが対立すると考えられるのはなぜであるか、この原因は利己
心であると考えられる。この場合、この利己心をいかにして克服することがで
きると河合は考えたであろうか。この問題について河合は説明していない。
　これらの説明が十分なされない限り、河合の「個人成長の問題」は解決され
ないであろう。改めて再検討すべきことはグリーンの「自我実現」とは何で
あったかということである。利己心、功名心、怒り、復讐心等はいかにして自
己実現の原動力となるであろうか。グリーンを研究した西田幾多郎、西晋一

郎、綱鳥梁川は若き日において白隠禅師の『遠羅天釜』を読み、「純一無雑打成一片」を知ることができたといわれる。西田が「主客合一の境」に達することができたのは日隠の坐禅を実践したからに外ならなかった。河合はキリスト教には関心をもっていたが、この信仰を深めたようには見えない。

第3節　最高善、人格、自我の三者関係

　河合栄治郎の思想体系において理解を困難にする問題は上記の三者がどのような関係にあるかということである。河合の説明は理解が困難である。問題はいかにして最高善が自我に働きかけて自我自身を成長させるかということである。河合によれば「最高善とは……自我を成長発展せしめて人格を実現せしめることである。」[3] まず、「最高善」はいかにして自我に働きかけるかということである。それは自我の要求によって確立された最高の理想または価値であることを確認しておく必要がある。そうでなければ最高善は現実の自我に働きかけることはできないからである。最高善は現実の自我の諸要求の中から最も価値のある理想的目的として選択された目的でなければならない。このような最高価値としての善のみが現実の自我を方向づけ、自我を統一することができるからである。河合の説明においては最高善と現実の自我とがいかにして結合するかについての統一的説明が十分なされていない。この統一的説明を可能にするものは最高善に強い焦点を置いた性格である。河合はこの点を次のように説明する。

　　各人の性格、個性は、ここに最後の根拠を見出すのである。更に性格に強き性格と弱き性格とがある。強き性格とは、その自我の焦点が明白であり単一であるために、自我が統一され、全精力が集中されていることである。弱き性格とはその焦点が複雑多岐に分散しているがために、自我が不統一に分裂している、そのために精力が一所に動員されていないことである。而して性格なきものとは、弱き性格の程度を高めたものに外ならな

58　第1部　河合栄治郎の思想形成とその環境

い。[4]

　以上のように見てくると、河合が最高善を実現する道は、各人が強い性格に
よって自我を統一し、自我の満足を得ると共に自我を成長発展させるプロセス
にあるということができよう。その場合、最も重要な要素は強い性格が自我に
要求されることである。強い性格は強い意志であるといったのはグリーンであ
る。グリーンは「強い性格」、「強い意志」、「自我の満足」の三者について以下
のように説明する。

　　　われわれが強い性格とよぶものをわれわれは強い「意志」とよぶ。これ
　　は、記憶力あるいは生々とした想像あるいは冷静な気質または社会への大
　　きな情熱のような特殊の天賦の才能または能力としては見なされない。強
　　い意志は強い人間を意味する。それはかれのすべての諸能力や傾向性から
　　区別される人間自身のある質、彼がそれらのすべてとの関係において同じ
　　ようにもっているある質を表現する。それは彼が自我の満足を求めるある
　　諸対象を彼の目前にはっきりと置き、そして彼が偶然的な諸欲求の暗示に
　　よってさきの諸対象からそらされないようにすることが人間の習慣になっ
　　ていることを意味する。[5]

　河合栄治郎が「強い性格」と「弱い性格」とを比較し、最高善の実現のため
に「強い性格」が現実の自我を向上発展させる基本条件と考えたのは、彼がす
でに *Prolegomena to Ethics* の第二編『意志』をよく読んでいたからである。
さて、最高善は人によって具体的には異なるが、それは現実の環境や条件に
よって制約され、これらに働きかけながら実現可能な対象（目的）を発見し、
これらを実現するプロセスにおいて実現される。しかし、人間は生来三つの悪
（懶惰、不精、不作為）をもっているから積極的に最高善を実現することができ
ないと河合はいう。では、人間はこれらを克服することによって最高善を実現
することができるであろうか。強い意志があれば最高善の実現への第一歩は踏

み出せるはずであろうが、なぜこの一歩への決断ができないのであろうか。それは「思い切って始める」一大決心をするかどうかにかかっているとC.ヒルティは以下のようにいう。

　　まず何よりも肝心なのは、思いきってやり始めることである。仕事の机にすわって、心を仕事に向けるという決心が、一番むずかしいことなのだ。一度ペンをとって最初の一線を引くか、あるいは鍬を握って一打ちするかすれば、それでもう事柄はずっと容易になっているのである。ところが、ある人たちは始めるのにいつも何かが足りなくて、ただ準備ばかりして（そのうしろには彼等の怠惰が隠れているのだが）、なかなか仕事にかからない。そしていよいよ必要に迫られると、今度は時間の不足から焦躁感におちいり、精神的だけでなく、ときには肉体的にさえ発熱して、それがまた仕事の妨げになるのである。[6]

第4節　河合栄治郎はなぜ「共通善」を生かそうとしなかったか

　河合栄治郎の「個人成長の問題」の中で最も疑問となる点は、「自己の人格を実現すればするほど、他人の人格の実現への要望が逓増する。自己の為にすることと他の為にすることとは、二にして一なることである、ここに人格の実現なるものの微妙な消息がある。……自敬は自己の為に主張する権利を与えると共に、自敬は又他の為に自己を抑制する義務を命じ、更に自敬は他の為に自己を犠牲とすることをも賞讃する、何故ならば他の為の自己犠牲は自己の為であり、自己に於て死んで而して自己に於て生きることだからである。」[7]といわれていることである。

　河合が「二にして一なることである」といわれる思想の根拠は何であるかということが問われなければならない。自他が「二にして一なることである」といわれる哲学的基礎は何であろうか。グリーンは、以下述べるように、共通善の基礎を彼が解釈するキリスト教の信仰に求めたが、河合の場合はキリスト教

60 第1部 河合栄治郎の思想形成とその環境

の信仰は見られないし、日本仏教の信仰も見られない。いかなる根拠によって河合は自他の関係を「二にして一なることである」と主張するのであろうか。何らかの宗教的信仰なしにはこの命題は主張できないはずである。自敬と他敬は「二にして一である」ように見えるが、人間の心は利己心によって支配されている現実を見るならば、自他を直ちに「二にして一である」と主張することには飛躍がある。河合は人格の実現を主張する場合、利己心がこれを妨げることを問題にしてきた。いかにして利己心を克服することができるかという問題を根本的に解決することなしには上の命題は主張できなかったはずである。利己心を克服するためには何らかの宗教的信仰の確立が必要である。河合はグリーン研究においてグリーンの宗教論を十分検討したであろうか。すでに指摘してきたように、河合は一高在学時代に新渡戸稲造や内村鑑三の先生によってキリスト教の影響を受けていたが、その後はその信仰を深めることなく、むしろキリスト教から離れて行った観がある。察するに、河合がキリスト教の信仰を受容することができなかったのは、彼の性格の強さがこの信仰を妨げたからであろう。この点については本書の中の「河合栄治郎の宗教論とその限界」において詳しく論ずる予定である。

さて、河合栄治郎はグリーンの共通善をどのように評価したであろうか。まず、グリーンは「共通善」についての核心的部分について以下のように説明する。

その追求において利害の競争が全くあり得ない、唯一の善、それを追求してよい、すべての人にとって実際に共通である唯一の善は、善であるべき普遍的意志—各人の側でかれ自身の人格および他人の人格において人間性を最もよく生かそうとする、固定した意向にあるものである。すべての人々にとって善の共通性の確信は、相互奉仕の理想への献身以外の何かがこれとの関係によってこれらの観念が形成される目的である限り、善であるものの観念と実際決して調和されない。[8]

第5章　河合栄治郎の思想体系とグリーンの影響　61

　この中で注目される点は共通善が「相互奉仕の理想への献身」であるということである。この献身はすべての人々に対する献身であって、人種や民族の違いとは全く無関係になされる。

　グリーンの共通善と河合の最高善とはどのように相違するであろうか。グリーンは共通善をコミュニティや国家が直面している、その時代の公共的善を取りあげ、これを解決しようとする。たとえば、国家レベルの問題としては「自由主義立法と契約の自由」（1880）、ローカルレベルの問題として「オックスフォード男子高等学校の設立」（1881）があげられる。いずれもグリーンが晩年において取り組んだ自由主義の視点に立つ社会改革であった。いずれも農民やオックスフォード市民が要望する契約の自由や市民への教育の平等な機会を実現する政治改革であった。他方、河合栄治郎は個人主義に立った人格の完成を「個人成長の問題」と考えた。この論文が発表されたのは、河合栄治郎が編集した『学生と先哲』（日本評論社、昭和12年）においてであった。グリーンの「共通善」も河合の「最高善」も理性が目指す普遍的善であるが、前者はコミュニティや国家が目指す農民や市民の自由化への制度の改革であった。その場合、アプローチはグリーンと河合栄治郎とにおいては異なっていた。グリーンにおいては、たとえば地主と小作人とにかかわる土地の契約をめぐる自由化を実現する立法の問題であり、教育の平等を保障する教育改革の問題であった。他方、河合栄治郎においては学生の教養を高める啓発運動が課題であった。時代は昭和初期から終戦までの時期であったが、河合の理想主義に基づく教養は終戦後（昭和20年8月15日以降）から昭和40年代頃において広く高校生や大学生に受容された。

　グリーンにおいては共通善は「相互的奉仕の理想への献身」によって実現されるが、これはキリスト教の信仰に基礎づけられる。「奉仕」や「献身」は神への信仰の表現と理解することができるからである。グリーンはオックスフォード大学の学生時代から最もよい教会はどこにあるかを探索していた記録が残っているし、その後広教会派（Broad Church）に関心をもっていたことを考えるとき、彼が自由主義的な教会に関心をもっていたことを知ることができ

62 第1部 河合栄治郎の思想形成とその環境

る。他方、河合栄治郎は一高時代にはキリスト教に関心を寄せており、山室軍
平の救世軍活動にも関心を寄せていたが、キリスト教信仰から次第に離れて
行ったように見える。グリーンはその生涯において「世界の永遠的自己意識主
体」（神的原理）に基づく自己実現の過程を重要視したが、河合栄治郎はグ
リーンの神的原理に相当する「個人成長」の哲学的基礎を確立するに至らな
かった。読者が「個人成長の問題」を読んで何か物足りなさを感ずるとしたな
らば、河合が個人成長の宗教的確信をもっていなかったためであるといえよう。

第5節　グリーンの人間完成と河合栄治郎の課題

　河合栄治郎の「最高善」は現実の自我に対して人格の成長を目的として行動
せよと要求する。しかし最高善と現実の自我との間には距離があり、ギャップ
がある。これを克服する中間の媒介は何であろうか。最高善の可能性は現実の
自我にあると考えられていることは、すでに見たように、「自我を成長発展せ
しめて人格を実現せしめること」によって両者の接点を認めることができる。
しかし、自我の成長と最高善の実現との間には高いハードルがある。現実の自
我は利己心等の欲求に制約されているから最高善の実現に直接結合することは
できない。何がこの高い壁を乗り越える手段であろうか。物件は最高善を実現
する手段とはなり得ても、これによって現実の自我は最高善の実現を実現する
ことはできない。なぜかといえば物件は現実的自我に代わることはできないか
らである。このように考えるときグリーンを研究した河合栄治郎はなぜグリー
ンが主張する人間完成論に注目し、これを評価しなかったかという疑問が生ず
る。

　グリーンは『倫理学序説』の第4編第4章の中で自己の立場を次のように説
明する。

　　　　求められるべき善は諸快楽から構成されるのでもなければ、避けられる
　　　べき悪は苦痛から構成されるのでもない。犠牲が要求される目的は犠牲そ

第5章　河合栄治郎の思想体系とグリーンの影響　63

れ自身においてある程度達成されているものである——ある程度においてのみであって、まだ十分にではないが、その犠牲はそれ自身価値のない手段としてではなしに、それが形成の助けとなる全体への構成要素として関係づけられる。われわれが真の目的と考える人間精神の諸力のあの実現は、それに向かって今一歩を進めてよい、遠い距離にあるものとして単に考えられるべきではない。それは完成の変化する、進歩的程度においてではあるけれども、連続的に進行しつつある。そして傾向性を、無害にせよあるいはその点で賞賛すべきであるにせよ、より高い善のために個別的に犠牲にすることは、それ自身すでにある程度より高い善の達成である。[9]

　以上のグリーンの主張と河合栄治郎の最高善とを比較するならば、グリーンが目指す真の善がいかに現在の自己犠牲の行為によって実現されつつあるかを知ることができる。グリーンは理想主義者でありながら理想と現実との接点をいかによく考えていたかを知ることができる。これに対して河合栄治郎は最高善を抽象的に論ずることに終始し、いかにしてそれを実現するかについて読者と共に現実的に考える姿勢が乏しい。河合は学生への期待感から『学生に与う』を書いたが、学生の問題意識に即して最高善と現実の自我との関係を丁寧に論じ、書くべきであった。河合の議論には上からの独断的思想が見られる印象を読者に与えたのではないかと推察される。

　グリーンは人間完成という究極目的を考えながらこれがいかにして実現されるかを現実的に考える。その例証として「道徳的理想の特質」についての次の二つの文章を紹介したい。

　　われわれの価値の究極的標準は人格的価値の理想である。すべての他の価値はある人格への、人格の、あるいは人格における価値に対して相対的である。ある国民、あるいは社会または人類の進歩又は改善あるいは発展を語ることは、諸人格のより大きな価値との相関的としてでなければ、意味のない言葉を使うことである。[10]

64 第1部 河合栄治郎の思想形成とその環境

　　かくして人類の精神的進歩は、それが個人的性格の、個人的性格への進
　歩──その感情、思考、意志の主体が行為者であり維持者であり、その各
　ステップがこのような主体の諸能力の十分な実現であるところの進歩を意
　味しなければ、意味のない用語である。[11]

　　註
1)　河合栄治郎『トーマス・ヒル・グリーンの思想體系』（下）、日本評論社、昭和24年、109-10頁。
2)　河合栄治郎編『学生と先哲』日本評論社、昭和16年、11-12頁。
3)　同上、21頁。
4)　同上　30頁。
5)　T.H.Green, *Prolegomena to Ethics*, At The Clarendon Press, 1899, pp.122-23.
6)　ヒルティ（草間平作訳）『幸福論』第1部、岩波文庫、昭和50年第48刷、24頁。
7)　河合栄治郎編『学生と先哲』35-36頁。
8)　T.H.Green, *Prolegomena to Ethics*, p.296.
9)　*Ibid.,*pp.476-77.
10)　*Ibid.,*p.218.
11)　*Ibid.,*p.220.

第6章

河合栄治郎は『学生に与う』をなぜ書いたか

行安　茂

第1節　『学生に与う』を書いた時代の背景

河合栄治郎が『学生に与う』を書いたのは昭和 15（1940）年 2 月 16 日から同年 3 月 15 日までの間においてであったといわれる。猪木正道は新版『学生に与う』の「解説」の中で以下のように述べている。

> 本書は 1940 年 2 月 16 日に河合先生が箱根仙石原の俵石閣に到着されて以来、3 月 15 日までのうち、3 日の用事を除く 26 日間を費して、完成された。全体で 200 字詰原稿用紙に 920 枚だったから、一日平均 35.6 枚執筆されたわけである。河合先生は、その前年、すなわち 1939 年 1 月出版法違反事件のため検事の取り調べを受け、同月末文官分限令によって休職を命ぜられた。こうして先生は、1920 年 6 月助教授に任ぜられ、さらに 1926 年 2 月に教授に昇進して以来引続き在任された東京帝国大学経済学部の教職を事実上奪われたわけである。[1]

このような環境下にあって河合栄治郎は箱根の旅館に引きこもって僅か 26 日間の日数で 920 枚の原稿を脱稿したわけである、1 日平均 35 枚少々（400 字原稿用紙で約 18 枚）を書いたというから超人の早わざというべきであったと推察される。

1940（昭和 15）年は、筆者が小学校 3 年生のときであった。当時、日本は皇

66 第1部 河合栄治郎の思想形成とその環境

紀2600年記念の祝賀会が全国の小学校、旧制中学校（5年制）、旧制高等女学校（5年制）等において盛大に挙行された。筆者は、以下のような歌が学校の校庭で挙行された祝賀会において合唱されたのを記憶している。

　　　天地輝く日本の

　　　栄えある国の姿かも

　　　今こそ歌へこの朝

　　　紀元は2千6百年

　　　あゝ一億の鈴が鳴る（一部間違っているかもしれないが、ご了承下さい）

　国際的視点から見ると、1940年9月27日には日独伊の三国同盟がベルリンで調印されたことが当時のラジオや新聞を通して知っていた。

　さて、河合は『学生に与う』の「はしがき」の中で次のように述べている。1940年代の日本の学生と2024年の日本の学生とは置かれている状況が異なるから、河合の期待は理解されないかもしれないが、敢えて彼の「はしがき」を紹介したい。

　　学生諸君、私は祖国の精神的弛緩に直面して、何ものかに訴えずにはいられない本能を感じる、だが諸君に訴えずして何に訴えるものがあろう。諸君は青年である、若芽のような清新と純真とに富んでいる、まだ悪ずれのしない諸君には、私の孤衷に聞くパトスがあろう。

　　諸君は教育の途中にある、そして教育というものこそ、あの精神的弛緩を救う唯一のものである。人はあるいはいうかもしれない、今日の学生に期待するならば、それが祖国に役だつには、遠い将来を俟たねばならないと。確かにそうである、しかし精神的再建は一朝にして成るものではない。早急に効果を期待するものは、精神的弛緩の何ものであるか、その治療がいかに困難であるかを知らざるものである。将来の日本は泡立つ浅瀬の中からは生まれない、物凄いほど静かに澄んだ深淵の底からのみ生まれてくる。それには永い歳月を俟たねばならないのである、だがわれわれの祖国のためにこれは俟つに値する。諸君が成育して日本を指導する時は、

第 6 章　河合栄治郎は『学生に与う』をなぜ書いたか　67

少なくとも今から三十年はかかるだろう、だがこの使命は学生諸君を措いて、他にこれを担うべきものが見出されない。[2]

第 2 節　「教養〈一〉」と現代の青少年の課題

　現代の青少年や教師にとって注目されるべき項目は『学生に与う』の「教養〈一〉」である。河合はこの中で青少年（14 歳前後から 20 歳前後）がいかに生きるべきかについて重要な問題を提起し、これを解決する方向を示唆しているからである。この時期は他律から自律への転換期であると河合はいう。この転換は青少年が直面している環境や人間関係の中で示されるが、各人によって受けとめ方は違っている。どのような転換をなそうとも、他律から自律が中心問題であることには変わりはない。問題はこの転換はいかにして可能であろうか。これは小学校、中学校、高等学校、大学の教師にとってのみならず、保護者にとっても考えるべき重要な問題である。この意味において、まず、河合の見方・考え方を紹介してみたい。少し長い文章であるが、人生の原点を考える意味において共に考えてみたい。

　　人は生まれてすぐ家族の中で育てられ、父母兄弟や雇人から教えられ、さらに小学や中学で先生から教えられる。この教えの中で大切なのは、子供の行ないに対する命令である。勤勉であれ正直であれとか、盗んではいけない、人を傷つけてはいけないとか、と教えられて、子供は「何故」と問うことなしに、教えをそのままにうけいれてこれに従おうとする。こうした命令はあるいはまた法律的命令である。まだ自らの裏から命令の湧き出づる術もない少年時代に疑うことなく異議を挿むことなく、無条件的にこれらの命令に従うことによって少年の生活に乱れのないように枠がこしらえられることになる。もしこの時代にかかる命令がなかったなら、放逸無軌道な生活に陥って収捨がつかなくなろう。この点で私は子供の時に我儘を許して、青年になってからにわかに束縛を加えることには反対で、

68 第1部 河合栄治郎の思想形成とその環境

かえって逆に幼少年の時にこそ、強制を加えて訓練することが必要である。そして青年になってから強制をゆるめることこそ賢明であると考える。幼少年に加えられる覊束は以上のような意義があるとしても、これらの命令は要するに他から与えられた命令で自らの衷より湧き出たものではない、そのゆえに他律であって自律ではない。大多数の青年は今でも、幼少年の時代そのままに、他律に甘んじて毫も怪しむことがない、否、他律であることすら気がつかずにいるのである。他律に甘んじるからとて、他律の命令を厳格に遵守するというのではない。与えられた命令に従いえない要求が、衷より燃えてくるにしたがって、しかるべく命令にそむいて、しかし大体は命令に服従する姿でもって、一生を終えて墓場に入るのである。……。

　ところがここにきわめて少数の青年がある。人が歩いて来た道にふと立ち止まって、この道でよかったかと振り返って見ると同じように、今まで怪しむことなく疑うことなく従ってきた命令に対して、「何故か」（why, warum）という問いを発する。これこそ人生における最も重要な転機であって、この問いこそ世にも貴重な問いである。今までの彼はただ一つの彼であった、だがこの問いの出された時に、彼は二つとなった、今までの彼が一つの彼であって、それを見つめる彼がいま一つの彼である。二つの彼はまだ画然とした対立ではない、なぜなれば一つの彼に疑いを挿んだだけで、これに肯定も否定もしていないからである。しかしそれでも彼は分化して二つとなった。[3]

　以上のように見てくると、他律から自律への転機はいつやってくるのであろうか。河合はこの点について明言していない。この転機がやってくるのは人生において「余裕」があるときであると河合は考える。具体的には彼は20歳前後のときが「余裕」があり、他律から自律への転機のときであると考えるが、筆者は14歳から15歳の頃であると考えている。現代の少年がいじめによって不登校になったり、自殺したりするのは中学校から高等学校の生徒に多く見ら

第6章　河合栄治郎は『学生に与う』をなぜ書いたか　69

れる。あるいは大学生や大学院生の場合にも挫折する学生はあり得る。問題は
他律から自律はいつ、どのような形において現われるかということである。

　筆者がこの経験をしたのは昭和20年の二学期から三学期にかけての戦後の
経済的物資不足とインフレーションとの混乱期のときであった。終戦と共に青
少年は前途に夢や希望を全く失ってしまったかに見えた。筆者は昭和19年4
月に岡山県の中山間部の旧制中学校へ入学し、同20年8月15日の終戦のとき
は中学校2年生であった。当時、自宅から山を越え、隣村の平地の民家に預け
ている自転車に乗るため約4キロメートルの山道を徒歩でその民家に到着し、
預けていた自転車に乗って約12キロメートルの県道を通学していた。朝6時
に家を出発し、8時過ぎ頃に中学校に到着していた。戦後、筆者はこの通学方
法を変更し、中学校の所在地の岡山県御津郡金川町（現岡山市北区御津金川）
に下宿したいと考えた。父は下宿には反対であったが、筆者は将来の進学を考
え、運命を打開するためには下宿することによって勉強時間をキープし、学力
を十分身につける必要があると考えていたからである。筆者は15歳足らずの
少年であったが、友人の紹介により下宿先のおばさん（65歳すぎ）と直接交渉
し、下宿代の条件について話し合った。当時は一般に米が不足であったので、
下宿代は1ヶ月分として米一斗（15キログラム）と私が食べる米1ヶ月分一斗
（15キログラム）の合計二斗（30キログラム）で交渉がまとまった。筆者の家は
農家であり、1年に100俵以上の米を生産していたので、毎月二斗を下宿代と
して持ち出す余裕は十分あった。父母もこの支出に同意した。

　以上の下宿交渉の結果、昭和21年4月から下宿生活により、勉強時間を確
保することができ、日曜日は岡山市の古書店へ出かけ、河合栄治郎の『学生と
先哲』や『学生と教養』を買い入れ、15歳少々の旧制中学生が読んだのであっ
た。

　以上の生活転換は河合が問題にした他律から自律への新しい生き方であっ
た。下宿生活のすべての交渉は筆者一人の判断で進め、その結果については後
日父母に報告しておいた。幸い母親が理解を示したので毎月の下宿代と筆者の
1ヶ月分の持ち出しを倉から取り出して、自転車の荷台に二斗分（30キログラ

ムの米）と野菜とを積み込み、毎月一回、下宿へ運んだ。これが自律の生き方
であり、筆者の場合すでに15歳のときから自律の生活は始まっていた。

第3節　河合栄治郎の自律と自我の成長

　河合は教養を自我の成長であるという。この成長は現実の自我が理想となる
べく自己自身を陶冶することである。その究極の目的は最高善としての理想で
ある。現実の自我は不完全であるが、理想の最高善への自己自身の努力によっ
て前進させなければならないと河合はいう。何がこれを推進するのであろうか。
河合はこの力は理性であるという。人間は理性に対立する衝動や欲求をもって
おり、これが行動の原動力となっていることは周知の事実である。この点を認
めるとき、理性が単にそれ自身で現実の自我を動かす原動力となり得るであろ
うか。理性は衝動や欲求との協力なしには現実の自我を最高善に向けて陶冶す
ることは不可能であるはずである。河合はこの点をどう考えたのであろうか。
河合は自律を主張するが、経験を無視したのではない。河合は次のようにいう。

　　成長はわれわれ自身がなさねばならない。しかし、ここに成長の契機と
　なるものは経験である。かくいうと、経験説という自己詭弁の学説が再び
　登場してくるかもしれない、いわく経験が人間を決定するのだと。しかし
　経験は成長の主体ではなくて、単なる契機である、これを契機として活用
　する主体こそ、自我、彼自身である、あるものは同じ経験の下に萎縮し、
　あるものはかえって奮起する。ここで経験というのは、あるいは内的のも
　のであるかもしれない。功名心の強いこと、優越欲の盛んなこと、金銭に
　貪欲なこと、色欲の強いこと、または怠慢であること、薄志弱行であるこ
　と等々、これらは皆自然に経験として与えられたものである。あるいはま
　た、外的のものであるかもしれない、貧困であること、身体が虚弱である
　こと、親の死、友の死、恋人の死、社会から非難攻撃されること、生命の
　危険に瀕すること、あるいは反対に、富裕であること、立身出世するこ

第6章　河合栄治郎は『学生に与う』をなぜ書いたか　71

と、世人から拍手喝采されること、これらもまた経験である。[4]

　河合は、以上のような諸経験を現実の自我の成長の契機として考えるが、そこにはすでに理性による経験の方向づけが考えられているように見える。しかし、河合は理性と欲求あるいは経験との一元的統一的関係の理論を形成していない。現実の自我がより高い目的の実現に向けて自己実現を展開することができるのは、欲求あるいは衝動を理性によって合理化することによって初めて可能である。そうでなければ理性と欲求とは対立し、矛盾し、現実の自我は最高善に向かって自己の可能性を実現することはできない。河合はグリーンの自我実現論から影響を受けてはいるけれども、理性と欲求あるいは衝動との統一的関係を発展的に説明していない。この点において河合の自我成長論の不明確な論理が見られる。グリーンはすでにこの点については以下のように説明した。

　　自我実現の原理は、それ自身のこの満足への何らかの接近において、その働きをさらに進めなければならない。それは「自然的諸衝動」を、絶滅したりあるいはこの衝動にある対象を否定したりする意味においてではなく、その諸衝動をより高い諸関心と融合する意味において克服しなければならない。そしてより高い諸関心はそれらの対象へのある形式において人間完成をもつ。この融合への接近をわれわれはすべての善人に認めるだろう。すべての自然的情念、愛、怒り、誇り、野心がある公的大義のために協力している人々においてのみならず、家族を教育するといった考えのような、ありふれた考えによってすべて支配されている人々においてもである。[5]

　グリーンの自我実現の原理は上記の文中において明確に述べられている。なぜグリーンは「自然的情念」（愛、怒り、誇り、野心）を人間完成の諸対象との関係において考えたのであろうか。人間完成という目的は抽象的であり、この実現を具体的に考えるためには人間本性の諸衝動の対象との関係が考えられな

72　第1部　河合栄治郎の思想形成とその環境

ければならなかったからである。人間の行動を動かす原動力は「自然的情念」
である。ここではグリーンはヒュームの情念論を念頭に置いていたことは明ら
かである。人間の行動を動かす推進力は確かに情念であろう。ヒュームは「理
性は情念の奴隷であり、奴隷であるべきである。そして理性は情念に仕へ、服
従する以外の役目をもっていると主張することは決してできない。」[6]といっ
た。グリーンはこの情念論を批判し、ヒュームの情念に対して理性の働きかけ
を認め、両者の合理的方向づけを主張する。そこにはグリーンがカント批判を
受容しながら、理性と情念との融合の方向において自我実現論を展開している
ことが理解できる。しかし、河合はヒュームの情念論をどの程度理解していた
かは明らかではない。

第4節　河合栄治郎の道徳論——自我を媒介として

　河合は道徳的活動は自我によって決定されるという。

　　道徳的活動とは、いまだ観念として意識界にのみ存在する観念に、現実
　の外界における存在にまで実在を与える活動である。たとえばある人を助
　けようとする観念が、ただ観念としてのみ存在する間は、いかなる観念で
　あろうとも、まだ道徳的活動たるに至らない。その救助という観念が、救
　助の行為として現実の世界に実現する時に、それが道徳的活動である。そ
　の点で明らかに創造である、これが知識的活動と異なり、創造が現実の世
　界においてであって、想像の世界においてでないことが、芸術的活動と異
　なることは前に書いた。ここで道徳的という言葉は、当然に善的と同一視
　され、悪的なるものと対立するように考えられやすいが、ここでは善とも
　悪ともいずれともまだ決定されない、あらゆる活動を意味するのである。
　現実の世界に実現するとは、積極的のことのみでなく、消極的のことも含
　まれる。[7]

第6章　河合栄治郎は『学生に与う』をなぜ書いたか　73

　河合の道徳論において重要な役割を果たすものは自我と意志決定の二大要素
である。河合の理論においてやや不明確なのは自我の概念である。グリーンは
自我を自我意識として規定したが、河合も自我を全体我とも考えているから、
自我は心身を全体として統一的に考えていたと見ることができる。自我を全体
として考えることは、欲求（衝動）、知性、意志の三者を全体として考え、最
終的には意志が行為を決定する。この決定に至らせるものは自我の全体的意識
である。この最終決定に至らせる前段階として欲求と知性との関係をめぐっ
て、どの行為を決定するか、この行為をなすか、あの行為をなすかについて選
択の迷いの時間がある。これは瞬間的な場合もあれば数十日もかかるときがあ
るかもしれない。概して行為の選択はスピードを要するであろう。ときには瞬
間の「今」が重要であるかもしれない。

　筆者は 15 歳の旧制中学生のとき（昭和 21 年 7 月頃）、アメリカの進駐軍夫妻
がジープの運転ミスのため、岡山県御津郡（現吉備中央町）大字下加茂の山中
の字甘渓（紅葉の名所）の河原の中で立っている姿を見た。アメリカ軍は小学
校で「鬼畜米英」と教えられてきた。昭和 16 年 12 月 8 日に、日米開戦が始
まって以来学校の校門に、アメリカのルーズベルト大統領とイギリスのチャー
チル首相の藁人形（高さ約 2 メートル）が設置された。児童生徒は校門を入る
とき、人形のそばに立ててあった竹槍でルーズベルトとチャーチルの藁人形の
胴体を突きさしてから校門を入るのであった。藁人形の側には男性の教員が
立っており、児童を指導していた。こうした教育を受けていた筆者は、終戦後
岡山県の中山間の県道を自転車で走っていたとき、アメリカの進駐軍を見て、
「進駐軍だとわかった瞬間、走り去ろうかと迷いながらも勇気を出して進駐軍
夫妻を助けようと決心した。」そして筆者は河原の中を歩いて彼等に近づいて
みると、彼等が乗っていたジープが横転していることに気がついた。

　そこで筆者は彼等二人に、「間もなくトラックが岡山から帰ってくるので、
そのドライバーと助手によってあなたがた二人を助けますから暫く待っていて
下さい」と英語で話した。中学校 3 年生であった筆者は簡単な英語を話すこと
はできた。やがてトラックが帰ってきたので停車させ、「ジープを県道へ引き

74　第1部　河合栄治郎の思想形成とその環境

上げることはできるか」とドライバーに尋ねたところ、「それは簡単である」という。では「お願いします」といったところ、助手がトラックから太いロープを取り出し、ジープの先端部分に結びつけ、ドライバーは徐行により、まず、アメリカ軍人夫妻、私、助手が横転しているジープを正常に回転させつつ、高さ2メートル半の県道に引き上げることに成功した。筆者はドライバーと助手に感謝を申し上げた後、アメリカ進駐軍に「私と自転車および荷物の米30キログラムと野菜をジープに乗せて下さいませんか、行先は15キロメートル先の金川町の郵便局前です」とお願いしたところ、「OK」の返事をいただいた。約40分少々で目的地に到着することができた。進駐軍夫妻（30歳頃）と楽しく英会話ができたのが、最大の勉強になった記憶がある。そして外国人を救助するためには勇気ある行動が第一であることを筆者は痛感し、記憶に今も残っている。

第5節　河合栄治郎の学生生活と健康ケア

　河合栄治郎は旧制高校生を主として念頭に置いて健康を考えているようであるが、旧制の大学生をも念頭に置いて考えていたとも考えられる。いずれにせよ10代後半から20代前半の学生時代は病気のことは忘れて勉強に一心不乱の時代であるかもしれない。河合栄治郎は旧制高校生の寄宿舎生活を念頭に置いて「日常生活と健康」を考えているので、自宅から通学している現代の高校生や大学生にとっては河合の助言や考え方は参考にならないかもしれない。しかし、10代後半から20代前半の学生にとっては河合の助言は参考になるところがあるはずである。助言の基本は規則正しい生活にある。

　河合は寄宿舎生活をしていた高校生を念頭に置き、以下のようにいう。

　　朝はなるべく早く起きる、六時か六時半である。顔を洗ってから二、三十分朝爽やかな空気を吸いながら校庭を散歩する。朝飯を食べてから、ざっと新聞に眼を通す、ここでゆっくり読むのは無駄だと思う。授業の始

第6章　河合栄治郎は『学生に与う』をなぜ書いたか　75

まるまで約一時間、本でも読む暇ができる。学校の講義が正午に終わった
ら、中食を食べてから、新聞を少しくわしく読む。三時に講義が済んでか
ら一時間か一時間半、前項に書いた復習をする。それから六時まで運動を
してぐっしょり汗をかく。戻ってから湯風呂か水風呂に飛び込んで、汗を
流して夕飯につく。食後に友人といっしょにブラリと散歩に出て買物でも
する、これは三十分ぐらいである。そして七時から十一時まで、真剣に読
書にかかり、十一時には寝床にはいって、前後不覚の眠りに落ちる。[8]

　現代の学生は自宅から通学する学生が多いであろうから、河合の一日の計画
は役に立たないであろう。ただ河合が新聞をよく読んでいたことは注目されな
ければならない。現代の学生はあまり新聞を読まないのではないだろうか。そ
うだとしたらこの点は反省してよい点であろう。自宅から通学する学生は自宅
から学校までの往復の通学距離をバスまたは自転車で通学するであろうから、
その時間を考えると、河合が考えているような時間の余裕はないかもしれない
であろう。大学生が地方から東京あるいは阪神の大学へ入学している学生はア
パート等を利用するであろうから河合の助言は参考になるかもしれない。意外
と注意されていないのは学生の健康であるかもしれない。
　河合栄治郎は健康へのケアについて以下のようにいう。

　　不規則、不節制が病気となる一番大きな原因のようである。若い時に暴
　飲暴食をして、生涯を通じて消化器の不良で苦しめられる例はいたるとこ
　ろにある。ことに消化器の故障は、気持に影響することが大きく、自分も
　周囲も陰うつにするものである。私は昔から無茶苦茶な生活をする癖がつ
　いていて、高等学校時代には丼を二つ食べるのは平気であったし、御汁
　粉十杯、氷水を十杯飲んだこともあった。それで時々下痢をして困った
　が、四十二の厄年をドイツで送り、その時は万事具合が良かったけれど
　も、翌年日本で大きな消化器病にかかり、丸一年悩まされた。[9]

76 第1部 河合栄治郎の思想形成とその環境

　ここで疑問となる点は、河合は生来性格の強い人であったにもかかわらず、暴飲暴食の不摂生をなぜコントロールすることができなかったのであろうかということである。今まで河合栄治郎の著書を読んできた限り、河合は意志の強い人であった。彼はアメリカから帰国後、農商務省の参事官として国際労働会議に提案する日本政府案を執筆していたとき、大臣からこの原案が認められず、他の官僚がこの政府案を作成することになったとき、河合は辞表を提出し、農商務省を退職した英断があったことは河合の非常に強い意志の決断によるものだった。この意志は彼の暴飲暴食の欲望をなぜコントロールすることができなかったのであろうか。河合は日常生活の欲望に弱かったのであろうか。意志が本当に強かったならば、あらゆる欲望をコントロールすることができたはずである。もしかしたら河合は幼少時代から家庭の生活が経済的に恵まれていたから食生活が自由であったのかもしれない。高等学校時代の河合はかなり恵まれていたと想像することができる。

　筆者は戦後（1946-49）旧制中学校・新制高校生活を送った。私は下宿を二回追い出されたことがあった。野宿することもできず、困っていたとき、よいアイデアが浮かんできた。それは学校の小使室が広く、隣りの部屋には用務員さん（60歳代の男性）が一人で生活をし、職員室の掃除等の仕事をしていた。その用務員さんの隣りの部屋が八畳の広さであり、誰も使用していないことに気づいた筆者は、校長に願い出て、あの部屋を使用させていただけませんかと私の事情を説明したところ、「使用してよい」との了承を得た。当時、筆者は生徒会長をしていたので、校長以下教職員から信用されていたようであった。朝、昼、夕の食事は用務員室で自炊生活をすることですませた。自宅から自転車に炭俵を毎月一俵を運び、米や野菜をも運んで、用務員室の所定の場所に置いて朝夕の食事の準備をした。夕方には宿直の先生が用務員室にやってきて夕食の諸準備をされていた。筆者は毎日夕方には宿直の先生といろいろと話をするのが楽しみであった。

　以上のような生活であったので、河合栄治郎の高校生活と筆者の高校生活とは天地の差があった。しかし、貧しいながら河合栄治郎が推薦する本を次々と

第6章 河合栄治郎は『学生に与う』をなぜ書いたか 77

読んだ。非常に難しい内容であったが、筆者は興味と関心とを引きつけられる
内容であった。そしてこの経験はその後の筆者の進路と研究に大きい影響を与
えてきた。

　　　註
1)　河合栄治郎『新版　学生に与う』社会思想社、1955年、367頁。
2)　同上、15頁。
3)　同上、51-53頁。
4)　同上、71-72頁。
5)　*Collected Works of T.H.Green*, Volume 2, Edited and Introduced by Peter Nicholson,
　　Thoemmes Press, 1997, p.327.
6)　行安茂『グリーンの倫理学』明玄書房、昭和52年、189頁（註9）。
7)　河合栄治郎『新版 学生に与う』173頁。
8)　同上、240頁。
9)　同上、242-43頁。

第7章

河合栄治郎の芸術論とその再評価

西園　芳信

　河合の理想主義思想においては、人格の形成に芸術による美的価値体験は不可欠と位置付けられている。ここではこの河合の「芸術論」の概要を捉えその再評価をする。

　河合は、まず芸術活動の特性を知識的活動と対比し次のように説明する。知識的活動の創造は、意識を体系化する過程における創造であるが、芸術的活動はいまだ存在しない新たなものを創造することである。しかもそれは想像の世界における創造であって、現実の世界における創造ではない。芸術的活動は、美的なるものを創造することである（『学生に与う』社会思想社、現代教養文庫、1992年、改定版、136頁。以下『学生に与う』からの引用は頁のみ記述）。

第1節　芸術的活動の二つ

　河合は、この芸術的活動の創造には、二つあると言う。一つは美的なる対象すなわち芸術を創造することである。あと一つは、芸術家によって創造された芸術作品に美的価値を発見すること、及び人間によって創造されたのではない自然の中に美的価値を発見する観照である。観照も一つの創造であると河合は捉える。なぜなら、芸術及び自然に触発されて、我々の意識に現実に存在しない新しい美的形象（Bild）を創造するからである（136頁）。

　我々の芸術的活動において、多くの学生の芸術的活動は、芸術家のように直接的に美を創造することよりも観照という態度に従っている。このことから、河合はこの芸術論では、芸術的活動を「美的観照」の意味に制限して、それが

いかに学生の教養、すなわち人格の成長に関係するかを論述することであると述べている（137頁）。

最初に河合の「芸術論」を理解するために用語の意味を確認したい。「芸術論」で主題となる「美的観照」は美的体験の一つである。ではこの「美的体験」の特質は何か。小幡順三によると「美的体験」は、直観作用と感動作用の融合・調和でかたちづくられる。つまり直観しつつ感じ、感動しつつ観るというのが美的体験の特質になると言う。[1] 従って河合の「美的観照」は、美の直観面と感情面の体験で成立していると理解される。

ところで、学校教育の芸術活動では、「鑑賞」の用語が用いられる。では「観照」と「鑑賞」の概念の違いはどこにあるのか。『美学事典』によると、「観照」は美的享受と同様に美意識における受動的側面を指し、「鑑賞」は「観照」と同様に受容的美意識を指すが対象についての積極的な価値意識の意味を含むとある。[2] この説明から、河合がこの「芸術論」で用いる「観照」の用語は、対象の美を受動的に認識する意味になると理解される。

第2節　美的観照体験の特質

芸術的美的活動は、音・色・石・木等の自然の物象を媒体に人間の感情を表現するものと言われる。[3] 河合の芸術論も芸術的美的活動は我々の感情との関連が深いと捉えている。我々の感情に価値感情がある。我々の美の価値に適合した感情が美的価値感情である。河合は、美的観照は対象に美的価値を発見し我々の美的価値感情を満足をさせることである（137-138頁）と捉え、美的観照体験の特質を次のように述べる。「我々の美的価値感情を触発する対象を美的価値があるといい、対象の中に美的価値を発見して、これに全自我を投入し、我々の全自我の震撼される状態を意識して、美的価値感情を思うさま満足せしめること、これを美的観照というのである。」（138頁）

さらに河合は美的活動について、対象の美的価値と自我との関係を次のように説明を加える。美的価値は全自我を揺り動かすものである。このことから、

80 第1部 河合栄治郎の思想形成とその環境

外部よりの触発に出会ったときの自我は、全自我を没入することとなる。知的活動でも全自我が投入される（138頁）。しかし、「美的活動の場合には、ただに全自我が躍動するだけではない、全自我が根底から震撼され、そして全自我が己を挙げて価値あるものに没入する。ここに美的活動の特徴がある。」（138頁）

第3節　美的価値を具える芸術の特性

　芸術的美的活動は音・色・石・木等の自然の物象を媒体に表現が組織・構成される。河合は、この芸術表現の媒体となる自然の物象（Gegenstand）（物としての姿）について次のように整理している。

　我々の自我を触発するするのが対象となる物象である。この物象は、目で見、耳で聞き、肌で触れることのできるもの、すなわち、我々の五感の感覚と感性で感受するものである。絵画・建築・彫刻・音楽・文学も物象で我々の感覚と感性で感受するものである。これらの物象が我々の感覚を刺激して美的観照をもたらすものとなる（139頁）。しかし、物象が単なる物象としての美的価値があるのではない。「我々が物象に美的価値を認めるのは、単なる物象としてでなしに、物象に我々の全自我を、魂を、動かすものの象徴（symbol）を認めるからである。そしてこの象徴を通して我々が美の形象を構成する」（139頁）のである。

　さらに河合は、物象としての芸術表現の特性を論じる。芸術は、美的価値の象徴として創作したもので、我々の美的観照を触発する可能性に富んでいる。この芸術は、絵画であれば色で塗られた紙で、彫刻であれば土の塊や大理石である。この自然の材料で制作された芸術が、我々の自我に美的形象を構成する契機となる。自然の一木一草も美的観照の態度をもって臨むと我々の魂を動かす（139頁）。

　ところが、芸術の物象（芸術作品）は、絵画でも彫刻でも自然の物象（音・色・石・木材等）で構成されている。このことから、物象に伴う現実性（自然

の物質）が形象を構成することの妨げになる。そのために、芸術は物象に伴う現実性を減ずるために様々な工夫をする。例えば、彫刻では着色を嫌い、絵画では色彩を減らしたり線で描いたり、明暗のみで描いたりなどの工夫をする（140頁）。

　同じ芸術の中でも現実性から脱却し得る程度に差がある。建築は住居や実務を目的にしたものであれば現実の便宜に支配され、神社・仏閣・教会等の建築はそれぞれの宗教的目的から何らかの制約をうける（140頁）。工芸（例：漆器・陶磁器・染織品・木工品等）は、現実の実用の影響を受けやすい。これに比べ、彫刻・絵画・文学は現実の制約を受けることが少ない。音楽はその制約を受けることが最も少ない（つまり、音楽の芸術としての特性は、自然の音を素材にするがこれが芸術として構成されると現実性から離れた抽象的な世界を表現する）。従って音楽を聴くときに、我々は物象に囚われることなく、美の形象をすることが最も容易である（140頁）。（　）は筆者補足。河合は、この音楽の芸術としての特性が「我々の魂を動かすことの最大の所以であろう。」（140頁）と捉える。

第4節　美的観照成立の過程

　上記では美的観照における対象（芸術）の物象としての特性を明らかにした。次に河合は、この芸術による美的観照成立の過程について述べる。そこで河合は、まず美的観照成立の過程について対象の物象と自己との関連について言及する。「美的観照とは、物象を契機として、自己の美的価値観念を物象に投影することである。」（140頁）そのためには、「観照する側に、観照に値する相当の用意と条件がなければならない」（140頁）と言い、次の二つを挙げる。

　その第1はあらゆる意味の現実から脱却することである。我々は、現実を取り巻く出来事に縛られ、囚われている。例えば家族や友人との間の紛争で気持ちにわだかまりがあったり、金銭の欠乏で生活に不安を抱える者もいたりするだろう。また、絵画や彫刻の女性を美的対象としてでなしに現実の女性と勘違

いしていることもあるだろう。河合は、これら我々の生活にある現実への執着は、美的価値に没入することの妨げとなり、これをとりのぞかなければ、真の美的観照には至らないと捉える（140-141頁）。

第2は「物象を通して美の形象に、身をあげて自己を没入する」（141頁）ことである。河合は「この没我の境地こそ芸術的活動の核心である。」（141頁）と言う。もし没入しきれないものが残って、主体たる彼と客体たる形象とが対立の立場におかれているならば、美的観照には至らない。現実から脱却し自己を美的価値に没入するためには、修練が必要である。つまり、美的観照するには、自己の美的価値の意識を充分に準備しなければならない。美的観照者も教育されなければならない。その方法は、先生に教えられたり本を読むことでは充分ではない。必要なことは、自ら多くの観照を繰り返して、その中から体験を通して感得することである（141頁）と河合は言う。

かくして、美的観照は次の二つの過程から成立すると河合は捉えている。

その第1は、「現実の否定」である。この現実の否定は、先に挙げた我々が現実において様々に縛られ、囚われている事柄から脱却することであるが、さらに一歩を進め現実に囚われる現実の自我を否定することである。「否定された現実の自我に対するものは、美的価値に躍動する別個の自我である、だがこの自我はただ潜在のままにおかれていまだ顕在となるにいたらない、潜在から化して顕在たらしめるのは、外界における物象の触発である。」（142頁）つまり、現実の自我を否定することで美的価値を発見する自我が躍動し美的価値の体験に至るというのが河合の主張である。

第2は、「物象の触発に出会（しゅっかい）して、美の形象に全自我を没入することである。潜在から顕在に化した自我は、形象と主客合一して二にして一なるがごとくになる。ここで現実の自我は克服されて、美的の自我は全自我を支配する。しかして物象を通しての形象の世界に、思うさま自己を浸りきらせる。この世界は現実の世界ではない、創造された美の世界である。この忘我の境地は、平静で落ち着いている。」（142頁）河合は美的観照における主客合一は、美的観照において自我の精神と作品の形象とが融合し一体になり「忘我」

第7章　河合栄治郎の芸術論とその再評価　83

の境地になることと捉えている。

　さらに河合は、この美的観照における主客合一の「忘我」の境地の特質を明示するために宗教活動における 主客合一の「法悦」の境地とを比較している。「芸術における忘我の境地にやや似たものは、宗教的活動における法悦の心境であろう。しかしなるほど法悦の境地においても主客の融合一体はある、しかしここで融合する主体たる自我は、単に美的価値に関係した自我だけではない、知識的、道徳的、芸術的のあらゆる全面の自我が一度否定されて、しかる後に神すなわち実在の人格と一体となる」(142頁) ものであると言う。[4]

　ここで河合が主張したいことは、芸術活動における主客合一の価値体験は美という特定の対象によるものだが、宗教的活動における主客合一の価値体験は全自我が実在としての神と一体になるものという意味であろう。

　以上の美的観照成立は、次のように整理される。対象の美的価値を自我が発見し、その観念を得るとともに美的形象を創造することで自我は美的価値感情と満足を得る。さらに、対象の美的価値によって自我が根底から震撼されることを契機に全自我が美的価値に没入し主客合一としての価値経験を得る。これが河合の芸術論における理想の美的観照の体験となり、このような美的観照体験によって自我は対象の美的価値を直観的に認識するものと理解される。

第5節　美的観照の人格への影響

　次に河合は、美的観照は我々の自我に変容を与え人格に影響すると次のように述べる。

　第1は、美的観照で自我が純化され人格へ影響することである。「現実の自我が否定されて、美的形象に没入する時に、我々の全自我が揺り動かされる、これだけ力強く全自我をあげて動かされることは、知識的活動にも道徳的活動にもみられない。全自我を没入することにより、我々の自我は深められ高められ浄められ豊かにされる、別言すれば我々の魂は昂揚し、自我は純化され現実は超克されるのである。」(143頁) ただし、この「観照における没入は常時不

断に継続するわけではない、しかしたとえ一瞬の間であろうとも、没入を反復し体験している間に、我々の自我が、魂が、精神が、常時不断に昂揚し純化し向上する。」（143頁）河合は、この美的観照における自我没入体験によって精神が継続的に昂揚し純化し向上することが「すなわち教養であり人格の成長である」（143頁）と述べている。

第2は、美的観照は、我々の自然や世界の感じ方を変える力があるということである。河合は、美的観照は以上の人格の成長だけではなく、現実の物象に生命を与え心情を与えると言う（143頁）。つまり、これは美的観照の体験によって、我々は現実の物象にも生命や心情を感じるようになり、このことで「我々の住む世界は広められ、あらゆるものを尊重し、命なきものにも愛を感ぜしめる。」（143頁）ようになるということである。

第6節　芸術論の再評価

ここでは、以上の河合芸術論について再評価をする。芸術的活動には、作者が作品を創造することと、その作品や自然の美を観照するものがある。河合は、学生の大半の芸術的活動は、芸術作品や自然の美を観照することであるとし、この美的観照によって美的価値感情を体験することが教養を高め人格の形成に寄与することを論じていた。

その河合の言う美的観照とはどういう方法か。芸術作品や自然の物象には美的価値が具わる。我々は対象の芸術作品や自然に美的価値を発見しその観念を得るとともに美的形象を創造することで美的価値感情を得る。そして、美的価値が我々の自我を震撼するのに伴い自我は美的価値に没入し、主客合一の体験を得る。河合の美的観照は、主体が客体の美的価値を発見し主体が対象と一体になる体験によって美的価値感情と満足を得るというものであった。

河合の芸術論は『学生に与う』という書名にあるように学生（大学生・専門学校生・高等学校生）の教養教育の一部をなすもので、氏の理想主義の思想がこの芸術論にも展開されている。河合の理想主義の思想は次のようになる。河

合の理想は人間を人格まで高めることで、その人格は真善美の調和した統一体と捉える。従ってこの人格は「あるべき人格」「理想の自我」となり、この「あるべき人格」「理想の自我」は、知識的活動の真、道徳的活動の善、芸術的活動の美によって実現されるとなる（55-57頁）。

　このように河合の思想では、人格の形成に美的価値体験が不可欠と位置付けられている。従って、河合の芸術的活動と人格の形成との関連は、美的観照によって芸術や自然に美的価値を発見し美的形象を創造することで美的価値感情と満足を得る。また、自我が美的価値に没入し主客合一するという日常的には稀な精神的に高揚する体験をする。この美的観照によって芸術や自然に美的価値を発見し美的価値感情を体験することが学生の教養を高め人格の形成に寄与するというのが河合の主張である。知識・科学の真、道徳の善と並んで芸術の美によって教養を高め人格を形成するもので、美的観照で美的価値感情を体験することが人格の形成には欠かせないものとして論じられている。ここにこの「芸術論」の意義があり評価される。

　このような河合の美的観照を美の認識の点から整理すると次のように読み取れる。河合の美の認識観は、美は我々の主観や意識から独立して客観的に実在し、それを我々が観照を通して美的価値感情を得ることで客観的な美を認識したとなる。ということは、美の実在を前提としてこれを誰もが共通に認識するものとなる。このような美の認識観には、西洋の伝統的な二元論の哲学が背景にあると言えよう。

　この美の認識観は、J.デューイの美の認識観と比較すると良く理解される。デューイの哲学は、自然（物質）と人間（精神）は「経験」によって連続していると見る自然主義的一元論である。そこで、デューイの芸術論では美（esthetic）は、我々が環境との不調和（問題）を解決するために外的素材（音・色・石・木等）に働きかけ、外的素材と我々の精神（感覚・感受性・想像性・知性・意志）との相互作用による芸術的経験によって問題が解決されたとき生まれると見る。つまり、デューイは「有機体の精神と環境（自然）とがそれぞれの姿を失って完全に一体になるような経験をこの両者が協力して築き上げる程

86　第1部　河合栄治郎の思想形成とその環境

度だけ経験は美的となる。」[5] と捉える。このデューイの美の認識観は、外的素材と内的素材（精神）の相互作用によって美は生まれるということである。このような美学観は、内的素材となる精神もこの芸術的経験で変化し成長しなければ美の経験は得られないという理論になる。

　このように河合の美学観とデューイの美学観とを対比すると河合芸術論の弱点が見えてくる。それは、美的観照体験において我々の精神（感覚・感受性・想像性・知性・意志）の関わりについての言及がないことである。そのために河合が期待する美的観照による人格への影響は一時的になるということである。

　河合の美的観照は、対象の美的価値を自我が発見し、その観念を得るとともに美的形象を創造し自我が対象に没入する体験によって自我は美的価値感情と満足を得るものとなる。ところで美的観照において自我が美的形象を創造することは、美的対象の形式や内容を自我のイメージの中に再構成することとなる。この再構成においては我々の精神（感覚・感受性・想像性・知性・意志）の能力による。美的観照体験において、これらの能力の関わりについての言及がないことは、河合の美的観照における認識観は対象の美的価値を直観的に認識するものと理解される。

　この我々の精神の関わりが希薄なことは、河合芸術論における美的観照の準備のところにも現れている。それは我々が観照するには観照者は現実に囚われていること（執着等）から脱しなければ真の観照には至らないということである。さらにこのような現実の自我を否定しないと潜在として具わる美的価値に躍動する自我が顕在化しないと言う。河合のこのような考え方にも先に指摘した美は客観的に実在し、それをそのまま直観的・受動的に認識するという二元論哲学の反映とみなされよう。美的観照において自我の能力（精神）の関わりが希薄ということは、美的価値体験はその場限りの一時的なものとなり心に残ることが少ない。従って、美的観照によって教養を養い人格の成長を期待することにおいても一時的で継続的な成長は期待できないと言えよう。

　美の認識は、我々のこれまでに蓄積された経験・知識と対象の美との相互作用によってしか得られない。河合の美的認識の方法は、現在の自我を否定する

第7章　河合栄治郎の芸術論とその再評価　87

ことが条件になっていることから、例えばギリシャのパルテノン宮殿の美的価
値は、時間的・空間的に隔たった現代の我々には観照できないとなる。なぜな
ら我々は、おかれた環境の中で日々新しい経験と知識を獲得することで物の見
方・考え方が変化し人間的に成長しており、美的観照においてはこの経験・知
識は基盤になるからである。デューイの美学観から捉える美は、過去の芸術で
あっても異民族の芸術であってもそれを観照する人の現在の経験・知識（精
神）と対象の芸術との相互作用によって経験され認識されるとなる。つまり対
象の芸術と観照者の精神との相互作用において両者が協力し合える程度だけ美
が生じ認識されるとなる。このような美の認識観によると時間的・空間的に隔
たった作品の美的観照であっても現在の人々の美的経験（認識）となり美に対
する見方・考え方にも影響し、継続して美的認識を成長させることができる。

　次に河合芸術論で問題になることは、美的観照による主客合一のことであ
る。河合は、美的観照における主客合一を作品の触発に出会い美的価値感情の
体験を契機に作品の美的形象と自我の精神とが融合し一体になる（主客合一）
ことと捉えており、このときの意識は「忘我」の境地にあると言っている。主
客合一の経験については、西田幾多郎が『善の研究』の中で事例を通して論じ
ている。[6] 次は西田の「純粋経験」としての主客合一の経験の例である。「例
えば一生懸命に断崖を攀ずる場合の如き、音楽家が熟練した曲を奏する時の如
き、全く知覚の連続 perceptual train といってもよい。」[7]

　西田は、「これらの精神現象においては、知覚が厳密なる統一と連絡とを保
ち、意識が一より他に転ずるも、注意は始終物に向けられ、前の作用が自ら後
者を惹起しその間に思惟を入るべき少しの亀裂もない。」[8] と述べている。以
上は、山登りと技芸における主客合一の事例であるが、西田は音楽鑑賞におけ
る主客合一の例も示している。「恰も我々が美妙なる音楽に心を奪われ、物我
相忘れ、天地ただ嚠喨たる一楽声のみなるが如く、この刹那いわゆる真実在
が現前して居る。」[9] この音楽鑑賞は、音楽の音響に心が奪われ音楽（物質）
と精神とが一体となり、そこに真の実在が具わると述べているもので、音楽鑑
賞による主客合一の経験となる。

88 第1部 河合栄治郎の思想形成とその環境

そこで、河合の美的観照における主客合一の特質と西田の音楽鑑賞の主客合一の特質とを比較することで河合の主客合一理論の言及が不十分であることを指摘したい。河合の美的観照における主客合一は、対象の美的価値に出会い作品の美的形象と自我の精神とが融合し一体になり「忘我」の境地に至るもので、そのときの自我の精神状態は「平静で落ち着いている」と言う。これに対し西田の音楽鑑賞における主客合一の特質は、音楽の音響に心が奪われ音楽（物質）と精神とが一体となり、そこに真の実在が具わるとある。これは西田の言葉では「我々が音楽に心を奪われ、物我相忘れ、そこには天地ただ嚠　喨^{りゅうりょう}たる音楽があるのみで、またそこに真の実在が現出して居る」というものである。この西田の音楽鑑賞における主客合一の特質は、音楽に出会い音楽という物質と自我の精神が別々にあることも忘れ、そこには天地に響く音楽あるのみで、またそこには美の真実在が経験されるというものである。この美の真実在は自我の精神と音楽の物質が二元論的に区別されているのでなく一体になったことの証しとなる。河合の美的観照における主客合一の経験には、作品という物質と自我の精神が一体となることで真の実在を経験するということの言及がない。そのため、河合の美的観照における主客合一の理論は、主客合一の経験によって我々に新しい世界・新しい経験に気づかせるものになっていないと言えよう。

　　　注
1)　小幡順三『美と芸術の論理』勁草書房、1980 年、84 頁。
2)　竹内敏雄監修『美学事典』弘文社、1970 年、166 頁。
3)　S.K. ランガーは、「芸術は、人間感情を表現する知覚可能な形式を創造する営みである。」と定義し、芸術の表現内容は感情であると見ている。S.K. ランガー著、塚本利明・星野徹訳『哲学的素描』法政大学出版局、1974 年、77 頁。
4)　行安茂氏は、「河合は『知識的、道徳的、芸術的のあらゆる側面の自我が一度否定されて、しかる後に神すなわち実在の人格と一体となる』というが、（中略）全面の自我が否定されることによって平静の状態、すなわち忘我が可能であろうか。」と疑問を呈している。行安茂『河合栄治郎の思想形成と理想主義の課題』一般財団法人 アジア・ユーラシア総合研究所、2018 年、142 頁。
5)　J. デューイ著、鈴木康司訳『経験としての芸術』春秋社、275 頁。
6)　行安茂氏は、「河合は忘我を主客合一と説明する。これは西田幾多郎の主客合一論を予想させるが、河合はこの点について言及していない。もしかれが西田の『善の研究』を深く読み、純粋経験や白隠の『純一無雑打成一片』に注目していたならば、『忘我』や『平静』はもっと深く考えられていただろう。」と指摘している。注（4）行安茂著、143 頁。

7) 西田幾多郎『善の研究』岩波文庫、2021 年、12 刷、20 頁。
8) 前掲書、20 頁。
9) 前掲書、81 頁。

第8章

河合栄治郎の宗教論とその限界

行安　茂

第1節　河合栄治郎の宗教論とその背景

　河合栄治郎の宗教論の背景としてグリーンの宗教論と一高時代に新渡戸稲造と内村鑑三との二大恩師の宗教観との二つ影響があった。しかし、河合はこれらの先人の宗教論に導かれて宗教（キリスト教）についての思索を深め、発展させていない。そのため河合の宗教論は中途半端であり、不徹底であり、結論が確信を与えるに至っていない。河合の理想主義体系の基礎哲学が漠然としており、読者に生き生きとした確信を与えるに至っていないのは理想主義の統一原理が明確に示されていないからである。この統一を与えるものが宗教論であるが、河合の宗教論は信仰によって貫かれていないために中途半端に終わっている。以下、河合の宗教論への序論を示し、残された課題が何であるかを示したい。

　河合は『学生に与う』の第1部の最後の「宗教」の最初に以下のように述べている。

　　　私はこれまでにまず教養の真義を説いて、教養とは現実の自我を駆って、理想の自我すなわち人格にまで成長せしめることだといった。そして自我とは知識的、芸術的および道徳的の諸活動に分化して、しかもこれらを総合する統一体だと語り、さらにこれらの三つの活動について、いかに相互に連関し、自我において統一されるかを書いた。ここでふと停止して

思うとき、一つの希望が浮かんでくる。私が理想の自我として描いた人格、そこには真と美と善とが完全に調和されているその姿が、単に概念的の理論として説かれるのでなく、いま現に実在するものとして、われわれの前に髣髴することはできないであろうかと。かく思い望むときに、われわれは当然に宗教の問題に到達する。[1]

　この文章の中で問題となる点は「真と美と善とが完全に調和されているその姿が……われわれの前に髣髴することはできないであろうか」といわれていることである。河合の理想主義に立てば真美善の完全な調和の髣髴が宗教の問題であろうが、宗教はこれら三者の調和を髣髴することにあるのではなくて、三者の価値の生きた現実であるということである。もし三者の調和を髣髴する希望が宗教だとすれば、いかにして今、ここで三者を調和することができるかという問題が起こる。河合の宗教論において欠落していることは「今、ここで」真美善がいかに調和するかということである。確かに宗教はこれら三者を調和する希望であるかもしれないが、「今、ここに生きている現実をいかにして調和するか」という問題でなければならない。河合の宗教論は今の自我をその瞬間において調和するかという切迫した問題から離れ、遠い未来への保障なき展望であるにすぎない。河合はこの点においてキリスト教の影響を受けているように見えるが、彼は確固たる信仰をもっていたのであろうか。彼はキリスト教の教会に毎週出席し、祈りを捧げていたのであろうか。この点は明らかではない。
　河合はこの点について正直にも以下のようにいう。

　しかし実は私には宗教を語る資格がない。なぜなれば私はいまだ宗教的体験をもたないからである。私の育てられた家庭は仏教を宗旨としていた。しかし多くの日本の家庭のように、仏教はわれわれの魂と結びつく信仰としてでなしに、一種の儀式として葬式と命日とに思い出されるものにすぎなかった。もちろん仏教の伝説として伝えられる地獄極楽、西方浄

土、賽の河原などの物語は、何らかの印象をわれわれに刻んでいたに相違ない、そしてその印銘はわれわれの意識しているよりも大きいかもしれない。[2]

　河合の生い立ちを見ると、普通の日本の家庭の仏教が宗教であったことを知ることができる。筆者の家庭も同じように仏教（真言宗）が宗旨であった。子どものときから法事、盆の墓参等において各種のお経を読むとき、意味もわからないまま耳から次第に覚えてきた「般若波羅蜜多心經」、「十三仏御真言」、「延命十句観音經」、「舎利禮」等は成人してから次第に意味も理解できるようになった。大学院時代、坐禅の井上義光老師（曹洞宗）と邂逅することにより6年間の接心の会に参加するなどにより坐禅の体験をし、「徹州居士」号をいただいた。白隠の本を読むなどして坐禅の修養の一端を身につけることができ、日常生活の中での修養の大切さを自覚しているこの頃である。

第2節　人間はなぜ神を求めるか

　河合は神仏を求める心持ちには二種類あるという。第一は「自分の無力と弱小とをしみじみと痛感して、強大な神の御力に頼って、助を求めようとする心である。自分の天分の乏しさに失望する場合もあるし、知識や芸術における自分の成果の無に等しきを嘆ずることもあり、罪障に満ちた自分がいかほどに打ち勝とうとしても、勝ちえない罪の深さにわれながら匙を投げることもあろう、またあるいは無常を悟って無限永遠を求めることもあろう。そのいずれでも絶対の前に己れの弱小と無力とを感じた時に、人はしばしば神を呼ぶ。第二は孤独孤立の寂寞から、己れを抱く愛の手を求めることである。これは周囲に容れられない性格からもあろうし、親に、師に友に恋人に別れて、己れを保つ重心のないのに耐え難い心持からでもある。親に師に恋人に求めるものを、人ならぬ神に求めようとするのである。あるいはこの二つに、いま一つを加えられるかもしれない、それは思索する能力のあるものが、終極と統一を求めるこ

とである。終極、統一というおよそ最も抽象的のものを、実在する具体的の存在に求めようとするのである。哲学はこれを人格に求めよという、しかし人格もわれわれのうちにあり、現実の自我もまた、われわれのうちにあるならば、否定さるべき現実と目指さるべき理想とが、同じ自我にあることが、理論としては承認されようとも、自我の内部的対立に耐えないで、対者の一つを外に求めようとするのである。」[3]

　河合は神を求める心に三通りの背景があるという。それは自己の無力と弱小とを感じて「強大な神の御力に頼って、助けを求めようとする心」である。しかし、他律から自律に向かって生きようとする 10 代後半から 20 代前半にかけて神に頼って助けてもらいたい欲求が起こるであろうか。20 代は自律心が旺盛な時期であり、何事も独立で生きようとする気力に満ちた時期である。もしこの独立心のときに何か大きな失敗が自己の性格等のために起こったならば、このときは神を求める契機となるかもしれない。しかし、このような場合でも自律心および独立心の強い青年が直ちに神を求めるとは限らないであろう。そうした場合、助けを求めたい願望が起こったとき、まず助けを求めるのは友人か教師かであろう。神を求めることは多くの場合考えられないように見える。しかし、教師の場合、何らかの信仰をもった教師がいたならば、生徒はこの教師から何らかの助言を得るであろう。

　筆者はすでに述べたように、高校生のとき自炊生活をしながら学校の用務員室の中の一つの部屋で自炊生活をしていたとき、30 日間以上入浴していなかった。ある年輩の男性教師が「君の首のあたりは黒いが、入浴しているか」と尋ねたので、「30 日以上入浴していません」と答えた。その後、この先生は筆者に「学校の近くの民家に入浴ができるように依頼しておいたから明日から入浴させてもらうように」と助言して下さった。後にわかったことはこの先生は熱心なキリスト教信者であった。その先生は戦時中は悪い生徒を叩く教師として生徒から恐れられていた。それは信仰からくる愛の鞭であったと思い出された。

　20 代前後の学生がキリスト教や仏教に関心をもつ機会は多くはないであろう。筆者は大学院時代、広島のあるキリスト教会の礼拝に何度か参加し、牧師

と話したことがあったが、全く感銘を受けたことはなかった。他方、すでにふれたように、大学院時代の７年間、筆者は広島大学禅学会の幹事として毎月一回開催される禅学会の準備として井上義光老師の送迎や会場の設営の仕事を６年間手伝った。老師は毎月の提唱として『石頭大師参同契』や道元の『正法眼蔵随聞記』を提唱された。さらに、春、夏、冬の大接心の坐禅に６年間参加した。老師の提唱は非常に説得力があった。それは七十有余年にわたる坐禅の成果であった。坐禅は禅堂に坐るだけがすべてではなくて、一日の起居動作のすべてが禅の修養の場であった。即今呼吸に成り切ることが坐禅のポイントであった。しかし、この呼吸と現実の自我とが一つになることが困難な工夫であった。本を読むときも、原稿を書くときも、一字一字に最大の注意をし、この動作と呼吸とが一体になることが坐禅の目的であった。それは室内を歩くときも、食事の準備から食事中のフォーク、ナイフ、箸の使い方の一つ一つの動作に至るまですべての動作が修業であった。トイレに入っても同様である。これらのすべてに求められるものは静動一如の姿勢である。

第３節　理想主義の生き方と宗教

　河合栄治郎が宗教を論ずるとき、彼の念頭にあったものはキリスト教であった。これはグリーンのキリスト教解釈の河合への影響が大きかったが、河合自身はキリスト教の信者であったとは見えない。この前提に立って彼は神仏と人との関係を以下のように二通りに分けて考える。

　　その一つは超越的関係である。この関係においては、全知全能の、絶対無限の強力者として、神は人の前に屹然として立ち、弱小無力の人はその前に跪坐し礼拝する。人は己れの無力と弱小とを痛感して、自己を無にまで否定した後に、神の御力に頼って再び自己を肯定して、力と命とに生きる。十字架にたおれて後に復活したキリスト、出家遁世して後に開悟した釈迦は、単にキリスト、釈迦の体験であってはならない。何人もその生涯

において幾度か体験せねばならない。キリストと釈迦が肉に死して霊に生きたように、人は生きんがために死なねばならない。死してしかして生きねばならない。現実を脱却して理想に生きねばならない。否定が否定されて肯定が現われる境地である。だが神は威権を揮う暴君のごとくに、人の外にあるのではない。そこで第二の関係は内在的関係である。「御言汝に近し、汝の口にあり、汝の中にあり」といわれるごとく、神は人の中にあって、人とともに生き、人とともに歩む。人が絶対帰依するとともに、神は大慈大悲の愛をもって人を抱く。しかもその愛は人の愛でないから、絶対であって制約がない、寛大であって我執がない。およそ愛として考えられる愛が、神により与えられる。[4]

　神と人間との第二の関係はグリーンにおける神人関係を要約したものである。グリーンは神と人間とを結びつけるものは理性を媒介としたコミュニケーションである。グリーンはこのコミュニケーションによって神は人間に啓示されるという。グリーンはこの点を以下のように説明する。

　　諸君は究めても神を見出すことはできないと不平をいう。目は神を見ることができず、耳は神の声を聞くことができない。神が存在しているという主張は他の事実問題のようには証明できない。しかしそれは神が非常に遠くにいるが故にではなくて非常に近くにいるが故であれば、いったいどうであろうか。諸君は諸君と関係している特定の事実を知るようには神を知ることはできない。また諸君は自己をそのように知ることはできない。そして神の啓示は諸君自身である。しかし現実のままの諸君自身ではなくて、神を求めることにおいて成ってゆく諸君自身である。「あなたがたの心の中で誰が天に上るであろうかというな、また誰が底知れぬ所に下るであろうかというな。」「神の言葉は甚だあなたの近くにある。あなたの口にあり、心にある。」それは人間のものにされてきた言葉である。すなわち、それは真理への全く非常な努力、真理への辛抱強い愛、真理への献身

的追求において述べられてきた言葉である。これらのものは人類を道徳化
してきた。そして今や神の言葉は諸君の良心の中で語っている。神との交
わりを求めているものは諸君の内の神である。[5]

　河合の「超越的関係」および「内在的関係」についての説明を読んで理解し
難い点はキリスト教を仏教の「無」によって説明していることである。超越的
関係について河合は「自己を無にまで否定した後に、神の御力に頼って再び自
己を肯定して、力と命とに生きる」と説明する。キリスト教においては悔い改
めによって新しく生きることが説かれる。しかし、河合は仏教的視点から「自
己を無にまで否定した後に、神の御力に頼って」再び生きることができると説
明する。「無」とは何かということが疑問である。それは「死」を意味するの
か。「否定」とは何か、それは「肯定」に至るのはなぜか。仏教的「無」に
よってキリスト教の「復活」が理解されるであろうか。仏教的アプローチとキ
リスト教的アプローチとが混乱していることが河合の宗教論の理解を困難にす
る大きな問題点である。

　次に問題となる点は、「神の啓示は諸君自身である」といわれていることで
ある。グリーンは神の啓示は「神を求めることにおいて成ってゆく諸君自身」
においてであるというが、この点について河合は説明を十分していない。神が
啓示されるためには人間はどのようにして何になったらよいかということが十
分説明されていない。グリーンはこの問題について二つの視点を示す。その一
つは「神の意識の真の証明はそれを表現するところの祈りと克己との生活であ
る。」[6] もう一つは「われわれにとって信仰の問題とは神の啓示を一層十分に
発展させることよりもむしろわれわれの周囲の至るところに存在する神の啓示
を個別的にわれわれ自身の中にとりいれさせないようにする利己性と自惚とを
克服することである。」[7]

　これらの点について河合はグリーンの宗教思想をある程度理解し、生かして
いるのでこの点を紹介しておきたい。

第4節　河合栄治郎の宗教論とその課題

　河合栄治郎は理想主義に生きる者の欠けたものとして「自負心」をあげ、以下のようにいう。「理想主義者は現実の自我を叱咤し、鞭撻し、理想の自我を目指してまっしぐらに精進するが、己れを駆る力を、己れ自らより出づるとし、己れ自らに帰する。彼は自分の成長を人の前に誇ったり、ひけらかすほど、馬鹿でもなければ浅はかでもない、しかし己れの内心の真奥に、功を己れに帰する自負心（self-conceit）が抜け切れない。」[8] という。これは河合自身の生き方を述べたものである。彼は、本書の第1部第1章においてすでに述べたように、少年時代から立身出世の功名心を夢見て生きてきた。功名心を理想とし、これを実現することが彼の少年時代からの目的であった。これが河合の「自負心」である。それは名誉心でもある。これは我執から来ていると河合はいう。しかし、「神の愛に浴する信者」においてはこの我執がないと河合はいう。坐禅において最大の課題はいかにして我執を取り除くかということであった。とくに自我に囚われるとは名誉、地位、利益に執着することである。その結果は自我を苦しめ、悩ませ、人間関係を悪くすることはよく知られている。いかにしてこの執着から自由になることができるかが宗教における救済の問題であった。河合栄治郎はこうした問題を念頭に置き、次のようにいう。

　　理想主義者は利を去ることを知る、しかし己れを去ることをまだ知らない。神の愛を人の愛に比べるのは冒瀆だとしても、神の愛に浴する信者が人でありながら、身を傾けて同胞を愛するときには、あの愛の中に己れがなく我執がない。理想主義の哲学はその理論的内容を微細だも変容する必要はない、しかし、この哲学を奉じこの哲学を生きる人そのものの心は、より偉大なるものの前に敬虔に跪いて、神より出でて神に帰するまで、我と己れとが打ち砕かれねばならないのではないか。さらばとて人はただちに神を信じるわけにはゆくまい。ただ運命がわが胸に何ものかを閃めか

98 第1部 河合栄治郎の思想形成とその環境

せたときに、ただちに胸を開いて神の御前に跪く心の用意は必要であろう。だがその時でもあの自負心の抜けがたき煩悩が、ともすればその道を阻むことを虞れなければならない。[9]

　河合は「神の愛に浴する信者」においては「我執」がないという。これはいかにして可能であろうか。河合によれば、それは「偉大なるものの前に敬虔に跪いて、神より出て神に帰するまで、我と己とが打ち砕かれねばならないのではないか」という。「我」と「己」とはどう区別されるのであろうか。これらはキリスト教的発想のように見えるが、日本における心と身体の仏教的発想とはニュアンスが違う。さらに「打ち砕かれねばならない」という表現も白隠の「純一無雑打成一片の真理現前」[10]とは違った印象を与える。河合の宗教論の論拠は何であったのであろうか。河合は、他方、日本の禅仏教で説かれる「我執」という言葉を用いて「煩悩」（自負心）を問題とする。河合は、すでに指摘したように、キリスト教信者であったようには見えないし、親鸞の浄土真宗の理解者であったようにも見えない。河合の宗教論はキリスト教の視点が一貫しているように見えるが、理想主義に基づいているので、キリスト教の視点が一貫しているともいえない。敢えていえば、河合の宗教論はグリーンのキリスト教解釈から影響されていることは認められるが、河合は若き日のグリーンの宗教論文、たとえば「福音書による光にもたらされた生命と不死」（1860）については読んでいなかったように見える。この論文は現在では『グリーン全集』（第5巻）に含まれているが、河合が英国に留学した時期（1922-25）にグリーンの上記の論文を読んでいたようにも見えない。筆者は、1972年から1973年にオックスフォード大学（ベイリオル・カレッジ）に留学していた当時、上記の論文（確かグリーン夫人による手書き）を手書きによって書き写したことがある。

第5節　グリーンの宗教論の河合栄治郎への影響

　グリーンと河合栄治郎との接点について河合は『学生に与う』第1部の中の「道徳」の終わりにおいて以下のように述べている。「私はかつて『グリーンの思想体系』を書いた当時に、グリーンが利己心を去ることが、行為の決定の根本要件のようにいっているのをみて、にわかに肯定する気になれなかったが、それ以来ことに最近の経験に徴すると、グリーンの言に貴重な教訓が込められているように思われてきた。智識階級は自己の行為を弁明するために、複雑な自己詭弁を弄（ろう）するが、自己の利を求めるかこれを捨てるかで骰（さい）は投げられる。利を捨てることがただちに善き行為となるというのではなく、利に囚われる間は、人は心眼曇って道が見えない。利を去る時に心眼ただちに開いて、道おのずから通ずるのであろう。」という。河合は最近の経験以前においては利己心は重大な問題ではなかったのかもしれない。しかし、最近との関係において彼は何か考えさせられるところがあったように見える。この意味においてグリーンが道徳と宗教との関係をどう考えていたかを瞥見してみたい。

　グリーンは「信仰」という論文の中で以下のようにいう。「われわれにとって信仰の問題はその啓示をもっと十分に発展させることよりは、むしろわれわれのまわりにある神の啓示を個別的にわれわれ自身の中へとり入れることを妨げている利己性と自負心とを克服することである。」[11] グリーンも河合も「利己性と自負心」が信仰への道を妨害するという。グリーンはこの克服をどのように考えたであろうか。グリーンはそれは「祈り」をどう考えるかにかかっているという。まず、彼は神をどのようにして見出すかについて次のようにいう。

　　あなたがたは求めても神を見出すことはできないという。目は見ることができないし、耳は神を聞くことができない。神が存在するという主張は他の事実問題のようには証明されない。しかし、もしそれが神が遠くに存在しているからではなくて、非常に近くに存在しているからだとしたらど

うか。あなたがたはあなたがたに関係している特殊の事実を知るようには神を知ることはできないが、あなたがたは自分自身をも知ることができない。神の啓示であるものは、現在のあなたがたではなくて、神を求めようとすることにおいてあなたが成ってゆくあなた自身である。……「神の言葉はあなたに非常に近い、あなたの口の中にあり、あなたの心の中にある。」……これまで人類を道徳化し、あなたの良心の中で今話しているものは、人間とされてきた言葉であり、すべての高い努力、辛抱強い努力、真理への献身的探究であった。神とのコミュニケーションの努力をしているのは、あなたの内の神である。[12]

　要するに、グリーンは神を人間のうちに内在的に存在すると考え、その神とのコミュニケーションが道徳的行為の始まりであると考える。これは人間を深く考えようとする誠実な態度から生まれる。大切なことは神とのコミュニケーションである。それは「祈り」として現われるとグリーンはいう。これが信仰のスタートであり、すべてでもあるとグリーンは考えようとする。グリーンはつづけて次のようにいう。

　　あなたがたは祈るべきであるように祈ることを知らないけれども、霊自身は発せられないうめき声をとりなす。あなたの祈りに対する外的答えを求めるな。あなたの祈りはそれ自身答えである、それは有徳な行為それ自身報酬であると同じである。祈りは、それが正しいものであるならば、なるほどすでに初期の行動である。あるいはもっと適切にいえばまだ外的しるしとしてされてきていない道徳的行為である。それは神の意識による欲求の決定であり、絶対的法則の概念を実現する努力として、われわれの真の使命を成就し、人類愛を発展させ、世界に神を再現する努力として道徳的によい生活を構成するあの過程の出来事である。祈りも生活もそれ自身を超えるものへの手段ではない。それぞれはそれを可能にする神的原理の表現または実現として単にその価値をもつ。あなたがたが神の命令への服

第 8 章　河合栄治郎の宗教論とその限界　101

従においてあなたがた自身を否定する前に絶対的道徳法則の存在の証拠を求めることは、事態の本性が認める証明の唯一の証拠をあなたがたが自から奪い取ることである。あなたがたは神または義務の観念の証明を見出すことはできない。あなたがたはそれをすることができるにすぎない。[13]

　グリーンの雄弁さを目の前で生き生きと聞きとることができそうなスピーチである。しかし、河合はこの論文を読んだようには見えない。たとえ読んだとしてもその内容を彼自身のものにしていない。従って河合はグリーンの「信仰」の本質を真に理解していたとは見えない。河合は昭和 15 (1940) 年当時宗教について根本的に考えようとしていなかったと見える。

　　　註
1)　河合栄治郎『新版　学生に与う』194 頁。
2)　同上、194-95 頁。
3)　同上、197-98 頁。
4)　同上、198-99 頁。
5)　行安茂『グリーンの倫理学』300 頁。
6)　同上、305 頁。
7)　同上、305 頁。
8)　河合栄治郎『新版 学生に与う』200 頁。
9)　同上、201 頁。
10)　高橋竹迷『修養禅話 白隠禅師 言行録』大洋社、昭和 14 年、210 頁。
11)　*Collected Works of T.H.Green*, Volume 3, Edited and Introduced by Peter Nicholson, p.270.
12)　*Ibid.*,pp.272-73.
13)　*Ibid.*,p.273.

第9章

河合栄治郎の晩年と理想主義体系の構想

行安　茂

第1節　晩年の河合栄治郎の心境

　河合栄治郎は、周知のように、昭和19（1944）年2月15日、バセドウ氏病により急逝した。53歳のときであった。彼は生前から『理想主義体系』の内容を検討し、これを生前に出版することを楽しみにしていた。『河合榮治郎全集』第20巻（社会思想社、昭和44年）の「研究ノート」を読むと、その間の消息をよく知ることができる。

　まず、河合栄治郎がなぜ「理想主義体系」をライフ・ワークと考えたかを考えてみたい。

①　河合栄治郎は誰を念頭において「理想主義体系」を計画していたか。

②　「理想主義体系」の統一原理は何であったか。

③　彼はなぜ「理想主義体系」を完成しようと考えたか。

④　いつまでに彼はそれを完成し、出版しようとしたか。

⑤　理想主義体系は『学生に与う』の内容以上に新しいものは何であると期待されるであろうか。

⑥　河合はカントおよび西田幾多郎の独創性以上に新しい哲学的基礎を示すことができると考えていたのであろうか。

⑦　河合は『トーマス・ヒル・グリーンの思想体系』以上の大著を計画していたのであろうか。

⑧　河合は理想主義体系が当時（昭和19年から20年代）の学生に歓迎され

ると考えていたであろうか。

⑨　太平洋戦争が次第に難局を迎えつつあった当時、学生は理想主義体系の
　　中に生きる希望と勇気を求めることができると考えていたであろうか。

⑩　河合は太平洋戦争の終詰のために何ができると考えていたであろうか。

⑪　河合は歴史に強い関心をもっていたが、太平洋戦争の戦局が日本に不利
　　になりつつあるときに、国民に訴えることが何であると考えたであろうか。

以上の問題に対して河合は答える用意をしていたであろうが、当時の河合は
国民の一人として「憂慮に沈むことがあります」という。以下の河合の挨拶は
昭和18年6月27日糖業会館における慰安激励会の挨拶の一部分である。

　さて、私は多く自己に就いて語りました、もう結論に進まねばなりませ
ん。我々の祖国日本は興亡何れかの運命の分岐点に立たされて居ります。
此の時に茲に御いでの皆様の誰もが日常の業務にいそしみながらも、之で
よいのかという焦慮に駆られることだろうと思います。私も祖国に対する
憂国愛国の至情の沸（わきで）る愛国者の一人の積りであります。毎朝新聞で戦局
の不利なるを見ては、一、二時間或いは数時間、書物に手を着ける気にな
れず憂慮に沈むことがあります。然しやがて私は気を取り直して、再び書
物を繙いて予定の仕事を運びます。私は不幸にして差当たり国家に尽す権
利を剥奪されたのだ、そして同時に義務も免除されたのだ、私に与えられ
た任務は、日本が私に命じた仕事は、眼前になくて遠く十年、二十年の後
にあると。之がそうした時に私の脳裡に浮かぶことでした。目下の危機に
対しては国民は総力を挙げなければなりません。あらゆるものが未来を思
う暇なく、唯現在の為にすべてを賭しなければなりません。が然し少数の
幾人かの人間は、現在ではなく将来を考えていなくてはならない。現在の
為にすべてを磨滅させないで未来の為に余裕を残して置かなくてはならな
い。その為に日本の政府当局は茲に私共のような少数の浪人を作りまし
た。そうして何らの仕事をさせずに遊ばせて置きました。此の浪人こそ十
年、二十年の将来の日本の為に考慮を致さねばならないものでしょう。考

104　第 1 部　河合栄治郎の思想形成とその環境

えて来ると、日本の政府当局は自ら意識しないながら、中々深謀遠慮に富んでいると感嘆させられます。かく考えて私は毎日毎日自分の仕事に精出して居ります。これは将来の日本に一つの思想体系を送ろうと云う仕事であります。之が日本の為に必要なことであり、そして私が日本に尽す唯一の報恩であります。そして又これが私の境遇に御同情下さった既知未知の方々、取り分け茲に御いでの皆様に対する報いの一端だと思って居ります。

　私の思想体系は今の処約七巻となる筈でありますが、之が生前に完成するか、よし完成するとしても生前に出版出来るかどうかは、神ならぬ身の知る由はありませんが、遺稿になろうかどうかは私にとってはどうでもよいことです。こうして自分の仕事に意義を認めて、身に何らの束縛を受けることなく、日々の時間を思いの儘に使い得る今の境遇こそ、誠に幸福そのものだと思って居ります。[1]

第 2 節　理想主義体系の内容と計画

河合栄治郎は「体系」の予定を下記の 7 巻に分けて紹介する。1942 年 12 月 29 日

　第 1 巻　人生　1944 年刊行

　第 2 巻　道徳　1945 年刊行

　第 3 巻　歴史　1946 年刊行

　第 4 巻　社会（国家）　1947 年刊行

　第 5 巻　学問　1948 年刊行

　第 6 巻　芸術　1949 年刊行

　第 7 巻　宗教　1950 年刊行 [2]

以上の 7 巻の中、第 1 巻（人生）については 36 項目、第 2 巻（道徳）については 22 項目を示している。第 3 巻から第 7 巻の内容については予定は示されてはいない。河合は 1944 年 2 月 15 日に急逝したからこれらの計画は実現されなかった。しかし、第 1 巻および第 2 巻の内容を見る限り、これらの多くはす

でに出版されていた『トーマス・ヒル・グリーンの思想體系』（上下の二巻）に示されているキーワードとほぼ同一である。第1巻では意識、自我、理性、自由、自律、自我の成長、人格、永遠意識、性格、個性、自己完成、国家、世界人類等が取りあげられている。第2巻では行為、欲望の成立過程、動機、責任と意志自由論、行為と自我、目的と手段、原因と結果、善き行為と悪しき行為、国民、国家、徳の進化、西洋における徳、日本における徳、教育勅語等が取りあげられている。

　以上の点から考えると、「理想主義体系」は『トーマス・ヒル・グリーンの思想體系』（上下）を基礎として構成されようとしていることが予想される。

　しかし、河合栄治郎が新しくつけ加えたキーワードはいくつかある。それらは第1巻では人生哲学、ヘレニズム、ストア、生の哲学、西田、和辻が取りあげられている。さらに、自信、謙遜、高慢、卑屈、嫉妬、才能、天分、純粋、信念、節約、egoist, egotist が取りあげられている。さらに、自己完成の方法、制度の反省、能力の涵養、修道院、禅寺、修道等があげられている。次に愛、自敬、他愛、社会、特殊愛（親子、師弟、友、恋愛）、同胞愛、アガペとエロス、国民、国家、個人主義があげられている。

　河合が新しくつけ加えたキーワードは第2巻（道徳）では以下の通りである。道徳哲学又は倫理学、what should I do?、Sitte と Sittlichkeit、諸倫理説の批判、Kant, Hegel, Bentham、徳―忘恩、背恩、感恩、感謝、享楽、性欲、同情、正義、誹謗等である。

　河合栄治郎は「理想主義体系」の覚え書き（1943年1月12日-9月18日）の中で以下のように断片的に書いているので紹介しておきたい。

　○　孤独で人は進歩しない（学問、芸術でも）。

　○　権衡の取れた心に落着きのある人、それが理想の人間だ。それには行くべき人生の目的、理想がハッキリしていなければならないし、一筋の道を歩まなければならない。

　河合は「自覚に就いて」（1943年9月10日）の中で以下のような文章を残している（『河合榮治郎全集』20巻、245-48頁）。人格として次の如き評語が注目さ

106　第1部　河合栄治郎の思想形成とその環境

れる。

○　勤勉と懶惰

○　慎重と軽率

○　内密と粗雑

○　大胆と細心、小心翼々

○　節操（人格的、思想的）

○　一貫性、統一性、二重人格

○　人格の分裂

○　合理的、計画的

○　抱擁の大きさ、偏狭、こせこせした人物

○　自然の人、素直な人

○　徹底性と中途半端（10月2日）

○　何事もやりかけた事は貫徹するのだ、中途半端がいけない。
　貫徹出来ないような事は始めからやらないがよい。だから熟慮、而して
　断行、而して貫徹だ。（11月1日、箱根）

○　自分は余り本を読み過ぎないか、もつと思索に時間を割いて自分の内な
　るものを引き出す方がよくないか。（12月23日）

○　自分は理想主義体系を終えるまで（63歳頃）石に囓りついても生きた
　い。然もそれは理想主義の為に生命をも捨てることを妨げてはならない。
　理想主義という哲学のみは之を要求する。（1月19日）

第3節　理想主義体系の構想と「グリーンの思想体系」

　河合栄治郎が「理想主義体系」を構想するに当たって「グリーンの思想体
系」を手がかりにしようとしていたことは彼の「研究ノート」（『河合榮治郎全
集』第20巻、233-34頁）によって想像することができるが、河合がその中で取
りあげている諸問題の一つ一つをどのような統一原理によって有機的に解決し
ようとしているのかについての見通しが示されていないことに最大の問題があ

る。この統一原理によって「グリーンの思想体系」の諸問題を解決する試みが示されなければ、新しい「理想主義体系」を構築することはできない。河合は体系の基礎原理を何と考えたのであろうか。

河合は「自分の体系の執筆に際して考え抜くべき部分」として次の五点をあげている。

① 形式と質料との問題
② 欲望成立の過程
③ 「何であるべきか」の方法
④ 永遠意識とその自己再現
⑤ 行為の善と最高善との関係

これらはグリーンの根本問題である。彼はこれらを永遠意識の自己再現の視点から解決しようと考えたが、河合栄治郎は永遠意識の自己再現をどのように考えたか。河合はこの意識については十分理解しなかったように見える。では河合は永遠意識にとって代わる原理を発見したであろうか。今までの河合の論文等を読む限り、永遠意識に代わる根本原理を彼は示してきたようには見えない。彼は1942年から1943年の段階において以上の五つの問題を解決する統一原理を発見するに至っていない。河合は「欲望成立の過程」をどう考えたであろうか。これはグリーンのカント批判と関連する問題でもあるので、まず、河合がこの問題をどう考えたかを取りあげてみよう。

カントは道徳行為が成立するためには欲望を排除し、純粋の理性によって意志が決定されるときにのみ道徳的行為は成立するという。道徳的行為が成立するためには、まず、欲望の対象が理性の指示する対象と一致し、この対象が実現されることによって自我が全体として満足されなければならないとグリーンはいう。河合はグリーンの道徳的行為が成立する過程を積極的に評価したであろうか。筆者が見るところでは、河合はグリーンのこの理論には消極的関心を示すにすぎなかった。河合はグリーンの自我実現の原理を理解したようには見えない。このような消極的態度によって河合は理想主義の体系を構成する第一歩を踏み出すことができるであろうか。河合は道徳的行為の原動力あるいは合

理的動機をどのように考えていたのであろうか。河合はこの疑問に答える義務
がある。

　次に「永遠意識とその自己再現」との関係をどのように河合は考えたか。ま
ず、河合は「永遠意識」をどのように理解したのであろうか。グリーンはこの
意識を神の意識と考える。筆者はこの意識を神的自我と考えてきた。次に問題
となる点は「自己再現」がいかにして可能であるかということである。グリー
ンは人間が動物有機体と理性とから構成されていると見る。しかし、人間は動
物有機体を媒介としながら理性によって永遠意識の自己再現が可能であろう
か。グリーンは理性を神の啓示と考える。問題は理性がいかにして神の啓示を
可能にするかということである。この問題は信仰と理性とがいかにして両立す
るかという問題である。信仰を深めることによって理性は神の啓示を可能に
し、この過程において「永遠意識」の自己再現が可能であるとグリーンは考え
る。この点について河合は明確な解釈を試みていない。その理由は、キリスト
教にせよ、仏教にせよ、河合が明確な信仰とこの深化について深く主体的に考
えなかったことに大きな原因がある。河合が置かれていた状況（河合は当時昭
和18年12月29日現在、国家に尽くす権利を剥奪され、同時に義務も免除されてい
た状況）を考えるとき、見方によれば信仰を深める最善の機会であったかもし
れない。この意味において河合は「理想主義体系」の統一原理を、キリスト教
にせよ、仏教にせよ、信仰に求め、これを哲学的に深化させる天の機会であっ
たかもしれない。しかし、河合の「研究ノート」を見る限り、信仰の深化の方
向は見えない。河合は昭和19年2月15日に急逝したが、前年の12月29日の
記録を見る限り、理想主義体系の統一原理はまだ確立されていなかったことを
改めて知ることができる。

第4節　行為の善と最高善との関係

　河合が理想主義体系を考えるべき部分の最後としてあげているものは、⑤行
為の善と最高善との関係である。この問題は、河合によれば、「グリーンの体

系」の中に示されているとされる。最高善、人格、行為の三者の関係については『学生に与う』の中では次のように説明されている。

　　われわれにとって最高価値（最高善）とは人格である。われわれは人格となるべき能力すなわち人格性を与えられているが、しかし人格が実現されるのは、永遠の彼岸においてである。そこで現実において最高価値とは、人格を目標として、現実の自我を成長せしむることである。われわれにとって最高善が自我の成長にあるとすれば、行為は行為者の自我の成長のためになされねばならない。なぜなれば他のことのために行為がなされるとすれば、自我の成長はその「他のこと」の手段とならなければならない。しかして手段は最高善とはいえないからである。[3]

　この文章の中で疑問となることは「最高善が自我の成長にある」といわれるとき、自我の成長とは具体的には何をなすことであるかということである。最高善のためになされる行為と現実の自我の行為とは一致するか。二つの行為の間にギャップはないか。もしギャップがあるとすれば、これはいかにして克服されるであろうか。最高善が人格であると定義されるとすれば、人間の傾向性や自然的欲求は理性の要求とどのように調和されるであろうか。グリーンの自我実現は欲求の昇華とも解釈されるが、そうだとすれば昇華の理論は最高善とどのように調和されるであろうか。河合はこれらの問題をどのように考えていたであろうか。

　こうした問題を考えるとき、グリーンが人間の完成と献身との関係を連続的プロセスにおいて考えたことは注目される。グリーンは功利主義を念頭に置き以下のように主張する。

　　求められるべき善は諸快楽から構成されるものでもなければ、避けられるべき悪は苦痛から構成されるのでもない。犠牲が求められるべき目的はその犠牲それ自身においてある程度──ある程度においてのみであるが、

110　第1部　河合栄治郎の思想形成とその環境

十分にではないが、その犠牲は完全な目的に、それ自身無価値な手段としてではなくて、それが形成への助けとなる一つの全体への一つの構成要素として達成されているものである。われわれが真の目的と考える人間精神の諸力のあの実現は、われわれが今それに向かって踏み出すかもしれないが、現在何ら関与していない、遠い距離にあるものとして考えられるべきではない。それは、完全性の変化しつつある、進歩的程度においてではあるけれども絶えず前進しつつある、そしてより高い善のために傾向性を、無害にせよ、その方法において称賛すべきであるにせよ、個別的に犠牲にすることは、それ自身すでにある程度より高い善の達成である。[4]

　河合がグリーンのこの主張を十分理解していたならば、最高善と行為の善とのギャップを克服する論理を発見することができていたであろう。しかし、河合はこの論理を知ることができなかったためにそのギャップを克服することができなかった。ではそのギャップはいかにして克服されるであろうか。筆者は次のようなプロセスによって最高善と行為の善との対立は克服されると考える。最高善は自我を成長させる行為によって実現されるが、この行為は実はそれ自身が平素の日常的行為と全く同一である。もしこの平素の行為が呼吸の一つ一つと完全に一致していたならば、この瞬間的行為は心身一如となっているから、この行為は最高善となっているはずである。行為者は行為あるいは動作の瞬間において心身一体となっているから、瞬間の行為が即最高善の実現となっていると見ることができる。この事実が認識できないのは、瞬間の今における行為あるいは動作が自己自身と一体となっていないからである。即ち、各動作への注意が自己自身から離れ、対立し、自我が分裂しているからである。この分裂から自我の統一が各瞬間において回復されるならば、各行為は最高善と一致するはずである。これは事実である。しかし、この事実をわれわれが見逃すのは、すでに指摘したように、瞬間の今の動作に注意が集中していないからである。たとえば、われわれが交通信号をよく見ることなく横断するために高齢者あるいは子どもが交通事故を起こし、死亡に至るケースがあることはテ

レビの情報によってよく知らされる事実である。自転車に乗っているとき、信号機のない道路を横断するとき、急に突然、車が来ることがある。前もって車の動きをよく注意して見ていたならば、瞬間の徐行を判断することはできていたであろうと考えられる。あるいは信号機のない道路を女性が前後左右を十分注意することなく、横断する姿を見かけることがある。大切なことは、平素、道路を歩くとき、自分自身が一呼吸、一呼吸に注意し、呼吸に合わせた歩調で左右をよく見る心のゆとりをもつことが必要である。これが可能であるのは、平素から心を見つめ、外界の世界に心がとらわれることのないよう常に外界を静かに注意するように心身を統一する心の修行が必要である。この心のあり方を教えてきたものは坐禅であった。坐禅は禅堂に入って僧侶の指導によって両足を組むことであると想像される。この基本的修行は初心者には必要であるが、大切なことは禅堂の外での日常生活のすべての動作・行動と自己自身（心）とが常に一体となることである。人間の心は仏教では「散乱心」であると説かれてきた。この心が日常生活の諸動作と一体となるようにするためにはわれわれが呼吸と完全に一つとなることであると禅は説く。日常生活のすべては坐禅にとっては応用問題である。トイレに入って放尿するときでは放尿以外のことは一切考えず、ただ放尿することのみである。昼間のすべての活動や動作も同様である。筆者は原稿を書く仕事が多い。一字一字を静かにややゆっくりと書く。これが静動一如といわれてきた心と呼吸との一体化である。これが禅の修行である。この状態は心身の調和であるから健康的であることはいうまでもない。

　河合栄治郎は『学生に与う』の中の「修養」の中で以上の問題については全く述べていない。「宗教」においても神を信ずることを妨げるものとして利己心、功名心、自負心をあげているにすぎない。最高善と現実の自我とがいかにして調和するか、利己心や自負心をいかにして克服することができるかについて積極的には述べていない。

　　註
1)　『河合榮治郎全集』第 20 巻、社会思想社、昭和 44 年、215-16 頁。

112 第1部 河合栄治郎の思想形成とその環境

2) 同上、238頁。
3) 河合栄治郎『新版 学生に与う』182頁。
4) T.H.Green, *Prolegomena to Ethics*, pp.476-77.

第10章

河合栄治郎の生涯と思想から学ぶもの
――筆者の経験から

行安　茂

第1節　河合栄治郎の影響と学生時代

　筆者は昭和21（1946）年4月からは旧制中学校の3年生であった。当時、筆者は岡山県御津郡金川町（現岡山市北区御津金川）のある民家に下宿していた。生家は当時岡山県御津郡津賀村大字広面1632番地であった。下宿先と学校との距離は200メートル足らずの距離であり、下宿先に帰ってからの時間は十分あった。この時間を利用して復習・予習のみならず、河合栄治郎の本を岡山市の古書店から購入して読んだ。これらの本は次のような本であった。

　河合栄治郎編『学生と先哲』（日本評論社、昭和16年）の中の河合栄治郎「個人成長の問題」。

　河合栄治郎編『学生と教養』（日本評論社、昭和16年）の中の河合栄治郎「学生時代の回顧」。

　二冊とも中学校3年生の筆者にとっては読むのに難しい本であったが、なぜか筆者にとっては興味のある本であった。こうして初めて筆者は河合栄治郎の生い立ちと学問を知ることができた。とくに、「学生時代の回顧」は読みやすく、ためになった。当時、筆者は片田舎の旧制中学校の3年生ではあったが、英語、漢文、数学等の勉強に努力した。河合栄治郎は中学校の3年生の頃から弁論部や文芸部に入部して活動していたことを知り、筆者は弁論部に入部し、ささやかな活動をしたのを記憶している。とくに昭和23年度から新制高等学校が全国の旧制中学校の発展的解消として設立された。筆者は自動的に新制高

等学校の2年生となった。そして筆者は生徒会の会長に選出された。

　当時、学制改革に伴い、新制中学校および新制高等学校はすべて男女共学制となった。しかし社会はこれには批判的であった。筆者はこれに注目し、「男女共学は是か非か」というテーマで討論会を開催しようと考えた。隣村の高等学校（旧高等女学校）の生徒会に呼びかけ、上記のテーマについて討論会を開くことを申し入れた。先方からの同意を得たので、われわれ弁論部員10名はこの隣村の高等学校（女子生徒が大部分）を訪問し、討論会を開催した。参加した生徒は両校合わせて約20人であった。筆者が司会者となり、議論の進行役をした。初めての経験であったが、みんな楽しく話し合うことができ、討論の目的を達成することができた。会場の高校側からは男性教諭一人（後の岡山県教育次長）と家庭科の女性教諭の一人が参加された。筆者は初めての討論会の開催と進行とに自信をもった。

　以上の経験の外、筆者が在学していた高校と同町内の定時制高等学校とが統合し、新しい高等学校が開校することになった。この開校式が昭和24（1949）年4月末開催されることになった。筆者は生徒代表として挨拶することになった。その文章を書くとき参考になったのが河合栄治郎の文章表現方法であった。原稿を国語の先生に渡したところ、「大変よくできている」といわれ、無修正であった。こうして河合栄治郎からは文章表現の仕方を考える上において大きな影響を受けた。

第2節　大学時代の失敗と大学院への進学

　筆者は昭和25年4月、岡山大学教育学部に入学すると共に、全学学友会の弁論部に入部した。これも河合栄治郎の影響によるものであった。そのボックスは法文学部内にあった。部員は法文学部の学生であり、教育学部の学生は筆者一人であった。法文学部の2年生は大部分が旧制の第六高等学校（岡山市）から入学した岡山大学の第一回生であった。筆者は二回生であった。筆者はすでに高等学校時代に弁論部に入部し、活動していたので岡山大学に入学してか

第 10 章　河合栄治郎の生涯と思想から学ぶもの　115

らも弁論部に入部した。しかし、部活動はマルクス・エンゲルスの訳本を輪読
する研究会であったが、その後、警察予備隊が新設されると、これへの反対行
動を弁論部の部長が先頭に立って、大講義室で反対集会を開催した。9 月から
筆者は弁論部を退部し、教育学部が中心となって活動していた社会科教育研究
会に入会し、顧問の古屋野先生と交流を深めることによって、アメリカのミシ
ガン大学日本研究所の岡山ブランチの研究員と交流することが多くなった。そ
して日本における政治意識の調査をしていたアメリカの研究員が岡山県民の戦
後の政治意識の面接調査をわれわれ 10 人の学生に依頼した。われわれは出張
し、抽出された県民と面接し、意識調査を所定の用紙により実施したことが
あった。

　さて岡山大学在学中、河合栄治郎に感謝しなければならない事件が起こっ
た。それは岡山大学教育学部附属中学校での教育実習中のことであった。教育
実習を指導する教諭（30 歳ぐらい）との人間関係のトラブルが起こり、実習中
無視されたことであった。その原因は筆者が教育実習の研究発表（中学校 3 年
生の公民分野「裁判所の仕組み」についての授業）をすることになったとき、事
前の準備として筆者が指導教諭に質問したとき、筆者が質問した仕方が無礼
で、生意気であったためか、その教諭を怒らせ、以後人間関係が悪くなったこ
とである。この質問の仕方が礼儀に反し、教育実習生としてのマナーに欠けて
いたからであった。幸い、研究授業の公開はよくでき、教育学部の教授や助教
授の先生は筆者の公開授業がよくできていたとしてすべて評価して下さった。
しかし、教育実習中、附属中学校の O 教諭のみは実習が終わるまで筆者を無
視し、筆者とのコミュニケーションは全くなかった。翌年の昭和 27 年の 1 月、
教務係から受け取った成績を見て驚いた。四つの評価項目はすべて「可」で
あった。

　そのとき、筆者は次のように感じ、中学校の教員になることを断念し、卒業
後は大学院に進み、「人間とは何か」ということを根本的に考え、研究するこ
とを決意したのであった。この意気消沈していた筆者を助けてくれた一冊の本
があった。それは河合栄治郎が推薦した本であった。それは内村鑑三の『後世

116　第 1 部　河合栄治郎の思想形成とその環境

への最大遺物——デンマルク国の話』（岩波文庫、昭和 21 年）であった。この中でカーライルが『フランス革命史』の原稿を脱稿したとき、友人の J.S. ミルのコメントを得るために送った。ところが、ミルの下女が朝ストーブに火をつけるとき、机上に広げたままになっていた原稿用紙を燃やしてしまった。意気消沈したカーライルはその後数日間立ち上がることはできなかった。内村鑑三はカーライルが立ち上がるまでの心境を以下のように述べる。

　　「トーマス・カーライルよ汝は愚人である。汝の書いた『革命史』はそんなに貴い者では無い。第一に貴いのは汝が此の艱難に忍んでさうして再び筆を執ってそれを書き直す事である。それが汝の本当にえらい所である。実に其の事に就て失望する様な人間が書いた『革命史』を社会に出しても役に立たぬ、それ故にもう一度書き直せ」と云って自分で自分を鼓舞して、再び筆を執って書いた。其の話はそれだけの話です。併し我々は其の時のカーライルの心中に這入った時には実に推察の情溢る〻ばかりであります。カーライルのえらい事は『革命史』という本の為めではなくして、火にて焼かれたものを再び書き直したという事である。若し或は其の本がのこって居らずとも、彼は実に後世への非常の遺物をのこしたのであります。假令我々がいくらやりそこなってもいくら不運にあっても、其時に力を回復して我々の事業を捨ててはならぬ。勇気を起して再び取掛らなければならぬという心を起して呉れた事に就て、カーライルは非常な遺物をのこして呉れた人では無いか。[1]

　筆者はこの一文から意気消沈した自分に問い直し、「一からやり直せ」とわが心を不退転の決意にしたのであった。そして広島大学大学院の入学試験ではドイツ語の試験で 100 点を必ず取ると誓った。結果はこの通りであった。改めて河合栄治郎に感謝するのみであった。

第3節　河合栄治郎の思想体系へのチャレンジ

　筆者は昭和38年11月初めに博士論文「グリーンにおける自我実現の研究」
を広島大学大学院に提出した後、社会思想研究会の『社会思想研究』(16巻4
号、1964) に論文を投稿した。論文の題目は「河合栄治郎の思想体系」であっ
た。内容は以下の六項目から構成された。①河合栄治郎とグリーン、②河合栄
治郎の根本思想、③理想主義と現代青年、④河合栄治郎の理想主義、⑤自我成
長論における問題点、⑥理想主義と宗教であった。

　論文の基本問題は河合栄治郎とグリーンとの比較である。今、その前文を紹
介するならば、以下の通りである。

　河合栄治郎の思想を理解するためには、少なくともT.H.グリーンの根
本思想を理解することが必要である。勿論、河合栄治郎は独自の思想を
もっていると見てよいが、かれの思想構造はグリーンのそれと非常によく
似ており、グリーンの思想に導かれつつ河合自身の思想を発展させている
ように見える。思想傾向としては両者はよく類似しているが、よく吟味し
てみると、両者の思想の間には差異があるようである。このことは一つに
は河合栄治郎が経済学から出発して哲学・倫理学の研究に進んでいるのに
対して、グリーンは倫理学・哲学から出発して政治問題や政治思想に関心
をよせていることと関係がある。二つには河合栄治郎の思想にやや浅薄さ
が見られるのに対し、グリーンのそれは深さがあることとも関係してい
る。河合栄治郎の思想を支える根拠は理想主義であるけれども、その理想
主義は通俗的な人生論以上には出ていないように見え、この故にその思想
が学的に充分方位づけられているとは必ずしもいえない印象を第三者に与
える。これも実は河合栄治郎の出発点が経済学や社会思想の研究にあった
からであろうが、他方には青年および学生を思想的に啓発し、青年をして
理想主義的思想を身につけしめようとする熱意が強かったためであろう。[2]

当時、筆者は河合栄治郎の思想体系については十分研究していなかった。さらに、河合の『トーマス・ヒル・グリーンの思想體系』についても十分読んだとはいえない状況であった。当時、河合がどのような方法によってグリーンの思想体系を構成しようとしたのかについて十分理解するに至ってはいなかった。社会思想や社会哲学の観点からグリーンの思想体系を再構成しようとする意図は理解できたが、グリーンが主張した共通善と自我実現との関係を河合がどのように考えていたかという疑問があったからである。さらに、河合栄治郎は共通善と国家との関係をどのように考えていたかについて疑問をもっていた。河合が社会哲学や社会思想を構想する以上、彼はヘーゲルの弁証法との関係を再検討する必要があったであろうが、河合はこの点については積極的には考えていなかったように見えた。

最も大きな問題は社会哲学と宗教、道徳と宗教との関係について河合は深く考えたように見えなかったことである。グリーンの思想体系の基礎は宗教にあると見なければならないからである。筆者が「河合栄治郎の思想体系」の中で「理想主義と宗教」を取りあげたのはそのためであった。このテーマについて筆者の論文の中から紹介したい。

　　ところで、河合栄治郎は宗教についてどのように考えたのであろうか。かれの宗教観はグリーンのそれから影響を受けているが、どの程度キリスト教を理解したかは問題であろう。「理想主義者は現実の自我を叱咤し鞭撻し、理想の自我を目指して驀地に精進するが、己れを駆る力を己れ自らより出ずるとし、己れ自らに帰する。彼は自分の成長を人の前に誇ったりひけらかすほど、馬鹿でもなければ浅はかでもない。然し己れの内心の心奥に功を己れに帰する自負心（self-conceit）が抜け切れない」（『学生に与う』）のが河合の偽らざる気持であろう。そうであれば、神の前に我と己れとが打ち砕かれることは極めて困難であるといわねばならない。[3]

　　河合栄治郎は神仏を求める気持を二種類に分けている。その一つは「自

分の無力と弱小とを沁々と痛感して強大な神の御力に頼って、助けを求めようとする心」であり、第二は「孤独孤立の寂莫から、己れを抱く愛の手を求めること」である。この二つはかれによれば、理想主義に生きる者の心と殆ど同じであるといわれる。ところで、河合の神仏観を見ると、それはあまりにも常識的であるようにみえる。かれに宗教観を与えたものは、この常識的見方とグリーンの宗教論から得た知識とであるようにみえる。以上のごとき神仏観によって果して理想主義が強力に支えられるであろうか。河合は神仏といっているが、神をどのように考えているのであろうか。また、仏をどのようにとらえているのだろうか。この点について河合は正直にも「私には宗教を語る資格がない、何故なれば私は未だ宗教的体験を持たないからである。私の育てられた家庭は仏教を宗旨としていた。然し多くの日本の家庭のように、仏教はわれわれの魂と結びつく信仰としてではなしに、一種の儀式として葬式と命日とに想い出されるものに過ぎなかった」(『学生に与う』)といっている。[4]

　以上のような発言からいえることは、彼は仏教の信仰をもってはいなかったといえよう。彼にはいわゆる仏縁がなかったのかもしれない。すでに見てきたように、河合はなぜか20代後半にキリスト教からも離れて行ったといわれる。河合は生来功名心が強く、利己心への執着の念も強かったから、これを克服したい願望は強かったと想像されるが、学生時代の河合の願望は労働者階級の生活条件を社会制度の改革によって改善する熱意が宗教的信仰への関心よりも強かったと考えられる。しかし、『学生に与う』を書いた昭和15 (1940) 年頃から宗教への関心と理解は次第により深くなって行ったように見える。しかし、そこには限界があった。その壁は河合が少年時代からもってきた功名心、自負心、利己心であった。

第4節　『学生に与う』の執筆と河合栄治郎の身体の衰弱

　『学生に与う』が出版されたのは昭和15（1940）年6月であった。ベストセラーともいうべき売れ行きで出版2ヶ月間で2万2000部であったといわれる。[5] しかし、河合栄治郎は他方ではその頃から体調が次第に悪くなっていたといわれる。というのは『学生に与う』の原稿を書いた途中にあっても法廷に出頭ぜざるを得ない忙しさをかかえていたからであった。河合は心身共に疲労していたのであった。江上照彦は河合の病状について次のように説明している。

　　しかし、栄治郎の健康は日々に蝕（むしば）まれていた。どんな負けじ魂で立向っても、病には勝てぬの道理である。彼は第二審進行中の昭和16年5月8日から病床に就いて、公判を3回休んでもらった。稲垣医師の診断では糖尿病の上に胃腸を害しているということだった。また、もう少しで肺炎を起すとこだったと診断した医者もいた。どうやら回復したところで、箱根へ出かけようと思っていると不注意に激しい下痢を起して身動きできなくなった。やっと19日に仙石に来たが、途中列車の中で気分が悪くなり嘔吐を催したほどに身体は弱っていて、宿へ着くなり寝こんでしまった。寝ながらも読書は絶やさないし、本を離したときには、「後半の公判をしっかりやって汚名を雪（そそ）ごう。之で九仞（じん）の功を一簣（き）に欠いてたら永年の怨みになろう」というように裁判のことを考えていた。いったんよくなったが、じきにぶり返して、「一昨日あたりから又よくない。腹の具合が安定しないし鼓動がひどく、湯から上って疲れる。明日はもう戻らねばならないのに困ったものだ。」（日記、昭和16年5月5、23）というありさまだったから、海野弁護士がしゃにむにといったようにして、彼を慶応病院へ押し込んでしまった。栄治郎にとっては、入院は大学卒業後、二度目の経験だったが、やはり効目があった。病室で弁護人と公判に対する作戦会議をやったり、ここから裁判所へ出頭したり、たまには見舞客と神宮外苑を散歩し

たりというふうに、まあまあ楽な入院生活を送って、ずいぶん元気になって退院したのが 6 月 21 日だった。そこで栄治郎は気強くなって、控訴院での被告人としての最終陳述が終ったところで、「一生懸命に勉強しよう……8 月からは"理想主義体系"へのスタートを切るのだ」とたいへんな意気ごみで、またしても身体に毒な禁断の知恵の実を食おうとするのである。一、二年のうちに第一巻を刊行して、以後毎年一巻ずつ出してゆきたい計画だった。しかし、こんな調子では健康がじゅうぶんに回復するわけがなかった。例の下痢がはじまり、翌昭和 17 年に入ってからは背中に腫物ができて苦しみ（1 月）、「上告趣意書を起草の為に箱根に戻る。離れにて泊る。疲れ疲れて入浴の時に立って身体を拭けないほど」であり、おまけに流感にかかって病気に呻吟し（3 月）、「耐え難き程疲労す」（4 月）、「朝気持悪くベッドに横になっていた」（5 月）、「今朝はひどく工合が悪く鼓動が酷い。つくづく嫌になった」（6 月）というような状態が続き、そして「風呂で量ったら 12 貫、800 であったのにガッカリした。19 貫あったのに」（日記、昭和 17、6、4）と体重が激減している。[6]

　以上、江上照彦は河合栄治郎の日記（昭和 16 年から同 17 年）に基づき、病気の変化と入院のときの状況について概観してきた。河合栄治郎は昭和 15 年 3 月のとき、箱根の旅館にて 1 日 17 時間、20 日間にわたって『学生に与う』の原稿を書き上げた。この労働は超人ともいえるもので、察するに、この労働によって河合栄治郎を心身共に疲労させたものと考えられる。その疲労は、上記の文章から昭和 16 年度に入っても続き、河合にとっては深刻であった。問題は河合栄治郎の下痢が何に起因するかにあったかということである。河合の先輩であった鶴見祐輔（政治家）は河合を武見太郎（当時日本医師会長）に紹介し、診断してもらったところ以下のような診断結果であったという。

　河合先生が私の診療所を訪ねられたのは、1942（昭和 17）年 7 月 8 日であった。紹介されたのは鶴見祐輔さんであった。……その以前に私は『社

122　第1部　河合栄治郎の思想形成とその環境

会政策原理』を読んで感銘していた……。初診の時のお話では、約1年前から、痩せはじめて、ひどく体重が減り、動悸、発汗、指のふるえ、下痢などを訴えられた。色々な検査をする迄もなく、臨床的にはバセドー氏病であった。新陳代謝の測定をしたり、心電図なども詳しく検討したが、明かにバセドー心臓であり、いわゆるトキシコーゼと云う様な好ましくない病状があった。初めは週に1回位見えて、苦痛のときは数日おきに見えたこともあったが、1ヶ年後には体重の減少もとまり、自覚症状も消退され、仕事もしているという話であった。昭和19年になると、社会情勢も悪化して、先生は診察の度毎に苦痛を表明されていた。下肢の倦怠感を訴え、脈も不整結滞がおき、時には胸内苦痛や、心臓痛も軽いがあった。然し、当時は患者さんにとっても、我々医師にとっても、全く思うことの出来ない最悪の情勢であった。先生は急逝される日の朝、私の診療所へ来られたそうであったが、患者が大勢待っていたので帰られたことを後で承わって、残念だった。どなたでも来所順に診察するが、苦しい方は先に診察すると受付に書いてあったが、先生はこの特権を利用されなかった。いかにも河合先生らしいと思った……。[7]

第5節　河合栄治郎の生涯から学ぶもの

　河合栄治郎が急逝したのは昭和19(1944)年2月15日であった。53歳であった。人生100年時代といわれる現代から見れば、早世の感があるが、第4節で紹介したような諸病気により死を早めたものと推察される。波乱万丈の人生であっただけにわれわれにとっても学ぶところはあまりにも多い。

　回顧すれば、河合栄治郎が大正8(1919)年11月、農商務省を辞職したときの理由がその後の人生の転機にも同じように似ていると推察される。このときから河合の人生が波乱に富んだ歩みとなっているが、彼の歩みからいろいろと学ぶことが多いように考えられる。基本的に考えられることは、所属機関の考え方や方針がそこで働く職員の考え方と基本的に一致しているかどうかが問わ

第 10 章　河合栄治郎の生涯と思想から学ぶもの　123

れるように思われる。このことは本人の心身の健康とも密接に関係しているので、両者は密接な関係にある。河合が『学生に与う』の原稿を脱稿したのは昭和 15（1940）年 6 月頃であったといわれる。以後、体調が優れず、いろいろな病気になっていたことはすでに見た通りである。改めて河合栄治郎が東大を休職処分にされた経緯を簡単に振り返ってみたい。江上照彦は次のように説明する。

　　昭和 14（1939）年 1 月、松飾りもようやく取り払われた頃になって、平賀総長と栄治郎との会談がはじめて行われたが、これより先の年末に、警視庁は栄治郎を召喚して、数日にわたって問題の著書の内容に関して説明を求め、ずいぶん念入りに取り調べた。やがて問題は検事局に回付されそうな雲行きだった。さて、総長との会談で栄治郎がどう出たかということだが、彼の態度が前長与総長に対する場合とかくべつ変るはずもない。平賀が栄治郎の辞職を望んでいることはむしろ当然で、それが言葉や態度のはしばしにチラチラするのだが、栄治郎はここで自分が辞表を提出するのは将来に悪例をのこすゆえんだから承知できない、しかし、教授会で思想の不適格が決議されるならば潔くそれに服するつもりである、うんぬんと強く突っぱねてしまった。その後も、平賀は栄治郎のもとに側近を派して、自発的退職の場合には必要ならば生活の面倒もみよう、検事局と交渉して起訴を防ぐよう努力もしよう、懸命に口説いたがその甲斐はなかった。全く策も根も尽き果てた平賀が栄治郎を総長室に招いて、その休職処分を総長の職権をもって文部大臣に具申すること、ならびに革新派の土方成美も同様処置する旨申し渡したのが、1 月 25 日だった。問題はひとまず解決したが、しかしかねて栄治郎が懸命に主張し擁護してきた大学の自由が、平賀の手で物の見事にぶち壊されて、大 学 喪 失 の苦汁を栄治郎らがしみじみ味わわねばならぬとは、皮肉でもあり悲惨でもあった。[8]

以上が昭和 14（1939）年 1 月 25 日の「休職処分」という大きな転換の経緯

であった。

　その後は法廷への出頭という公的活動が始まるが、それに出廷しない間は箱根の旅館に行って『学生に与う』の原稿の執筆を始める計画を立てていた。本書は法廷への出廷がない自由な時期を見て執筆したようであった。河合は『学生に与う』の「序」において「二十日間毎日十七時間の労働を続けて、三月十六日に本書を擱筆した。」と述べている。休息は毎日何時間を取っていたのであろうか。睡眠は毎夜何時間を取っていたのであろうか。一日の中で仮眠の時間があったのであろうか。察するにこれらの時間をあまり取ってはいなかったのではないだろうか。そうだとしたらここにも死を早めた一因があったと考えられる。河合の体力への自信が早世の一因であったかもしれない。

　　　註
1)　内村鑑三『後世への最大遺物』岩波文庫、昭和 21 年、55 頁。
2)　行安茂「河合栄治郎の思想体系」社会思想研究会編『社会思想研究』16 巻 4 号、1964 年、2 頁。
3)　行安茂「河合栄治郎の思想体系」11-12 頁。
4)　同上、12 頁。
5)　江上照彦『河合榮治郎伝』社会思想社、昭和 46 年、285 頁。
6)　同上、282-83 頁。
7)　同上、284-85 頁。
8)　同上、258-59 頁。

第2部

河合栄治郎の理想主義とその展開

第1章

河合栄治郎の理想主義とその体系

行安　茂

第1節　河合栄治郎の理想主義の体系とその背景

　河合が理想主義を主張する背景には二つの影響があった。その一つは第一高等学校の校長であった新渡戸稲造であった。この点については本書の第1部第2章において詳しく述べられている。もう一つはグリーンの自我実現論の影響である。河合の自我の成長はグリーンの自我実現の影響を受けたことは河合自身も認めている点である。問題はグリーンがカントの理性の優位を全面的に認めなかったのに対し、河合は理性を全面的に認めたことに大きな相違点があることである。グリーンは功利主義の快楽主義的基礎を批判しながらも、欲求の対象と理性の対象とを調和する点を評価する。グリーンは自我実現を欲求と理性との合理的結合の方向において主張する。この点が最も明確に示されているのは次の一文である。

　　自我実現の原理がそれ自身この満足に少しでも接近するためには、さらにそのはたらきを進めなければならない。自我実現の原理は自然的諸衝動を根絶したりあるいはそれらに対象を与えたりすることを否定したりする意味においてではなく、自然的諸衝動をより高いあの関心（これらの関心はそのある形式における人間完成をそれらの目的とする）と融合する意味において自然的諸衝動を克服しなければならない。われわれはこの融合へのいくらかの接近をすべての立派な人々においてだけでなく、家族を教育する

といった平凡な観念が支配されている人々においてもである。[1]

　グリーンのこの陳述は非常に重要な指摘である。この主張にはヘーゲルの弁証法の影響があったと見ることができる。なぜかといえばグリーンは自然的諸衝動と自我との対立はカントの理性と傾向性との対立によっては解決されないと考えたからである。グリーンはヘーゲルには直接的には言及していないが、自然的諸衝動はより高い目的（公共的目的）との融合によって初めて合理化されると考えた。そしてその実例をグリーンはナポレオンの生き方の中に発見した。グリーンの自我実現は心理学において重要視される昇華の理論に似ていることは現代のグリーン研究者においても指摘されている。

　河合栄治郎の自我成長論はグリーンの自我実現論の発展線上に位置づけられることは、河合自身も認めているが、河合は自我の成長を推進する原動力は理性であると主張する。この点はカントから影響されているが、理性が果たして自我を公共目的と結合するように推進するかどうかは疑問である。なぜかといえば現実の自我は、グリーンも指摘するように、「愛、怒り、誇り、野心」といった自然的諸衝動によって動かされているからである。これらの衝動は利己的目的を達成することに直接的関心をもっている。現実の自我はこうした関心をもっているから、それらの衝動を単に否定するだけによってはより高い公共的目的は達成されない。

第2節　河合栄治郎の理想主義とその原動力としての強い性格

　河合栄治郎は生来強い自我をもっていた。この性格は強い意志であるともいわれる。この点において河合はグリーンの性格と似ている。しかし、河合の強い性格は少年時代から功名心と結ばれていた。彼の功名心は父親のDNAを受け継いだ先天的の素質であった。河合の中学校時代は日露戦争の最中であった。彼はこの戦争では日本は勝利を得なければならないという強い愛国心をもっていた。これが河合の功名心の原動力をなす一つの要因であった。

128　第2部　河合栄治郎の理想主義とその展開

　さて、河合栄治郎の理想主義は彼独自の性格と結びついていた。これは彼を強い意志の人として生涯を特色づけた。河合のこの性格は、彼の中学校3年生、4年生頃の勉強によって養われた。当時、彼は談話部（弁論部）の委員をしていたといわれる。他方、中学校時代の河合は平素の授業からのみでなく、自由な時間において内外の書物（古典）を読んでいたといわれる。河合が文章家としても成長したのは、中学校時代に読んだ多くの本から得た知識とその表現力とによるものであった。これらの読書と英語の学力向上とによって文章の表現が論理的となった。

　さて河合栄治郎の強い性格と意志の集中力は『学生に与う』（昭和15年）の完成において最もよく現われた。周知のように、彼は当時箱根の旅館に閉じこもって、「20日間毎日17時間の労働を続けて」この原稿を脱稿したといわれる。誰でもこのような仕事を毎日17時間もつづけるならば、病気となり、死を招くに違いなかったであろうと想像される。河合は当時49歳であったといわれる。

　性格の強さは河合個人の研究においては十分発揮されたが、それは職場の人間関係においては問題はなかったであろうか。性格の強さは場合によっては同僚から嫌われ、孤立することもある。河合栄治郎がアメリカから帰国し、国際労働会議に出席する日本政府代表者のための草案作成を依頼されたとき、その原案の内容がラディカルであるとして河合と部局長らとの間に意見の対立があったことはすでに第1部第4章において見た通りである。河合はこのとき農商務省の参事官としての官吏を辞職した。河合は期待される人物であったが、組織の一員としての官吏と上層部の先輩との協調性に欠けるところがあった。河合は労働問題についての彼自身の信念をもっていた。これが性格の強い河合をして妥協の判断を許さなかった。

　以上のように考えると、職場における人間関係と自我の成長とはどのようにして調和することができるか。これは学生にとっては無視することのできない問題である。自我の成長は人格を究極目的として努力することであるが、河合の自我の成長論には矛盾があることを理解する必要がある。その矛盾とは、一

方においては河合は自我の成長の推進力は理性であると主張する。しかし他方においては河合はその推進力を功名心と考える。これは自己の立身出世を計る利己心である。理性と利己心とは自我の成長過程においては絶えず対立し、矛盾する。そして多くの場合利己心（功名心）が優先する。しかし、自我の成長過程においては利己心が優先すれば、これに基づく判断は目先の小さな利益に執着しやすい。その結果は後悔の感情に悩まされる場合もある。問題は人格（河合はこれを最高善と呼ぶ）に向かう理性の冷静な要求と利己心が求める目前の利益への執着との葛藤をいかにして解決するかということである。

　以上のように考えると、心をいかにして冷静にするかという問題が起こる。河合は知情意の三者をいかにして調和するかという問題を示してはいるが、これらはいかにして統一されるかという問題とその解決の方法については積極的解答を示していない。問題は心をいかにして平静にするか、動中の静はどのようにして可能であるかということである。

第3節　河合栄治郎は利己主義をどう克服したか

　河合栄治郎は少年時代から功名心（立身出世欲）をもっていた。彼の中学校、高等学校、大学時代の勉強の推進力は将来社会から高く評価されたいという名誉心にあった。これはどんな少年にも宿っている生きる力である。これは善の動機にもなれば悪の動機にもなる。そこで新しい行為をなそうとするとき、その結果が自己のためにも他人や社会のためにも善い結果をもたらすように判断すれば、善の動機と善の結果とは一致し、人々から喜ばれる。しかし、このような判断は利己心の強い人にとっては難しい。なぜかといえば行為者が自分自身の利益になることを強く欲望するならば、他人や社会にとって悪い結果がもたらされるかもしれないからである。こうした結果への洞察が公平になされるためには行為者はその心が平静でなければならない。しかし、人間の心は常にイライラしており、歩行中やドライブ中であっても瞬間的に前後左右の状況判断を見失いやすい。なぜかといえば人間は自己自身の心の動きを瞬間的

に知ることができないからである。注意力が常に今の瞬間から離れ、今の行動と自分自身の心とが完全と一つとなっていないからである。問題は瞬間の今の自己自身が動作と完全に一つとなっていないことである。これがぼんやりとした心の状態である。ぼんやりとした心の状態は注意が今の動作や行動において集中していないために起こる。それは注意が分散しているためである。仏教ではこれは「散乱心」と呼ばれてきた。これを絶えず静かにするために坐禅が勧められてきた。坐禅はいつでもどこでもできるといわれてきた。それは禅堂においてのみ修行されるのではなく、朝、昼、夕方、夜においても坐禅をすることはできるといわれてきた。

さて、利己心が求めるものは高い地位と金とである。これらをめぐって職場や家庭においていろいろなトラブルが起こり、悲劇も起こっている。改めて問われるべきことは職場や家庭の人間関係のあり方である。すでにたびたび言及したように、河合栄治郎は農商務省時代にアメリカ出張から帰国し、省内では彼は期待されていた。というのは近く開催される ILO 会議に対する日本政府の方針の草案の起草が参事官としての河合栄治郎に委託されたからである。しかし、でき上がった草案をめぐって省の幹部と河合との間で意見が対立したといわれる。草案の内容がラディカルであり、農商務省や内務省幹部と対立を深めたといわれる。彼は遂に辞表を提出するに至った。それ以前、大臣以下の主要な幹部から辞表の提出を思いとどまるよう度々説得されたが、河合はすでにこういう状況に至ったときは辞表を提出する覚悟であったという。一度決心した以上、先輩がいかに慰留しても河合は、一度決心した以上はそれに応ずる河合栄治郎ではなかった。ここが河合の性格の強さが発揮される場であった。彼は計画通り「官を辞するに際して」という論文を東京朝日新聞紙上に投稿した。そして社会の批評を求めたのであった。

河合栄治郎は強い性格と労働問題についての見識と信念とをもっていたから以上のようにわが道を貫くことができた。しかし、彼ほどの信念をもっていない人に対してはどう助言することができるであろうか。河合はその後約 20 年後に出版された『学生に与う』の中で「専門人として成長することは、すでに

第 1 章　河合栄治郎の理想主義とその体系　131

人格の成長することなので、人格の成長となりえないような専門人の成長なる
ものはない」という。では一般の公務員や企業で働く人にとっては「専門人と
しての成長」と他の同僚の人間関係との協調はいかにして可能であろうか。河
合栄治郎はこれについてどう考えていたのであろうか。彼は『学生に与う』の
中で「補完」という言葉を使って人間関係の問題を解決することができるとい
う。河合は次のようにいう。

　　補完（ergänzen）とは完全を期するがために、欠けたるを与える意味で
　あるが、補完にもいろいろの仕方がある。自分の自我そのものをもって、
　彼の自我を補完する場合には、夫婦、親子、師弟、友人、恋人の間に見ら
　れる特殊愛である。しかし、こうした特定の人を相手とした特殊愛も、実
　は人格性への尊敬と、人格の成長をなしつつあるものへの愛に基礎をおい
　ているのであって、したがって特殊愛の対象以外のものへの一般愛または
　同胞愛と並び行なわれる。後者の場合にも、相互に補完の役目を果たすこ
　とに変わりはないが、この場合は自我そのものをもって補完することは少
　なく、自我の所産をもって補完をなすことが多い。学者は学問をもって、
　芸術家は芸術をもって、軍人は国防をもって、政治家は治国平天下をもっ
　て、さらに靴屋は靴を、洋服屋は洋服を、食料品商人は食料品をもって、
　人格成長の手段を供与して、補完を果たしている。われわれは自から意識
　してはいないが、平生の生活の手段で他を補完し、他から補完されている
　のである。[3]

　河合は以上のように考えて市民生活が相互補完によって助けたり、助けられ
たりする関係によって自我の成長に貢献するという。それは特殊愛である。そ
の根本は人間愛（同胞愛）である。こうした愛は狭い範囲の人々の間では広
がっていたが、広い範囲の人々や外国の人々の救済に対してはそれほど高い関
心を示してこなかった。現在では国内外を問わず同胞への関心は高まってきた
ように見える。しかし、すべての人々の人格の成長とその手段とについて国内

的にも国際的にも拡大しているようには見えない。何がこれを妨げているのであろうか。改めて考えるべきことは同胞愛はいかにして実現されるかである。それはコミュニケーションへの積極的関心と勇気とをもつことによって可能である。知識の上ではわかっていても人々を助ける勇気が欠落しているならば、「補完」にせよコミュニケーションにせよ、それは行動とは結びつかない。

第4節　河合栄治郎はなぜ共通善を評価しなかったか

　河合栄治郎はグリーン研究によって大きな影響を受けたけれども、共通善を評価するに至らなかった。共通善はグリーンの社会哲学においては重要な位置を占めているにもかかわらず、河合栄治郎はなぜそれに注目しなかったのであろうか。前節において河合は自他の関係を「補完」によって説明したが、この発想は個人対個人の人間関係のあり方を説明したにすぎず、それは社会制度や国家の中心的機能を果たす上において重要な役割をもつことはできない。河合は各人が社会の成員としての役割をもっていることを認めてはいるが、権利と義務とによって共通善が実現されることについては十分説明をしていない。河合は次のように考えることにとどまっている。

　　共同社会における各成員は、それぞれの目的すなわち人格の成長を目指している点において、何人も同じではあるが、現実の各成員は一様ではない。さきにも述べたように、各人はそれぞれ個性、性格をもつからである。したがって共同社会は現にそれぞれ特殊的あるものが、普遍の目的に向かうことによって、結合されるものだということができる。社会の各人が特殊的であればこそ、社会存在の意義があるので、もし一様一律の人間のみであるならば、社会存在の必要もなければ、意義もないだろう。各人の特殊性は、男女の性別から始まり、職業の差異となり、能力、趣味、傾向、体力の差異にまで現われる。これらの特殊が互いに有無相通ずる補完の役目をなしている。カントが各人は「常に目的として扱われなければな

らない」といいながら、必ずしもけっして手段とすべからずとはいわないで、「単に手段として扱うべからず」といって、手段として扱われることのあるのを認めているのは、各人が互いに補完の役目を為す場合には、彼は私の手段となり、私は彼の手段たらざるをえないからである。[4]

　河合栄治郎が共同社会を論ずるとき注目したのはその各成員が補完によって助けたり、助けられたりする関係であった。これはグリーンが主張する共通善が市民の権利と義務とによって実現されるという政治的視点とは違っていることが注目されなければならない。権利と義務とは共通善を実現する手段であって市民生活と不可分の関係にある。それは、国政のレベルにおいてであれ、地方政治の場合であれ、選挙において投票の権利があると共に投票の義務がある。これらの権利や義務を通して市民生活の福祉は実現される。グリーンはこれらの点に注目し、市民はそれぞれ「私の地位とその義務」（my station and its duties）を果たすことによって共通善の実現に貢献すると主張する。これに対して河合栄治郎の「補完」は私的レベルでの人間関係に焦点を置いた自我の成長が目的になっている。河合栄治郎はグリーンが主張する共通善はどのようにして実現されると考えたのであろうか。河合栄治郎は全体としての共同社会がよりよくなるためには、まず、個人が自我の成長に努力することによって最高善を目ざし、現実の自我の成長に努力することが第一の目的であると考える。では、このようにして到達される理想的人間とはどのような人間であったのであろうか。河合はこれについて『学生に与う』の中の「教養」（二）において次のようにいう。

　それでは、成長した極限すなわち人格は、いかなるものであろうか。これをあるがごとくに具体的に描写することはできない、なぜなれば具体的に述べることは、既に実現されていることを予想することである。実現されているならばすでに理想ではない。しかして人格とは自我の理想だからである。ただそれに近いものの一端を捕えることはできないではない。要

134　第2部　河合栄治郎の理想主義とその展開

するに、完全なる知識と豊富なる情操と広範な同情とがそれぞれ高度にして
てしかも相互に調和した状態である。そこには大きさと深さと豊かさと太
さと強さとが連想され、小さいとか弱いとか狭いとか細いとか浅いとかと
は正反対である……学問や芸術や道徳の背後にこれらを統一した「人」を
考えてこれによって偉さを決定する……。[5]

　河合はこの統一がいかにして可能であるかについては何も述べてはいない。
グリーンは宗教的基礎をもっていた。

第5節　河合栄治郎の宗教論

　前節においてグリーンは「善の共有性の確信は相互奉仕の理想への献身」に
あるといった。この献身はキリスト教の信仰によって到達した確信であった。
河合栄治郎はアメリカから帰国後、キリスト教から離れて行った。彼は一高在
学中、新渡戸稲造や内村鑑三の影響によってキリスト教に接近したが、その後
この信仰から離れてゆく。彼のキリスト教の入信を妨げたものは察するに「強
い性格」であったであろうと筆者は確信している。河合自身も『学生に与う』
の「宗教」の最後において「自負心の抜けがたき煩悩が、ともすればその道を
阻むことを虞れなければならない。」と告白している。河合は終生「自負心」
が強かったと見える。「煩悩」は仏教的用語であるが、これが彼の本心であっ
たならば、彼は仏教に入信したであろうが、彼はこの道を選択しなかった。彼
には無常感が欠落していたのかもしれない。それよりも彼は性格の強さと理性
とによって人生は開拓できるという自信をもっていたからであろう。しかし、
この自信は心身が健全であり、調和している状態においてのみ可能である。
『学生に与う』が完成したのは、彼が49歳のときであった。江上照彦の『河合
榮治郎伝』（昭和46年）によれば、その頃（昭和15年4月18日）第一審の法廷
に出頭したとき新聞記者はその表情が「憔悴」（心労や病気でやつれ、やせ衰え
ること）していることに気づいたという。『学生に与う』の執筆で20日間1日

17 時間書いたのだから非常に心身が疲労していたためであったと想像される。やや遅きに失したが、このとき根本的に心身を調和する坐禅の修業に徹する道もあったはずであったが、名老師に出会うことができなかったのだろう。残念に思われることは一高時代に指導を受けた河合がなぜ新渡戸稲造や内村鑑三から離れて行ったのか惜しまれる。しかし、河合栄治郎の 53 年の生涯がとくに戦後の心身が荒廃した学生に大きな影響を与えたことは、稀に見る功績であったといえよう。

　　　　註
1)　*Collected Works of T.H.Green*, Volume 2, Edited and Introduced by Peter Nicholson, Thoemmes Press, p.327.
2)　河合栄治郎『新版 学生に与う』現代教養文庫、社会思想社、1997 年、78 頁。
3)　同上、82-83 頁。
4)　同上、82 頁。
5)　同上、73 頁。

第2章

戦闘的自由主義者としての河合栄治郎とその再評価
——小野塚喜平次との関係を中心に

松井　慎一郎

はじめに

　80年前に物故した河合栄治郎が今日において話題にされる機会があるとすれば、それは本職の社会政策や社会思想史を専攻していた研究者としてではなく、『学生に与う』などの著作を残し多くの門弟を輩出した「人生の教師」、あるいは、マルクス主義やファシズムを果敢に批判した「戦闘的自由主義者」としての活躍についてであろう。特に、二・二六事件批判に象徴されるファシズムとの闘争は、戦時中弾圧される契機となったものであり、現在でも高校の授業で取り上げられることがある[1]。

　本章は、東京帝国大学経済学部教授として社会政策や社会思想史を専攻していた河合栄治郎が官学アカデミズムの世界から飛び出して、ジャーナリズムで天皇機関説事件や二・二六事件に対する果敢な批判を展開した原因を探り出し、戦闘的自由主義者としての再評価を行おうとするものである。

第1節　小野塚喜平次との師弟関係

　従来の河合研究では、河合をして戦闘的自由主義者たらしめた要因を特有のパーソナリティーや価値観に求めてきた[2]が、ここでは、彼を取り巻く時代や環境を踏まえて、今までとは異なる視点から考察していきたい。

　河合の思想形成における新渡戸稲造や内村鑑三が果たした役割は、これまで

多くの研究で明らかにされてきたが、大学時代の指導教授であった小野塚喜平次からの影響はあまり注目されてこなかった。それは、小野塚に関する研究が少なかった事情にも関係しているだろう[3]。近年、日露開戦に大きな影響を与えた「七博士建白事件」に注目して研究を進めている前原淳史氏によると、小野塚は「七博士」として1903年6月の建白書には名を連ねてはいるものの『日露開戦論纂』の刊行や講和条約批准拒否の上奏をはじめとする活動には全く関与しておらず[4]、戸水寛人や金井延ら「七博士」の主流とは一線を画していたことがわかる[5]。

　小野塚の代表的著書『政治学大綱　下巻』(1903年12月) は、戸水や金井らが日露主戦論を展開した『日露開戦論纂』の出版から2ヶ月後に上梓されているが、そこで展開される人間観や戦争観は、戸水や金井らの主張に対する反論と見ることも可能である。社会進化論の立場から帝国主義間の戦争をやむを得ないとする戸水や金井とは違い、「生物間ニ於ケル自然ノ法則ハ自然淘汰ナリ人類ハ自ラ理想ヲ作リ是ニ従テ人為淘汰ヲ試ミ以テ自然淘汰ノ進行ニ影響ヲ与フ故ニ人類ノ進歩ト共ニ理想及ヒ其手段ニ関スル観念変遷シ従テ人為淘汰ノ種類及ヒ程度ニ於テ亦変動ヲ見ルナリ」[6]というように、自然淘汰に影響を及ぼすことのできる人間の可能性を主張し、次のように、戦争とは異なる道が選択肢として存在することを指摘する。

　　国家ノ膨張ノ語ヲ聞テ直ニ戦争ヲ連想スルハ不可ナリ（中略）膨張政策ハ常ニ直ニ国際的抵触ヲ来スモノニアラス又抵触ハ必ラスシモ干戈ニ訴ヘテ解決ヲ求ムヘキモノニアラス抵触ハ成ル可ク之ヲ避ク可シ何トナレハ抵触ハ他ニ利用シ得ヘキ勢力ヲ軋轢ノ為ニ浪費スレハナリ已ニ抵触アルモ其解決ハ原則トシテハ平和的ナルヘシ何トナレハ戦争ハ一ノ例外手段ニシテ戦争ノ結果ハ革命ノ結果ト類似スルモノナレハナリ元来主戦論者カ戦争ノ結果トシテ揚言スル有形無形ノ利益ハ概シテ平和的競争ニ依テ得可ラサルモノニアラス且ツ戦争ハ普通ニ国際関係ヲ簡易ナラシメスシテ却テ其複雑ヲ増加スルヲ見ルヘシ。抑人類一般ノ平和ハ列国カ共同シテ始メテ到達ス

138　第2部　河合栄治郎の理想主義とその展開

ヘキ理想タリ[7]

　「人道的競争」の到来を予見した牧口常三郎『人生地理学』（1903年10月）
と同様、小野塚の『政治学大綱　下巻』は、主戦論が主流となって日露開戦へ
と突き進む状況にあって、平和や国際協調の選択肢があることを主張していた
のである。

　1911年に東京帝国大学に入学した河合にとって、『政治学大綱　下巻』刊行
当時の小野塚の言動は過去のものであっただろうが、その後の著作や講義に接
するなかで、河合は小野塚を単なる実証主義の政治学者ではなく、「民本主
義」「社会政策」「平和主義」という政治思想を有し、理想のために戦う勇気を
持つ学者として評価するに至ったのである。後年、XYZの筆名で書いた「小
野塚喜平次教授論」[8]（『経済往来』1927年10月号）では、「彼は最高学府の教
授として、孜々して研究に没頭しつつ、而も古書堆裡の腐儒となることなく、
敢然として所信の為に戦ふの勇気を持つ」[9]、「国家の価値をその経済的領土
的発展に置かずして、その文化的生活に置かんとし、又官僚専制政治を排し
て、デモクラシーを主張することは彼が三十年来の主義であり、又その論文の
紙背に閃く政治的立場である」[10]、「政治上に無主義無原理の一学究でなくし
て、民本主義と社会政策と平和主義と云ふやうに、凡そ主義と称せらるるもの
を提げる」[11]と、恩師の学問的思想的特質を正当に評価している。

　新渡戸や内村とは異なり、小野塚との師弟関係は、1944年2月の河合の死
去まで一貫して続いた。河合が大学卒業後に農商務省官僚になっていた期間
（1915～1919）も揺らぐことがなかった。1916年2月、河合は小野塚から、自
宅で政治学演習参加学生と吉野作造を招いて茶話会を開くので、来遊するよう
にとの書簡[12]をもらっている。小野塚の一番弟子である吉野は、この茶話会
の少し前、『中央公論』1916年1月号に「憲政の本義を説いて其有終の美を済
すの途を論ず」と題する長大の論文を発表して「民本主義」を唱え、時の人と
なっていた。演習生とともに吉野を迎える茶話会は、小野塚にとって特別の意
味を持っていたに違いない。学窓を出てまもない一官僚に過ぎない河合がこう

第2章　戦闘的自由主義者としての河合栄治郎とその再評価　139

した場に呼ばれていること自体、小野塚との間における親密な師弟関係を示している。また、小野塚は、1916年7月に刊行された『欧洲現代政治及学説論集』（以下『論集』と略す）の校正を河合に任せた。[13)] 小野塚は河合の大学在学中に「政治学の自分の後任にならないか」と勧告したようである[14)] が、そうした思いを依然として抱いていたのであろう。河合の方でも恩師の思いを十分理解していたらしく、不明な点があると卒直に質問しアドバイスを求めていたのである。[15)] 子宝に恵まれなかった小野塚と、学生時代に父を亡くした河合との間には、学問上の師弟関係を越える、父子に似た信頼関係が構築されていったと考えられるのである。[16)]

第2節　第一次世界大戦と国際協調主義

　第一次世界大戦の勃発は、吉野作造や石橋湛山をはじめとする進歩的な知識人をして、国際協調主義的な言論を展開させることになったが、それは小野塚にしても同様であった。小野塚が学術雑誌や学術書以外に筆を執る機会がなく、しかも難解な文章で自己の学問・思想を表現したこともあってか、こうした側面はこれまでほとんど言及されることがなかった。河合が校正を手伝った『論集』の序において、小野塚は自己の政治思想を次のように述べている。

　　　　政治ニ対スル予ノ根本思想ハ依然トシテ、外形的発展主義ヨリハ寧内容
　　充実主義ニ傾キ、臨機応変的ニ国務遂行上一時ノ効果ヲ奏スル者ヲ尊ブヨ
　　リハ、寧真正ナル憲政思想ノ漸進的発達ヲ期スル者ニ与ス。而シテ憲政ノ
　　発達ニ関シテハ、民意ト民福トヲ重ンズル所ノ識者ト、此種ノ識者ニ信頼
　　スル所ノ衆民トノ協力ニ待ツノ外ナキヲ信ズ。[17)]

　吉野の民本主義とほぼ共通する政治思想の立場を打ち出した『論集』は、1913年10月から16年2月にかけて発表した論文をまとめたものであるが、特に「第八章　現代独逸ノ軍国主義トトライチケノ学説」（初出は『国家学会雑

140 第2部 河合栄治郎の理想主義とその展開

誌』1915年1月号）に、小野塚の第一次大戦観がよく表現されている。「予ハ現代独逸国民ガ種々ノ点ニ於テ文明国民ノ一タルヲ認ムルニ吝ナル者ニアラズト雖モ其軍国主義ニ偏傾セルヲ遺憾トスル者ナリ」[18]と日本の敵対国ドイツの軍国主義を批判し、その軍国主義の源流としてビスマルク政権下プロシアの歴史家トライチュケ（1834～1896）の学説をあげる。一大学教授であるトライチュケの学説がドイツ社会に大きな影響力を与えたという点では評価するものの、その軍国主義的な学説の中身に対しては「純潔ナラズ」として痛烈に批判する。

　　彼ノ著書ハ愛国的大産物トシテ、ビスマーク時代ノ学問的紀念碑トシテ、永遠ニ世界史ニ残ルベキモ、冷静ナル客観的態度ヲ失セルノ欠点ハ、到底識者ノ非難ヲ免レザルベク、彼ノ学説ハ其同胞ヲ感激セシメ祖国発展ノ為ニ努力セシメタルノ効アルモ、現代文明ノ水平線以下ニ国際道徳ヲ退歩セシメ、且ツ却テ独逸ノ不利ヲ招クニ至ラシメタル暗黒面ノ萌芽ヲ包蔵セリ。彼ノ人格ハ偉大ニシテ純潔ナリシモ、彼ノ学説ハ偉大ナルモ純潔ナラズ、純潔ナラザルモ偉大ナリ、人類発達ノ現状ハ未ダ容易ニ偉大ニシテ純潔ナル学説ヲ産出セシムルニ達セザルカ。予ハ愛国心ノ内容的発達ガ、排外的ヨリ一進シテ、列国共存忍容的時代ニ到ルノ期アランコトヲ希望スル者ナリ。[19]

「列国共存忍容的時代ニ到ルノ期アランコトヲ希望スル者ナリ」という表現に見られるように、小野塚にとっての「偉大ニシテ純潔ナル学説」が、時代思潮になり得るとともに国際協調主義を内容するものであったことは容易に推察できよう。小野塚自身にそうした学説の担い手たらんとする野心があったことも否定できない。河合は農商務省官僚でありながら「一種の感慨」をもってこれを読んだが、それは学者としての将来のあるべき姿を示唆するものであったといえるだろう。[20]

原爆まで投下された第二次大戦とは異なり、本土が戦場とならずに済んだ第

一次大戦は、ほとんどの日本人にとって戦争の実感を伴わないものであった。第一高等学校に当時在籍していたエリート学生の三木清にしても次のような感想しか持ち得なかったのである。

　　考へてみると、私の高等学校時代はこの前の世界戦争の時であつた。「考へてみると」と私はいふ、この場合この表現が正確なのである。といふのはつまり、私は感受性の最も鋭い青年期にあのやうな大事件に会ひながら、考へてみないとすぐには思ひ出せないほど戦争から直接に精神的影響を受けることが少くてすんだのである。単に私のみでなく多くの青年にとつてさうではなかつたのかと思ふ。[21]

　三木はその後、ヨーロッパ留学において大戦の戦禍を目の当たりにすることで、近代戦・総力戦の悲惨さを認識するに至る[22]が、小野塚も戦後、フランスの戦跡を訪れることで、戦争の悲劇を実感し、国際協調主義を強調するようになった。小野塚は、高楠順次郎とともに帝国学士院を代表して、1919年10月にパリで開催された「万国学士院連合会」創立総会に派遣された[23]が、その時の旅程については同行した小野塚の妻孝が詳しく記し、帰国後、私家版として出版している。それによると、10月22日にランス、12月17日にヴェルダンの戦跡を訪問している。ランスの戦跡を訪問した際の様子は次のように生々しく綴られている。

　　十月二十二日、高楠〔順次郎〕山田〔三良〕末広〔厳太郎〕三博士、井口栗原両学士と〔小野塚〕夫妻は朝の汽車にてランス戦跡を見舞ふ。無惨に打破られし彼の有名なるランスのカセドラルを最初に見、それより吾々一行は客待せる乗合自動車に乗込み、シユマン、ド、ダームを通り、目も当てられぬ戦跡を訪ふ事となりぬ。淋しく残れる数ヶ所の塹壕中に亡き勇士の紀念にか、鼠色に汚れたる二枚のシヤツあやしげなる縄につられ、地上には半ば焼け焦げし地図捨てられ、塹壕の小窓近き土間に痩せ枯れし只

142 第2部 河合栄治郎の理想主義とその展開

一本の紅芥子、一輪の返り花を付けしも哀れなり。[24]

　こうした戦跡の見学は小野塚に強烈な衝撃を与え、帰国後、『法学協会雑誌』(1920年8月)に発表した「国際連盟協会連合会議」では、「百聞一見に若かず。余は戦禍の痕跡を留むる仏国東北部を数回通過し、就中ヴェルダン及ランスの激戦地に到りて、無量の感慨に打たれ、大戦の結果を実感的に会得し、連盟必要の念を高めたり」と、国際連盟の必要性を主張するに至ったのである。[25]

　3年間の在外研究のため欧州入りした河合は、留学拠点のイギリスに上陸する前の1923年1月11日、ランスを訪れて、日本に残してきた幼い娘たちに宛てて、ノートルダム大聖堂をはじめとするランスの市街がドイツ軍の空襲によって破壊された惨状を写した絵葉書[26]を送っているが、こうした戦跡見学は小野塚の勧めによるものであった可能性が高い。欧州留学の劈頭に第一次大戦の惨劇を実感することのできた河合は、その後、イギリスにおいてクエーカー教の良心的兵役拒否やラムゼー・マクドナルドの非戦論について関心を示すようになっていったのである。[27]

　第一次大戦直後に近代戦・総力戦の恐怖を実感した河合は、日中全面戦争の勃発直前、「戦争は自然的現象ではない。それを阻止することは困難ではあろうとも、人間の仕業である戦争は絶対に阻止しえないものではない」[28]と戦争回避の道を主張することができたのである。次節で見るように、政治介入して国を戦争へと追いやる軍部を激しく批判する原動力もこうした点にあったといえるだろう。

第3節　ファシズムとの闘争

　1925年10月に貴族院議員、28年12月に東京帝国大学総長に任ぜられた小野塚は、多忙のため研究・執筆活動を控えることになったが、持ち前の衆民主義・国際協調主義思想は健全であり、折々の機会に表明された。それは、国家

第 2 章　戦闘的自由主義者としての河合栄治郎とその再評価　143

主義的思潮が台頭する満洲事変後においても変わらなかった。満洲国が建国宣言され、多くの国民が満洲ブームに踊らされる最中に開かれた東京帝大の卒業式（1932 年 3 月）において、小野塚は、近代戦の恐ろしさを指摘し、今こそ国際協調路線に向かって進むべきことを訴えたのである。

　　国民主義は各国共相互に軍事上の施設を高むるの結果、一度び干戈を交ゆる事となれば進歩せる現代科学の応用は極度にその偉力を発揮して、戦敗国を惨憺たる運命に陥れるのみならず、戦勝国にも思想上経済上財政上道徳上不良なる影響を及ぼす事は殷鑑遠からずかの欧洲大戦に照らして明白なるが上に、将来大規模の戦争の恐るべき破壊力は或は現代文明の没落を告げしむる事なきを保障し難いのであります。（中略）只諸国民間の相互信頼の精神的平和、殊に強国の覚醒提携によつて協調的にこの不安を除去するの道を求むるの外は無いのであります。国民をして自然科学の産物たる新たなる世界的環境に順応せしむるが為めに健全なる中庸の道を歩ましめ、盲目的なる愛国心（シャウヴヰニズム）に陥らずして純化せる真正の愛国心に覚醒せしむることが肝要であります。（中略）現代文明国民の理性を全然悲観せざる限りは、「物極まれば自ら通ず」との古語の如く、社会的運行の振子は今日の極端嫉視の極より早晩転回して国際的提携の方向に動く事は敢て夢想ではありますまい。感情的にして偏狭なる自国独尊主義より転じて自国を重んじつつ理智的なる互譲主義へと進化する事は必ずしも不可能ではありますまい。[29]

　こうした平和への希求が、小野塚をして、1933 年 6 月に東京帝大を揺り動かした軍教問題（配属将校問題）への積極的な行動へと駆り立てた[30] ことは疑えない。大学の陸軍教官の任免は、陸軍の独断ではなく、文部省を通して総長の同意を得て行うのが慣例であったが、この時、陸軍が一方的に軍事教官の一名増員を大学へ一方的に通告してきた。小野塚は、これを大学の自由と独立を脅かすものと判断し、文部省を通して増員将校発令の取り消しを軍に要求した

144　第2部　河合栄治郎の理想主義とその展開

のである。また、1935 年の国体明徴問題（天皇機関説事件）に際して取った行動もこうした範疇に含まれると考えられる。貴族院本会議において菊池武夫議員が美濃部達吉議員の天皇機関説を攻撃した直後、美濃部は貴族院にて弁明演説を行うが、このとき、議員として参院していた小野塚は美濃部の演説に拍手した。[31)] 菊池らが美濃部を攻撃した要因の一つに、1930 年のロンドン軍縮条約調印の際に、美濃部が持ち前の憲法解釈から「統帥権干犯」として攻撃された浜口雄幸民政党内閣を擁護した事実があった。それは、憲法第 11 条の統帥権とは違い、第 12 条の編制大権は軍部の専管事項ではないという憲法解釈であり、これに河合は賛同していた。[32)] 浜口とは大学時代の同期で盟友といえる小野塚にしても、美濃部の憲法解釈や行動は大いに賛同できるものであっただろう。

　経済学部に属しながら美濃部のホームグラウンドである法学部に先立って美濃部擁護の論陣を『帝国大学新聞』と『中央公論』誌上で張った河合の戦闘性は、従来の研究で取り上げられてきたが、この時河合の腰を上げる契機を与えたのが小野塚であった事実はあまり重視されてこなかった。当時、河合が蓮台寺温泉にて綴った日記（1935 年 4 月 14 日条）には、次のような記述がある。

　　　二月末以来自分は事件の推移を丹念に辿って来た。そして之に就いて発言するのを制禦するのは事が他学部である丈に自分が先走りしたくないのと、その為に大学に事端を醸さないようにと云う理由からであった。（中略）〔三月〕二十三日の O（小野塚喜平次）先生を訪うた時に、先生の貴族院で採った態度、之に関して僕を抑制しなかったこと等が自分に一つの動力であり、更に四月の二日に蝋山（政道）君を訪うた時に法学部の情勢が尚よく分かり、同君が「行動」に言及したことも分かり、略自分の方針も決定した、もう待つ必要はないし、無駄に今迄待ったような気もした。[33)]

　つまり、貴族院で小野塚が美濃部に拍手したこと、小野塚が河合の言論戦を止めなかったことで、河合は機関説排撃派に対して痛烈な批判を展開すること

ができたのである。かつて河合は小野塚の欠陥をその文章の難解さや社会的影響力の低さに見出していた[34]が、その欠陥を克服することに自らの使命を見出していたともいえるだろう。

国体明徴問題の翌年、二・二六事件が発生するが、この時も河合はジャーナリズムを舞台に果敢な批判を展開する。それは、叛乱部隊への批判にとどまらず、それを鎮圧した後に積極的に政治介入していく軍部当局への批判、さらには、統帥権の問題にまで切り込むものであった。『中央公論』1936年6月号に発表した「時局に対して志を言う」では、「国軍は、国民を外敵より防衛する任務を持つ、此の神聖なる任務の為に、国民は彼等に武器を託して、安らかに眠ることが出来るのである」[35]と主張するが、蓑田胸喜が批判した[36]ように、これは国軍の指揮命令者を国民とする、すなわち天皇の統帥権を否定すると解釈できるほどのものであった。こうした点に後年の河合事件を引き起こす最大の要因があった。

おわりに

河合は『学生に与う』のなかで「良き師を持てるもの、良き弟子を持てるものは幸いである。此の師にして此の弟子あり、此の弟子にして此の師ありと云われるほど、師弟共に優れたものであれば尚幸いである。世に美しい人と人との結合があるとすれば、それは師弟の結合であろう」[37]と述べているが、尊敬する師・小野塚のもとで「良き弟子」たらんとした結果が戦闘的自由主義者としての活躍となって現れたともいえるだろう。師の平和への思いを受け継ぎ、師とともにファシズムとの闘争に参加する、しかも師の限界を乗り越えた形で闘う、ここに河合の弟子としての誠実さを見ることはできないだろうか。

第三次世界大戦勃発の危険性をひしひしと感じる国際情勢、師弟の情誼というものを見出しにくくなっている教育現場を目の当たりにして、今日において戦闘的自由主義者としての河合栄治郎から学ぶ意義はますます大きくなっていると考える。

146 第 2 部　河合榮治郎の理想主義とその展開

注

1) 最新の「高校日本史探究」の教科書には、「ファシズムを批判した河合栄治郎らは大学を追われ」との記述がある。平雅行ほか『日本史探究』実教出版、2024 年、317 ～ 318 頁。

2) 門下の江上照彦は、同性愛や教え子との恋愛といったショッキングな事実を暴き出し、その旺盛な性欲と独善的な性格にその要因を求めている（『河合榮治郎伝』社会思想社、1970 年）。かつて筆者は、その要因を「不作為の罪悪」や「遵法の精神」といった価値観から説明した（拙稿「戦闘的自由主義者としての河合栄治郎」行安茂編『イギリス理想主義の展開と河合栄治郎』世界思想社、2014 年）。

3) 小野塚に関しては、長い間、日本における政治学の創始者あるいは吉野作造や南原繁らを育てたデモクラットとしての側面のみ論じられてきたが、近年、若き日の著作や進化論の影響等に注目する研究も出てきている。小野塚に関する主要な研究としては、次のものがあげられよう。

　　蠟山政道『日本における近代政治学の発達』実業之日本社、1949 年。

　　南原繁・蠟山政道・矢部貞治『小野塚喜平次——人と業績』岩波書店、1963 年。

　　田口富久治『日本政治学史の源流——小野塚喜平次の政治学』未來社、1985 年。

　　春名展生『人口・資源・領土——近代日本の外交思想と国際政治学』千倉書房、2015 年。

　　春名展生「地政学の政治学的受容——小野塚喜平次ルートの素描」『東京外国語大学論集』97 号、2018 年 12 月。

　　佐々木研一朗「衆議院議員選挙革正審議会における小野塚喜平次——政治教育に関する議論を中心に」『法政論叢』56 (2)、2020 年 11 月。

　　都筑勉『おのがデモンに聞け——小野塚・吉野・南原・丸山・京極の政治学』吉田書店、2021 年。

　　沢目健介『『交進雑誌』『長岡郷友会雑誌』に見る小野塚喜平次——小野塚政治学のはじまり (1)」南原繁研究会編『南原繁における学問と政治』横濱大氣堂、2022 年。

　　沢目健介「小野塚喜平次における政治学の胎動——小野塚政治学のはじまり (2)」『成蹊大学法学政治学研究』48 号、2023 年 3 月。

4) 前原淳史「『七博士事件』の再検討——『金井延日記』を中心として」『社会科学』第 48 巻第 2 号、2018 年 8 月、281 頁。

5) 河合は、岳父で「七博士」の一人であった金井延の評伝『明治思想史の一断面——金井延を中心として』(1941 年) において「元来七博士の中でも各人の意見態度が全然一致しているのではなかった。若し戸水博士を以て最右翼とすれば小野塚博士は最左翼であり、富井博士は小野塚博士の直右にあり、他の四博士は戸水、富井の中間に位したものと見える」と記している。『河合榮治郎全集』第 8 巻、社会思想社、1969 年、262 頁。

6) 小野塚喜平次『政治学大綱　下巻』博文館、1903 年、64 頁。

7) 同前、169 ～ 170 頁。

8) 「河合栄治郎日記」1927 年 9 月 4 日条（未公開、松井蔵）には、「O 先生を書いてゐる。緒の所で少し興奮し学徒の生涯に対するよい評論を書いてみたい気になった」との記述がある。

9) 清滝仁志編『河合栄治郎著作選集』第 4 巻、アジア・ユーラシア総合研究所、2019 年、212 頁。

10) 同前、218 頁。

11) 同前、224 頁。

12) 「河合栄治郎宛小野塚喜平次書簡、1916 年 2 月 10 日付」（松井蔵）。

13) 「河合栄治郎宛小野塚喜平次書簡、1916 年 5 月 15 日付」（松井蔵）には、「拙著校正ハ（第二校以后）未ダ御手許ニ参不申候ヤ、已ニ参候ハゞ目下如何程ノ頁数迄進行致居候ヤ。御出張又ハ御多忙ノ為メ御校正不能ノ節ハ其旨御一報被下度候。其節ハ小生校正可仕ト存候」との記述があり、『論集』の序には、「本書ノ刊行ニ際シテ、法学士河合栄治郎君ハ其多忙ナル公務ノ余暇ヲ投ジテ種々ノ助力ヲ与ヘラレタリ」とある（小野塚喜平次『欧洲現代政治及学説論集』博文館、1916 年、

第 2 章　戦闘的自由主義者としての河合栄治郎とその再評価　147

2〜3頁)。
14)　河合栄治郎「学生時代の回顧」1936年12月、『河合榮治郎全集』第17巻、社会思想社、1968年、169頁。
15)　「小野塚喜平次宛河合栄治郎書簡、1917年12月17日付」(松井蔵)には、「甚だ恐入りますが今急に入用なのですが次のアンダーラインのしてある部分の訳し方を御教へ下さいませんか。そして少し急ぐので明日の午后四時迄に役所に届きます様に御送り下さいませんか。実は参上致すべきなのですが多忙で上れませんので勝手な事を申上げます。尚来年二月の国家学会雑誌に森戸君から何か書く様にとの話しがありましたので独乙の労働保険の事でも書いて見やうかと思って居ります。法の内容よりも之を制定するに至りし一体の状態を主要としやうかと思って居ります。その参考書を今度二十日過に伺ひに参りますから御考へ置き下さい」との記述がある。
16)　小野塚は、一時期、河合を自分の身内に引きいれようと考えたこともあった。1915年11月、小野塚は、義弟石黒忠篤の妻光子の実妹晴子(穂積陳重三女)との縁談を河合にすすめている。拙著『評伝　河合榮治郎』玉川大学出版部、2004年、50頁。
17)　前掲『欧洲現代政治及学説論集』1〜2頁。
18)　同前、363頁。
19)　同前、432頁。
20)　「小野塚喜平次宛河合栄治郎書簡、1915年8月8日付」(松井蔵)には、「唯今在京の友人より穂積氏紀念論文集送り来り、先生の英帝国主義とシーレーの学説を表題丈拝見し既に胸躍るの感有之候。先にはトライチケの学説が独乙の軍国主義に及ぼしたる感化を究められ、何れも大学の講壇に政治史政治学を講ぜらる、の人が時代思潮を動かしたるの跡、之等を思ひ小生一種の感慨禁じ得ず候」との記述がある。
21)　三木清『読書と人生』1942年、『三木清全集』第1巻、岩波書店、1966年、388頁。
22)　同前、389頁。
23)　前掲『小野塚喜平次——人と業績』229頁。
24)　小野塚孝『旅日記』私家版、20頁。〔　〕内は引用者注。
25)　小野塚喜平次『現代政治の諸研究』岩波書店、1926年、266頁。
26)　「河合純子・潔子・尚子宛河合栄治郎書翰、1923年1月11日付」(小泉陽子氏蔵)。
27)　「河合栄治郎日記」の1923年8月25日条(未公開、松井蔵)には、「それから〔キーリング〕氏がconscientious objectionであることも聞いて大変興味を覚えた。戦争に対する我々の態度を考へさせられること多い」、1924年7月29日条(未公開、松井蔵)には「午食に北岡〔寿逸〕が来て夕方まで話す。(中略)今日の話で感じた事は小さい大学の中などで下らない事を争ってゐる時ではないと云ふ事であった。最後にはマクドーナルドの非戦論の話をして別れた」との記述がある。〔　〕内は引用者注。
28)　河合栄治郎「迫りつつある戦争」1937年7月、『河合榮治郎全集』第19巻、1969年、268頁。
29)　小野塚喜平次「卒業証書授与に際しての演述」1932年3月31日、前掲『小野塚喜平次——人と業績』386〜387頁。
30)　小野塚の軍教問題への対応については、前掲『小野塚喜平次——人と業績』の「第一四章　配属将校問題」を参照。
31)　同前、277頁。
32)　美濃部は「海軍条約と帷幄上奏——軍令部の越権行為を難ず」(『帝国大学新聞』1930年4月21日付)の中で、「帷幄の大義とは、軍統帥の大権である。軍統帥の大権は明かにこれを軍編制の大権と区別せねばならぬ。陸海軍の編制を定むること(中略)は固より国の政務に属し、内閣のみがその輔弼の任に当るべきものであり、帷幄の大権によって決せらるべき事柄ではない」と述べている。河合は「議会主義か独裁主義か」(『経済往来』1934年2月号)の中で、「憲法の所謂統帥大権

148 第2部 河合栄治郎の理想主義とその展開

は単に用兵策戦と云う狭義に限定し、軍事国防に関する事項も亦独り軍部の独占的権限に置くことなく、他の一般事項と同じく、内閣を以て終局の決定機関たらしむべきである」と述べている（『河合榮治郎全集』第11巻、1967年、258頁）。

33）『河合榮治郎全集』第20巻、1969年、16～17頁。〔　〕内は引用者注。

34）「小野塚喜平次教授論」の中で「彼の慎重なるや、表面より堂々と之を主張せずして、著者論述の背後に之を閃かした為に、彼の所謂『眼光紙背に徹する読者』に非ずんば、容易に之を看破しえずして、空しく読過し易さは遺憾であつた」と記している。前掲『河合栄治郎著作選集』第4巻、218頁。

35）『河合榮治郎全集』第12巻、1968年、54頁。

36）蓑田は、「河合東大教授の統帥権干犯思想」（1938年1月）の中で、「『国軍』の主体命令者は『国民』であり、その『神聖なる任務』とは国民が『安らかに眠ることが出来る』ための番犬的のものであると放言したもので、『天子は文武の大権を掌握するの義』『世界の光華ともなりぬべし』と詔はせ給ひたる　天皇の軍隊、即ち皇軍の本質を否認する統帥権干犯思想である」と批判している。『蓑田胸喜全集』第4巻、柏書房、2004年、790頁。

37）『河合榮治郎全集』第14巻、1967年、217頁。

第3章

河合栄治郎の社会改革とイギリス政治思想

芝田　秀幹

はじめに

　本章は、19世紀末から20世紀初頭にかけての我が国で、ファシズム批判、軍部批判、国家主義批判、そしてマルクス主義批判を展開した「戦闘的自由主義者」河合栄治郎（1891-1944〈明治24‐昭和19〉年）と、同時代のイギリス政治思想との関係を「社会改革」を切り口にして検討する。[1] 具体的には、マッキーヴァー（Robert Morrison MacIver, 1882-1970）らの多元的国家論、ホブソン（J. A. Hobson, 1858-1940）やホブハウス（Leonard Trelawney Hobhouse, 1864-1929）らの新自由主義、グリーン（Thomas Hill Green, 1836-1882）やボザンケ（Bernard Bosanquet, 1848-1923）らの理想主義、そしてウェッブ夫妻（The Webbs, Sidney Webb, 1859-1947; Beatrice Webb, 1858-1943）やラスキ（Harold Joseph Laski, 1893-1950）らのフェビアン社会主義と河合との関係である。この点を分析すれば、河合がイギリス理想主義（British Idealism）から受けた影響は多大であったものの、社会改革を巡る議論に関してはそれには従わず、他の思想を摂取することで自らの思想を構築したことが明らかになるであろう。

第1節　社会改革への意欲──ベンサム、グリーンとの出会い

　そもそも、河合は青年期の頃から社会改革に意欲的であった。1911年9月に東京帝国大学法科大学政治学科に入学した河合は、日本初の政治学者の一人

と数えられる小野塚喜平次（1871-1944〈明治 3 - 昭和 19〉年）の政治学演習に参加し、小野塚からデモクラシーや社会改革、そして「戦闘的な人生の在り方」を学んだ。[2] 小野塚は、「余輩の主義とする所は、現在の私有的経済組織を維持し、其範囲内に於て箇人の活動と国家の権力に由って階級の軋轢を防ぎ、社会の調和を期するにあり」とする社会政策学会の有力会員でもあったが、当学会の社会改良主義、あるいは社会政策の立場から社会改革を目指す方針に河合も共鳴した。河合も「私は社会主義を採らずして社会政策を採るものであります、究極の理想は兎も角現在の条件を以てしては社会政策を採るの外無いと思う」と述べている（『第一学生生活』：⑯：289）。

　大学を卒業した 1915（大正 4）年、河合は在学中から関心を寄せていた労働問題に取り組むべく、農商務省の官吏としての道を歩み始めた。そしてこの官吏時代に河合はイギリス政治思想に触れ、中でもイギリス理想主義、そしてグリーンに強く惹かれることになった。河合は、農商務省ですでに 1911（明治44）年に制定されていた工場法の施行に伴う勅令・省令を検討する仕事に従事したが、時間が経つにつれて自らと上司との間に埋めがたい意見の不一致を痛感し、自己の思想を再検討することを余儀なくされた。

　「対立は資本家か労働者かと云う形式でなしに、国家か労働者かという形式で現れて来るのである。国家を労使両階級から超然とした地位に置き、而も之を絶対的な価値あるものとする国家主義の、牢乎不抜な堅城の前に、私の労働者保護は常に敗北したのである。そこで私は重要な一つの問題の前に置かれた、一体国家が目的なのか、個人が目的なのかと。」（『第二学生生活』：⑰：173-174）

　やがて、河合はこうした問題意識から「社会改良の理論的基礎」や「社会哲学」を求めるようになり、その知的欲求は、その後彼が官吏としてアメリカに留学（1918-1919〈大正 7-8〉年）した際に出会った 2 冊の書物、すなわちダイシー（Albert Venn Dicey, 1835-1922）の『19 世紀イギリスにおける法と世論との関係』（*The Relation between Law and Public Opinion in England during the Nineteenth Century*, 2nd ed., 1917）とグリーンの『政治的義務の原理』（*Lectures on the Principles of Political Obligation*, 1895）によって満たされた。河合は、留学先のジョンズ・ホプキンズ大学の図書館で偶然手にしたダイシーの書から、「自由主義」というタームが「余りに複雑にして茫大なる思想」であり、「真摯な研鑽の対象とすべき」ものであることを認識した。また、河合は同じくダイシーの書からベンサム（Jeremy Bentham, 1748-1832）の思想に触れ、ベンサムの哲学に「社会思想と哲学との聯関した一体系」、すなわち「私が手探っていた社会思想の理論的基礎付け」を見出した。さらに、ベンサムの社会改革論にも河合は感銘を受け、ベンサムは「イギリスの改革家中もっとも思慮あり、有力な人々を、自己の指導的思想にたなびかせ」、「単に社会思想として自由主義を提唱しただけでなく、その根柢に下部構造として、茫大なる哲学を建設し、認識論、人間観、道徳哲学、社会哲学を築き、その上に始めて当面の社会改革の思想として、自由主義なり社会思想を導き出した」人物である、と高く評価した（『第二学生生活』⑰：176）。

　しかし、河合はベンサムの功利主義の思想それ自体には共鳴しなかった。むしろ、河合はダイシーの書を通じて自らの思想が「ベンサムの功利主義との妥協を許さない」ことを認識した。

　　　従って、ベンサムは私が受け容れうる哲学の体系を私に示したのではなくて、いかに哲学と社会思想とが有機的聯関を保つべきかと云う示唆を私に投じたのである。（『第二学生生活』：⑰：176-177）

そして河合の反功利主義に裏打ちされた「体系性への指向」[3]の中身は、ジョンズ・ホプキンズ大学で哲学を教えていたスロニムスキー教授に勧められたグリーンの『政治的義務の原理』によって満たされた。

　　　氏〔スロニムスキー教授〕は社会改良の理論的基礎付けに関する私の要望を聞いて、研究室の書棚から一々書物を取り出して話して呉れたが、やがてトーマス・ヒル・グリーンの「政治義務の原理」を抽き出し、恐らく

152 第2部 河合栄治郎の理想主義とその展開

　君の渇望しているのは之だろう、グリーンはカントに次いで一九世紀最大
　の思想家だと思う、此の本は一頁を読むのに一時間を要するが、然し読む
　に価すると云われた。(『第二学生生活』: ⑰: 178)

　その後、河合は「直ちに帰途グリーンの本を求め」、「米国で読む暇がないの
で、日本で読むことを楽しみにして持ち帰」ったが、帰国後は仕事に忙殺され
てグリーンを読む時間を持てずにいた。だが、こうした中で河合は「官吏とし
ての立法に参与することに対して置く重要性」が自身の中で減じて行くのを感
じ、「労働問題に対して私の態度を根本的に確立したい」との欲求に駆られた
ため、農商務省を辞し、やがて森戸事件で大学を追われた森戸辰男の後任とし
て4)、1920 (大正9) 年に東京帝国大学経済学部に助教授 (「経済学史」担当) と
して招聘された。このとき、河合は自らの研究テーマとしてイギリス思想を選
定した。

　　何故に英国を選んだかと云うならば、官吏としての英国の労働立法史に
　親しみ、米国で英国の思想史に接したことにもよるが、英国が世界に於て
　最も高度の社会発展を為していること、又彼等が哲学と社会思想とに跨っ
　た思想体系を所持していたと云う諸点にあった。彼等の一々の思想は独逸
　の学者の如くに、深遠でも精緻でもなかろう、然し哲学と社会思想との有
　機的聯関を見るには英国の思想家を検討するのが最もよいと考えたので、
　先師の門を敲くが如き心情を以て、アダム・スミス、ベンサム、ジョン・
　スチュアート・ミルからグリーンへと思想の推移を辿って往った。(『第二
　学生生活』: ⑰: 179-180)

　ただ、河合はイギリス思想の研究を進める中でベンサムとミルの研究に「多
大の時間と労力を割」いてしまい、グリーンの『政治的義務の原理』には「ま
だ手を着けるに至らなかった」。そこで、河合はスミス (Adam Smith, 1723-
1790)、ベンサム、J・S・ミル (John Stuart Mill, 1806-1873) までの研究成果を

『社会思想史研究』の第 1 巻として発表し、グリーンに関してはその第 2 巻として発表する計画を立てた（『社会思想史研究』：④：10）。そして時期同じくして、河合は文部省在外研究員に選ばれイギリスに留学する機会を獲得した。

第 2 節　イギリス留学

　河合は、1922（大正 11）年 11 月に日本を離れ 1923（大正 12）年 1 月にイギリスに到着し、そこで様々な思想に直に触れる機会を得た。イギリス理想主義の創始者グリーンは河合のイギリス到着の 40 年前に、またボザンケは到着直後に亡くなっていた。しかし新自由主義の思想家であるホブソン、ホブハウス、そして社会主義の思想家のラスキらは存命で、彼らとはロンドンで面会し、当時のイギリス思想及びその背景などを学び得た。特に、ホブソンと面会した際にはグリーン、ボザンケなどのイギリス理想主義の思想家に対する批判を河合は聞いていた。

　　用件に入ったら「それでは書斎へ」と云われるままに、氏のライブラリーへ往って、自分の質問を出した。氏はこれに答えて呉れてから、棚の書物を一冊宛引き出して一々感想を述べて往かれた、之は僕にとって頗る興味があった。やがてボザンケの「国家の哲学的学説」の所に往ったら「之はご存じでしょうが、私はこの本が嫌いなのです。ボザンケは慈善主義者です、其れ以上一歩も社会の変革に賛成しないのです。ヘーゲリアンはともすれば、スターツス・クォー（Status Quo）に陥り易い」と。ボザンケはロックと共にチャリチー・オルガニゼーションの主要な人物である。此の一語を以て社会思想の方面より来るアイデアリズムへの抗議が窺い知られるであろう。（『在欧通信』：⑰：274）

　また、ホブハウスとの面会について、河合は、ホブハウスの「話は長時間に亘ったが、其の中で目下の英国の事情を知るに面白いと思った一節を述べる

154 第2部 河合栄治郎の理想主義とその展開

と、僕が自由党の将来に付いて御尋ねした時であった。氏は云った、自分は自由党と労働党との立場を打って一丸としたようなものが欲しい、自分の原理としてもリベラリズムとソシャリズムを調和したものを作りたいと思う〔、と〕」と記していた（『在欧通信』：⑰：273）。

さらに、河合はウッドブルック・セツルメント（学校）で約2か月半、寄宿生活を送り様々な思想に触れ、またフェビアン協会（Fabian Society）の夏期学校、労働組合会議（TUC）大会、独立労働党（ILP）夏期学校などにも参加した。

やがて、9月にオックスフォードに移り本格的な研究に入った河合は、イギリス理想主義の研究を本格的に開始し、グリーンの『政治的義務の原理』、そしてボザンケの『哲学的国家理論』（*The Philosophical Theory of the State*, 1899）（以下、『国家理論』）について、「自分の今迄求めていたものが、ドシドシ纏められて往く」、「とにかく早くこうした epoch making work に接したことはよかった」と感想を記した（「日記Ⅰ」：㉒：102）。

他方、河合は新自由主義のホブハウスの『形而上学的国家理論』（*The Metaphysical Theory of the State*, 1918）を読み、「少し戦争中の本として極端にヘーゲルやボザンケを扱う所はあるが、近来力のある書物」であり（「日記Ⅰ」：㉒：114）、「自分はヘーゲル派ではない、だからホブハウスの攻撃は痛快だと共鳴出来る」（「日記Ⅰ」：㉒：114）と述べた。そして河合は、イギリス留学時代を総括して次のように記している。

「読書としては少しく希臘の古典を窺い、主としてルッソー以後コールリッジ、カーライル、マシュー・アーノルドから始めて、グリーン、ケヤード、ブラッドレー、ボサンケ、リッチー、パチソン等の一群の人々の著作を貪るが如くに読み耽った。中にも最も私に感動を与えたのは、グリーンの外にルッソーの『社会契約論』ケヤードの『カントの批判哲学』『ヘーゲル』『哲学文学論集』ブラッドレーの『倫理学研究』ボサンケの『国家の哲学的学説』等であった。永く単に私の信仰としてのみあった理想主義は、ここで始めて理論的基礎付けをえて、動かぬ確信となりえた。農商務省の官吏として渇望していた社会

改革の理論付けはえられた、ダイシーを読んでベンサムに対立すべき哲学の体系を求めた私の憧憬は満たされた。」（『第二学生生活』：⑰：181-182）

その後、河合は1925（大正14）年7月4日にイギリスを離れ、途中アメリカに寄った後、8月6日に横浜港に到着し、約3年にわたる欧州留学を終えた。

第3節　河合のイギリス政治思想研究

帰国した河合は、早速イギリス政治思想の研究を再開し、その研究成果を次々に発表した。

1926（大正15）年に単行本として発刊された『在欧通信』は、留学中に雑誌『改造』に河合が数回にわたり同じ題名で執筆していたものをまとめたものであった。そもそも、河合が『在欧通信』を執筆したのは借金の返済という経済的理由もあったが、それ以上にイギリスでの「思うさま異国の人物文化に接した思い出」やオックスフォードでの読書生活の様子を文書として留めたい、との河合の意欲によっていた（『在欧通信』：⑰：219）。

また、『在欧通信』執筆後、河合は「本書〔『在欧通信』〕に於て触れた数多の問題に付いて他日学術的論文を書きたい」（『在欧通信』：⑰：220）という気持ちから、『国家学会雑誌』や『経済学論集』（東京帝国大学経済学部紀要）に、①1870・80年代の社会哲学、②トーマス・ヒル・グリーンの社会哲学、③エドワード・ケヤードのヘーゲル論、④バーナード・ボサンケの社会哲学、⑤英国自由党の指導原理、⑥後期理想主義者の社会哲学、という順序で論文を発表する計画を打ち出した。[5]　しかし、その順序で研究を進めて行くうちに河合は「グリーンの全体の思想体系を検討することの価値を認めるようになり」（『トーマス・ヒル・グリーンの思想體系』：①：9）（以下、『思想体系』）、差し当たり①と②のグリーン研究の成果のみを『思想体系』として先に上梓し、③以降に関しては今後の研究課題とした。実際、河合は『思想体系』では簡略にしか扱えなかった「グリーン以後の思想界」の部分を「グリーン以後の英国理想主義」と「最近思想」に分け、それらを『社会思想史研究』の続巻として発刊す

156　第2部　河合栄治郎の理想主義とその展開

ることをこのとき予定している（『思想体系』：①：10）。

　他方、河合は『思想体系』を執筆する中で「彼〔グリーン〕を語りながら自己を語りえない制約を多く感」じたことから「私自身の体系を語る機会を持ちたい」との希望を抱き（『思想体系』：①：10）、『思想体系』発表後は研究者としてだけではなく思想家としての仕事を志すようになった。河合は、1938（昭和13）年の『思想体系』の改装版の序文に「今日は相当にグリーンより脱しつつある自分を見出す」と記して、思想家として独自の哲学を「理想主義体系」として構築する予定をこのとき発表している（『思想体系』：①：8）。

　だが、この後、河合は内務省から『改訂社会政策原理』、『フアッシズム批判』、『時局と自由主義』、そして『第二学生生活』の発禁処分を受け、さらに翌年の1939（昭和14）年には東京帝国大学教授休職命令が出され、自らの研究成果を発表する機会を失った。またその後、河合自身も出版法違反で起訴され、研究を中断して裁判闘争に向かうという事態に陥った。このため、1939（昭和14）年以降、河合は論文等の発表が困難となり、また大審院で有罪判決が出された直後の1944年に河合自身が53歳で早逝してしまったことから、河合の「理想主義体系」は未完のものとなり、河合の思想体系も完全には把握し得なくなった。

　ただ、河合の『思想体系』等で示された河合自身の思想や、河合と同じく早逝したために理想主義の理論的「骨格」のみを提示したグリーン、そしてその「骨格」に「血肉」を付してグリーンの思想の全容を明らかにしたボザンケ[6]、また論敵ボザンケを意識しつつ新自由主義を唱えてグリーンと同じ原理を承継したホブハウス[7]、さらに河合自身もその協会員に選出されたフェビアン社会主義の思想など、これらに対する河合の見解も併せて検討すれば、河合の社会改革観及び彼とイギリス政治思想との関係は明らかになるであろう。

第4節　国家主義・ヘーゲル主義を巡って

　河合は、国家主導で「上から」専制的、独断的に社会改革を断行するのを誤

りと見ていた。つまり、国家主義的な社会改革に河合は反対であった。それは、河合の官吏時代から保持し続けた労働者保護の観点が欠落していたからであった。

　ではまず、河合にとって国家主義とは何か。彼はその特徴を「国家主義の批判」において以下のように述べた。

　　　国家主義とは、国家を以て第一義的に終局的に価値あるものとして、他の一切のものは之に従属し、国家の手段として役立った場合にのみ、その価値を認めるに過ぎない思想を云うのである。（『フアッシズム批判』：⑪：114）

　そして河合は、国家主義を批判されるべき対象と見る理由として、それが「保守主義に陥る」こと、「我々の道徳的源泉を枯死せしむこと」、「武力崇拝に陥ること」、「物質主義」であること、そして「弾圧独裁政治に傾きやすいこと」を挙げ、その種の国家主義を唱える代表的な思想家としてヘーゲルを挙げた（『フアッシズム批判』：⑪：128-133）。

　ただし、河合は国家主義のすべてを否定せず、ヘーゲル流国家主義とは異なる別の国家主義は容認した。それは、グリーンやボザンケらイギリス理想主義の国家論、すなわちイギリス流国家主義であった。河合は、「英国アイデアリズムの作物を検するに当たって」、「ヘーゲルが、驚くべき程英国化されている」ことを指摘し、ヘーゲルの影響を受けつつも「グリーン、ボザンケを読んで、其の堂々と個人の自由を高調することに於て、却ってミル等に優るものあるを思わしめる」（『在欧通信』：⑰：262）と論じた。そして河合は、イギリス理想主義の「殊にブラッドレー、ボザンケに於てその傾向が顕著」であり（『思想体系』：②：382-383）、「英国に於て十九世紀末にボザンケ」によって「国家主義は唱えられ」（『フアッシズム批判』：⑪：121）、『国家理論』は「今でも国家主義の典拠として重要である」と断じた（「随想集」：⑳：49）。

　しかし、その一方で、河合はなおイギリス理想主義の思想はヘーゲルのそれ

158 第2部 河合栄治郎の理想主義とその展開

とは一線を画すと論じた。

> 一方に於て彼等〔理想主義者〕によって国家の強制はある場合に於て容認されると共に、他方に於て亦自由はベンサム、ミルに於けるよりも更により強く主張される論拠を得た。グリーンの「政治的義務の原理」ボサンケの「国家の哲学的学説」を読んで、如何に彼等の自由に対する力説の強いかに驚く。ここに英人特有の個人主義が窺われ、そしてここに彼等と独逸に於けるヘーゲリアンとの大差がある。（『在欧通信』：⑰：356-357）
>
> グリーンが等しくヘーゲルの流れを酌むに拘わらず、その誤謬に陥るを避けたることが、英国理想主義と独逸理想主義との重要なる差異である。グリーンの同友ケヤードは彼より稍ヘーゲルに近く、彼れの門弟ボサンケは更に彼よりもルッソー、ヘーゲルに近い。然しグリーンに於てヘーゲルとの差異は截然たるものがある。之れホッブハウスがボサンケを難ずるに峻烈を極むるに反し、グリーンに対するに寛容であり却ってグリーンに返れと云う所以であろう。たとえ彼よりもヘーゲルに近いボサンケに於てさえ、決してヘーゲルの帰結に全的には是認しているのではない、之れ英国理想主義運動の先駆たるグリーンの態度に依るものが多い。（『思想体系』：②：193-194）

　河合によれば、ヘーゲル流国家主義は完全に否定される一方、ボザンケらのイギリス理想主義の国家主義、イギリス流国家主義は容認され得るものであった。

第5節　自由主義・社会主義を巡って

　では、なぜ河合がイギリス流国家主義には好意的であったのか。この理由は、それが河合が官吏時代に抱いた労働者保護を視野に入れた主張だからであった。ボザンケの『国家理論』について河合は次のように解説している。

さて、「国家の哲学的学説」は国家主義の代弁書ではあるが、それだけ
で片付けては充分ではない。先ず一九世紀末の英国が何故にこうした国家
主義的文献を必要としたかと云うならば、それは資本主義を延命する目的
でブルジョアジーの為に奉仕するが為でなく、労働者階級の福利を増進す
る為に国家の資本主義への干渉を是認せんが為であった。その為に牢乎た
る個人主義の牙城を突く必要があったからである。かくして社会的背景と
連關せしめて、注意深く此の書を読むものは、一抹の社会改革的情熱を観
取しうるであろう。更に此の書は「自由」の概念を再検討して在来の伝統
を打破してはいるものの、而も従来の「自由」を一擲しようとするのでは
なくて、到る所にベンサム、ミルの伝統を感知するであろう。此の意味に
於て此の著は決して専制独裁を基礎づける国家主義の文献ではない。若し
独逸に於てルソー、ヘーゲルを引用するものがあるならば、以上の二点に
於てボサンケーと対立するに違いない。かくしてボサンケーの国家主義は
英国に於ける国家主義である。(「随想集」：⑳：49-50)

　さらに、こうしたイギリス流国家主義に対する河合の好意的な見方は、労働
者保護のためのより積極的な国家干渉を推進するフェビアン社会主義への高い
評価に結実した。河合は「フェビアンとアイデアリズムとは策応して自由放任
主義に当たった」と理解し、そして「ウェッブは（中略）一千八百九十年の初
めに書いた『英国社会主義史』(Socialism in England, 1890) に於て、グリー
ン、リーチー等の人々を『社会主義的な』人々」と書き、「両者は相合して国
家の権力を増大し、個人の自由の制限を甘んずべきを説いた」点で「両者は霊
犀相通ずる」(『在欧通信』：⑰：263) と論じた。それゆえ、積極的な社会改革
を提唱するフェビアンに対し、イギリス理想主義の国家主義＝イギリス流国家
主義の社会改革論は、河合にとって「現実の具体的政策に就いて」は「かなり
に保守的の臭味がある」ものであった（「随想集」：⑳：50）。
　さらに、こうした河合のイギリス流国家主義への不満は、河合の自由主義論

160 第2部　河合栄治郎の理想主義とその展開

においてより明確に示された。河合は自己の自由論の支柱を、グリーンやボザンケらと並んで評価した新自由主義のホブハウスの自由主義に求めた。河合は、ホブハウスを「本体論から認識論、人間観、道徳哲学に及び更に社会哲学から社会思想まで独自の立場を展開する、驚くべき大規模の体系の持主」と評価したうえで（「随想集」：⑳：50）、ホブハウスによる自由の分類に従って、自由を①身体上の自由、②宗教上の自由、③思想上の自由、④政治上の自由、⑤社会上の自由、⑥経済上の自由、⑦団結の自由、⑧家族上の自由、⑨地方的自由、⑩団体の自由、⑪国民的自由、⑫国際的自由に分類して列挙した（『自由主義の歴史と理論』：⑨：51）。また、河合は自由主義を歴史上三つの段階に分け、第1期の自由主義を「放任主義」、第2期の自由主義を「政府の資本主義に対する局部的干渉を認め」る「社会改良主義」、そして第3期の自由主義を「経済上の自由を確保する為に、私有財産制度の廃止を主張」する「社会主義」とした（『時局と自由主義』：⑫：107-108）。[8] そして河合は「現代に於て自由主義の名を以て呼ばれるに値するものは、唯第三期の自由主義のみ」であり（『時局と自由主義』：⑫：110）、「私が採る自由主義とは、第三期のそれに外ならない」と主張した（『時局と自由主義』：⑫：218）。

　それゆえ、河合によれば、ヘーゲルとは異なり労働者保護を目指すものとして容認されたイギリス流国家主義であっても、なおそれは国家干渉の消極性のゆえに第2期自由主義、すなわち社会改良主義に留まる思想家であった。

　　　彼〔グリーン〕は自由放任主義を抛棄したけれども、私有財産制度と自由競争制度を根本的に廃止しようとは思わなかった。之等の制度を保存して唯必要ある限度に於てのみ労働立法の形式に於て制度を加えようとしたのである。故に社会主義に非ずして社会改良主義と云われるべきものであった。（『フアッシズム批判』：⑪：369）

　こうして、河合は私有財産撤廃のような社会主義に発展しないグリーンやボザンケらの社会改良主義、延いてはイギリス流国家主義を、真の自由主義に該

第 3 章　河合栄治郎の社会改革とイギリス政治思想　161

当しない第 2 期自由主義の類のものとして否定的評価を下した。それは同時に、河合にとって、社会主義の議論に発展しなかったイギリス理想主義の根本的な誤謬を批判するものであった。

小　括

　以上、河合の社会改革論を当時のイギリス政治思想との関係の中で明らかにした。河合は、社会改革の点では社会改良主義者のグリーンやボザンケから離れ、より国家干渉を容認する新自由主義、フェビアン社会主義に接近したと言える。確かに、様々なイギリス政治思想に接して様々な「養分」を摂取した河合の思想からは、関嘉彦が指摘した河合思想の弱点＝「プロクルステスの寝台」（不整合）も見られなくもない。[9] だが、青年期に社会改良主義の立場にあった河合が壮年期に社会主義（第 3 期自由主義）に接近したのは、こうした「杓子定規」的思想とは無縁の、イギリス政治思想を踏まえての彼自身の思想的発展である。河合は「人格の成長」を生涯訴えたが、社会改革論における彼のこうした推移は、河合自身の己や周囲との闘いを通じた彼自身の「人格の成長」の結果として見るべきであろう。

　　　注
1)　河合栄治郎の文献は、主に『河合榮治郎全集』全 23 巻別巻 1（社会思想社、1967-1970 年）を用いた。また、同全集からの河合の文章の引用はすべて本文中に（カッコ）で示し、著作名、巻数（①～）、頁数の順で記した。
2)　松井慎一郎『河合栄治郎——戦闘的自由主義者の真実』（中央公論新社、2009 年）89 頁。以下、本節は同書に多くを負っている。
3)　粕谷一希『河合榮治郎——闘う自由主義者とその系譜』（日本経済新聞社、1983 年）41 頁。
4)　森戸事件とは、森戸辰男（1888-1984〈明治 21 - 昭和 59〉年）が東京帝国大学経済学部助教授時代に行った、アナキストのクロポトキン（Pjotr Aljeksjejevich Kropotkin, 1842-1921）の研究によって大学を追われた事件を指す。
5)　河合栄治郎「英国理想主義運動」『経済学論集』（第 5 巻、1926 年）23 頁。
6)　Robert Pearson and Geraint Williams, *Political Thought and Public Policy in the Nineteenth Century* (London and New York: Longman, 1984), p. 153.
7)　芝田秀幹『ボザンケと現代政治理論 - 多元的国家論、新自由主義、コミュニタリアニズム』（芦書房、2013 年）第 2 章。
8)　河合の自由主義論に関しては、武田清子『日本リベラリズムの稜線』（岩波書店、1987 年）第 5

162　第2部　河合栄治郎の理想主義とその展開

章参照。

9)　関嘉彦「河合栄治郎　人・生涯・思想」（河合栄治郎全集再刊記念対談録）河合栄治郎研究会編
『河合栄治郎著作選集　別巻「唯一筋の路」』（アジア・ユーラシア総合研究所、2019年）369頁。ま
た、芝田秀幹「2021年度書評・政治思想」日本政治学会編『年報政治学2021‐Ⅰ』（筑摩書房、
2021年）256頁。

第4章

河合栄治郎の教育原理たる「人格」の思想史的意義
── 「自他実現」としての「人格の完成」理解

佐々木　英和

第1節　河合栄治郎の人格概念に注目すべき教育学的理由

　1890（明治23）年10月に明治天皇から臣民に下された教育勅語は、1948（昭和23）年6月に日本国憲法下の衆参両議院により失効を正式に宣言され、日本の公教育の基本方針から排除された。他方で、1947（昭和22）年3月に公布・施行された教育基本法は、以下のように、日本の戦後教育の目的を宣言する。

　　第一条（教育の目的）　　教育は、人格の完成をめざし、平和的な国家及び社会の形成者として、真理と正義を愛し、個人の価値をたつとび、勤労と責任を重んじ、自主的精神に充ちた心身ともに健康な国民の育成を期して行われなければならない。

　ここでの注目ポイントは、教育がめざすべき目的として「人格の完成」という成句が真っ先に出てくることである。教育基本法は2006（平成18）年12月に改正されたが、この点に変更はない。改めて引用してみる。

　　（教育の目的）第一条　　教育は、人格の完成を目指し、平和で民主的な国家及び社会の形成者として必要な資質を備えた心身ともに健康な国民の育成を期して行われなければならない。

164　第2部　河合栄治郎の理想主義とその展開

　つまり、第二次世界大戦が終わってから80年近くを経ても、教育の目的は「人格の完成」で一貫している。だが、この「人格の完成」が何を意味するかについての議論は、抽象度が高く棚上げされがちで、「完成すべき人格」がいかなるものかは一向に曖昧なままである。

　こうした現実を踏まえて、河合栄治郎の思想に現代的意義を見出すならば、教育勅語体制下の日本においてさえ、河合が「人格」という日本語にとことんこだわり、「人格の成長」や「人格の陶冶」、さらには「人格の完成」を中核理念に置いた人格主義的な理論体系を構築していたことが特記に値する。本章では、これまで教育学でほとんど注目されてこなかった河合の教育理念たる人格概念の位置づけを確認し、その意味づけを探求する。

　本章において手がかりとする主な素材は、1938（昭和13）年12月に河合の『ファッシズム批判』『時局と自由主義』『第二学生生活』『改訂社会政策原理』といった四つの著書が出版法違反の疑義で発行禁止処分になったことに関わり始まった裁判における河合自身の発言であり、『河合榮治郎全集』（以下、「全集」と略記する）の第21巻を参照先とする。[1) 山下重一が述べるように、河合による真摯な法廷闘争の記録そのものが、河合の急逝により幻の大著となってしまった「理想主義体系」の見事なデッサンだとみなせる。[2) 河合としても、公判では、自らの思想を可能な限り明快かつ簡潔に表現せざるをえない。よって、法廷における河合の発言を直に確認し再構成しつつ、対話的に読み解くことにより、河合の教育思想の現代的、さらには近未来的な再評価の可能性が広がることを期待できよう。

第2節　河合の「教育原理」の意味内容と思考スタイル

　全集第21巻の「第四章　弁論要旨」は、木村健康によりまとめられたものであるが、「八　教育原理」という項目については、“教育原理を欠く教育の現状を憂えて確乎たる教育原理確立の急務を叫ぶことこそ、教育者としての被告河合の責務でなければならぬ”という観点から、河合の教育観をめぐる弁護が

第4章 河合栄治郎の教育原理たる「人格」の思想史的意義 165

展開されたことが確認できる。[3) ここでは、河合が主張する「教育原理」が何を意味するかを解明するとともに、そこに顕著に立ち現れる河合の思考法の特徴を明らかにする。

1 河合にとっての「教育原理」の中核

弁論要旨では、"我が国の教育原理は教育勅語にほかならぬと考えて、我が国に教育的原理がないという河合の主張は、教育勅語を無視するものであると曲論する人が若干見出される"という状況を踏まえて、それに対する反論として、"河合の拝察するところによれば、教育勅語は諸々の徳を教え給うた大みことのりではあるけれども、教育原理すなわち学的人生観（哲学）を教え給うたものではない"と述べられている。[4) ここに見られるような学術的意味合いを内包した「教育原理」について、河合は、以下のように主張する。

　　教育原理について云えば、その原理で以てあらゆる問題が解決でき、あらゆる問題を指導し得るものが教育の原理でなければならぬわけであります。これに対して日本の国体はかくかくの卓越したるものがあるのだということを述べることだけでは、教育の原理としてあらゆる我々の生活を指導するわけにはゆかないと私は考えるのであります。[5)

河合にとって、教育原理とは、実践的に汎用性を持ち、あらゆる生活場面にも適用可能な根本方針である。そのような理由で、教育原理としては「国体」を有資格とみなさない。

　　日本精神に於ても同じことであって、日本にある特殊のものが非常に価値があるのだということに就いては大いに賛成でありますが、そういう特殊のものを発揚するからといって、それで複雑な現代社会のあらゆる問題が、それでいちいち片付いてゆくということにはならない、そういういちいち片付ける原理が所謂指導原理である。故に国体明徴、日本精神には賛

166 第2部 河合栄治郎の理想主義とその展開

成ではあるが、それでは指導原理にはならないと申したのであります。[6]

そのようなわけで、河合は、“私から言えば人格主義、その中に国体明徴と日本精神が入ってくる”[7] という言い方をして、「人格主義」のほうが「国体明徴」と「日本精神」を包含する包括的で上位に位置する考え方だとみなす。このように考える河合の理路を明らかにしていこう。

2　河合の「科学と価値判断」論理解

では、河合は、学術的人間として、どのような思考を原点に位置させているのか。「科学」と「価値判断」との区別を当然視する。

　　科学は或ることがどうして起こったか、或ることの結果がどういうことであるかという所謂因果関係を追究する学問でございます。従ってそれはそうして起って来た結果が善いか悪いかという価値の判断をそこからは出して来ないわけであります。例えば、歴史という科学の結果で現在社会が説明されたにしても、だから現在の社会がそれで善いという結論は決して出て来ない。[8]

科学は、過去に原因があって、それによって現在的な結果が引き起こされるという因果論的な関係性を基盤として構築される思考様式である。因果論の延長で未来に向き合う際には、現在までの原因を考察することを踏まえて、未来に起きそうな結果を予測するという思考の筋道を辿る。厳密に考えれば考えるほど、そこには、善悪などの価値判断を引き出すことのできる論理が入り込む余地はない。

それでは逆に、価値判断は、いかにして可能になるのか。河合が「価値の順位」について述べている箇所にヒントを探ろう。

　　人格が最高価値であるということに就いては一貫しておりまして、その

第 4 章　河合栄治郎の教育原理たる「人格」の思想史的意義　167

点から言えば国家も祖国も最高価値ではないのであります。唯、国家は手
段で祖国のほうが目的でありますから、価値の順位から言えば祖国の方を
国家より上に上げたように書いてございますが、併しそのことは国民が最
高価値だということを言っていることにはならないので、祖国主義という
ものがあればそれも批判するわけでございます。[9]

　河合は、「祖国が目的で、国家が手段である」という「目的 - 手段」関係に
より価値の順位を示しつつも、国民が最上位に位置する価値だと判断すること
により、改めて人格が最高価値であることを強く主張している。価値判断は、
目的の次元に位置する価値を基準にして行うものである。
　筆者の枠組みとして、過去に起きたことが原因となった現在が生じ、その現
在のあり方が原因となって生じうる未来について、「そうなるはずだ」と予想
をつけられる思考スタイルを「因果論的志向性」と名付ければ、未来的な理想
を目的とみなして実現するために、現在の営みについて「そうするべきだ」と
考え、現在は未来のための手段と化すのを「目的論的志向性」と呼ぶことがで
きる。科学は因果論的に構成され展開していくのに対して、価値判断は目的論
的に演繹され規範化されていくが、両者は互いに異なる次元で論理が展開する
と、河合は考える。河合にとっては当たり前すぎて、いちいち明確に言語化し
てはいないけれども、最も抽象度の高い水準では、両者の志向性を区別するよ
う促していると読み取れよう。

3　河合の用いる日本語「原理」の含蓄

　筆者は、「教育」と「原理」との合成語「教育原理」における後者の日本語
「原理」が、河合の論理的思考スタイル上、中核的な位置を占めるキーワード
だと考える。だが、河合自身は、この日常語を半ば無意識的に使い分けてお
り、その点は曖昧なままである。筆者は、この「原理」という概念それ自体を
深く掘り下げて考えなければ、河合の明晰な論理の根源にまでは辿り着かない
と考える。

英単語 "principle" は、"(ものがよって立つ根本的な) 原理、原則" と日本語に訳されているように、「原理」と「原則」とが並列され、両者の意味合いは区別されない。[10) だが、この日本語どうしを厳密に区別することは、河合の人格概念を根源的な水準で理解するためには必須である。筆者の提案として、「原理原則的思考」("principled thinking" と英訳可能) について、一方では因果論的に展開される「原理的思考」もしくは「原理基盤的思考」("principle-based thinking" という英訳を提案したい)、もう一方では目的論的に発展する「原則的思考」もしくは「原則主導的思考」("principle-directed thinking" という英訳を創案する) の二つの側面があるとみなしたい。河合の人格概念とは、その本質としては目的水準から原則主導的に演繹される当為である一方で、河合にとっては、原理基盤的に構築され裏付けの取れた必然として、例外のない絶対的な最高価値でもある。

さらに、筆者は、こうした原理原則的思考と対照的に存立するものとして、「状況的思考」("situational thinking" と英訳できる) を想定する。シチュエーショナルな思考は、プリンシプルな思考に対立することもままあるが、後者には原理基盤的な面と原則主導的な面とがあるという構造で考えるのが妥当であろう。河合は、諸々の状況を冷静に分析しつつも、既成事実を所与の前提として考えることのみでは満足しない。教育についていえば、状況対応的に思考し実践したりすることは避けたいことだったろうし、まして場当たり的な教育実践は、許しがたかったことではなかろうか。そうした教育実践は、原則主導的な河合の人格主義的な教育観とは対立するからである。

第3節　河合の「人格」についての語り口

そもそも、河合がどのような概念として「人格」を語っているのか。[11) ここでは、個別具体的な内容ばかりに目を奪われずに、もっぱら抽象度を高めて、その概念としての特質をメタ認知して把握するよう努めたい。

1 価値概念としての「人格」

　河合の人格論を再構成してみる。ここでは、その語り口について、三つの特徴を指摘する。

　第一に、通俗的な用法として「人格」が人間の現実レベルで語られる用法を受け入れながらも、それを理想水準で語ろうとする。具体的に確認しよう。

　　　例えば、あれは人格者だとか、あれは劣等な人格だとか、或いは友情とは人格と人格との接触であるという場合に於ける人格とは理想の人間という意味でなしに、理想の人間たり得るところの現実の人間を、人格という風に言っているのでありますが、私も間々こういう風に人格ということばを使わないこともございませぬけれども、大抵の場合には、私の人格というものは軈（やが）てなるべき理想の人間という意味に使っているのであります。現実の人間は人格ではないけれども、人格となりうるものとして、現実の人間もやはり最高価値ということがあり得るわけであります。[12]

　河合は、人間の諸々の実態から帰納して人格概念が形成されてしまう現実を許容している。それらの概念は、必ずしも価値定立的でなく、むしろ価値中立的である。だが他方で、河合は、現実の人間が理想の人間へと至ったときにこそ「人格」という表記を与えるのがふさわしいと考えている。アリストテレス流にいえば、河合の人格概念の原初水準は「可能態」にすぎないけれども、それは常に「現実態」にまで至ろうとする志向性を内部にはらんでいる。[13]

　第二に、河合にとっての人格概念は「最高価値」に位置する最上の価値概念である。それは、河合の論理的思考の公準である。

　　　そこで、何故人格ということが最高の価値であるか、その証明はどこにあるかということを言うならば、証明ということが自然科学で為すような証明を求めるならば、その証明はできない。何故ならば、証明ということが既に人格即ちその人格としての能力の理性ということを使って初めて科

学的証明はでき上がり得るわけでありますから、そういう科学的証明を可能ならしめるところの根本条件である人格という風なものを、科学的な証明でしようということはできないことであります。[14)]

　河合の立論では、人格とは、科学的証明を可能ならしめるところの根本条件である。それは、科学的な因果論的な連鎖の中では説明できないし、すべきものではない。人格とは、それを原点に置いて最高の目的として、それら以外を手段化するべき概念である。極論すれば、それは、「人格主義」といった主義主張の域を超え、「理性信仰」の水準にとどまるとはいえ、「人格教」といった宗教的な言い方をしても差し支えない域に達する。[15)]

　第三に、人格概念の普遍的性格である。それは、河合には、万人に共通だと認識されている。

　　私の所謂（いわゆる）人格というものはあらゆるものに皆現れているという意味に於て普遍になっている。だから我々の個の中に普遍がある。我と人との間に共通した普遍なるものがある。それを人格と言っております。[16)]

　だが、その普遍性は、あくまでも可能態の域にとどまり、現時点では実現していない。各々の自己が実現すべき可能性なのである。

　　その人格というものは普遍だと言っても、今現に実現されているのでなくて、軈（やが）て実現さるべきものですが、そういう実現さるべき理想の人格が各人各人に己れを表現しているわけです。されどその表現の仕方が各人に於て違うわけです。それを性格と言い、個性という。[17)]

　人格概念の理想と現実は、普遍と特殊というような関係にある。実現されるべき普遍的な水準に位置する「人格」は、一人ひとりの現実状況としては個別の特殊な「性格」や「個性」として表出・表現されているという話になる。

2 「人格の陶冶」の必要不可欠性

　人間として、成長や陶冶という動きなしのままでは、最高価値たる「人格」は一向に実現しない。そのため、「教育」という手順が必要不可欠となる。この段において、河合は、大学教育の現状に対して批判的観点を示す。

　　　大学令の中には国家主義と人格主義とが整理されずして混在しているので、諸君を包容して居る東京帝大、もっと広く云うならば、日本の大学は諸君を迎えて教育しながら、その教育原理を国家主義に置くのか、人格主義に置くのか、今以て迷うている状態であります。[18]

　そもそも、何が目的で、何が手段かという関係性が問われている。河合は、教育プロセスとして「人格の陶冶」の重要性を訴えている。

　　　人格の陶冶と云うことも考えようによっては国家に必要である人格を陶冶せよと云う風に説明が出来ないこともない。然し人格という言葉を厳格に考えるならば、人格とはそれ自体が目的であるべきもので、決して国家と云う他の目的に役立つべき手段たるべきものではありません。之こそ人格と云う概念と背馳するものであります。[19]

　再確認すれば、「人格」は究極目的である。あらゆる事柄は、それに対して奉仕する手段的価値に位置する。「国家」よりも「人格」が上位なのは、河合にとって当然なのである。

3　河合の「人格の完成」概念の奥行き

　では、個人が人格を成長させ、人格が陶冶されていった末の到達点はどうなるか。それこそが、「人格の完成」である。これに関して、河合の発禁処分について特に問題となる箇所として指摘されている部分を引用する。

172　第2部　河合栄治郎の理想主義とその展開

　　　自己の人格の完成を図るあらゆる人は、社会主義者たるべきであり、吾
　　人が自己の人格の完成を図る義務があるならば、各人は社会主義の実現を
　　図る義務ありと云わなければならない。[20)

　この引用部分では、唐突に「人格の完成」と「社会主義」もしくは「社会主
義者」が結びつけられている。ここで、裁判の特別弁護人でもあった木村健康
の解説を援用する。

　　　グリーンに於ては、「現実の自我」が「永遠の自我」に近付くこと、言
　　い換えれば永遠の自我が現実の自我の中に出来るだけ実現されることこそ
　　が道徳的自由の神髄である。これグリーンの倫理学が「自我実現説」と呼
　　ばれる所以である。河合教授はこの自我実現を「人格の成長」または「人
　　格の完成」と呼んでいることが多い。[21)

　木村は、グリーンの「自我実現」概念が河合の理想像との違いをはらむこと
を意識しながら、河合ならではの「人格の完成」概念を強調する。木村は、理
想として実現されるべき社会の現実的水準を意識して解説を続ける。

　　　しかも「人格の完成」は特定の個人または特定の階級の人格の完成では
　　なく、総ての個人の人格の完成を意味する。かくて社会に於ては万人の人
　　格の完成の条件として総ての行為の自由を認めることは困難であり、場合
　　によっては万人の人格の成長の為に特定の個人または特定の階級の行為を
　　制限する必要が生ずる。国家による社会立法はその一例であり、これの更
　　に徹底したものが社会主義である。河合教授は自分自身を社会主義者と称
　　していたが、その社会主義はマルクスの社会主義とは異なり、人格主義の
　　哲学を基礎とするものである。[22)

　筆者の理解では、河合のいう「社会主義」とは、「思想的社会主義」が可能

第4章　河合栄治郎の教育原理たる「人格」の思想史的意義　173

性としてめざされ、その結果として「政治的・経済的社会主義」という形態が現実的に必要な手段として求められ想定されるものだとみなせる。ここに至り、個人と社会との関係性を河合がどのように理解しているかが、大変に重要な解明課題として浮上する。

第4節　「自他実現」としての「人格の完成」

弁論要旨によれば、“人格の尊敬とはそれが自己の人格たると他の人格たるとを問わず、それを尊敬するの謂であり、自己の人格と同時に他の人格をも尊ぶことである”というのが、被告人河合が最も強調することであり、“自己のためと他人のためとは二にして一なり”という内容が至るところに示されている。[23] 河合の人格観の真骨頂は、それを関係主義的な角度から理解して初めて見えてくるのである。

1　河合流「個人主義」の意味づけ

河合の人格理解では、一人ひとりの個人の存在を絶対的な必要条件とする。あくまでも互換不可能な当事者たる各個人が、最高価値の実現主体とみなされているのである。

　　即ち人格が最高価値であるならば、最高価値を実現するところのものは個人である。唯個人のみである。私の親、私の妻、子供と雖も何人も私の成長に代わることはできないのである。国家も最高価値の実現をすることはできないのである。何人も最高価値の実現は私という個人以外にはできない。他の人も亦その当人以外にはできないわけです。その意味に於て、私はこれを個人主義と申すのであります。[24]

河合が主張する「個人主義」とは、人間は総て利己的にのみ行為するという意味での「利己的個人主義」とは全く区別される。河合は、人間には利己的な

174　第2部　河合栄治郎の理想主義とその展開

一面があることを否定しないが、最高価値を実現しうる力を与える意味で利己
性を超えうる可能性を示す。

　　　人格性の尊重の故に他に対して己れを犠牲にするということを鞭打つの
　　が我々の理想主義的個人主義なのであって、その点において将<small>まさ</small>に利己的個
　　人主義と対立しているわけであります。[25]

　自己犠牲をも厭わない個人主義観を抱く河合の社会観は、三種類に分類され
る。[26] 一つ目は「原子的社会観」であり、バラバラの一人ひとりの個人だけ
を見て、社会の存在を忘却しているものである。二つ目の「素朴なる全体主
義」は、その反動として、社会だけを前景に押し出して個々人の存在を忘れて
いる。河合は、それらのどちらにも与せず、第三の「理想主義的個人主義」の
社会観を打ち出す。

　　　そこで第三に、個というものを忘れない、而<small>しか</small>も社会というものも忘れな
　　い、そうして個の中に他人を考えてゆく、他人の人格を尊重して行くとい
　　う、そういうものを個の中に摑み出して、この点から敬が生じ愛が生じて
　　くる。そうしてそこに社会という集団のつながりが出てくるんだ、こうい
　　う考え方が第三に現れてくるわけであります。[27]

　よって、河合が「社会主義」という表現を用いるのは、「個人に対する社
会」が互いに交換不可能な一人ひとりの個人によって成り立ち、個人と個人と
を相互尊重的な関係によって接合する点で、利己的個人主義と真っ向から対立
することを強調しているからでもある。そこには、個々人と社会とが調和する
関係性こそが、理想主義的立場として立ち現れるのである。

2　「自敬」と「他敬」との相乗的関係

　では、河合は、学生向けには、どのような言葉遣いで自らの人格観を語って

第 4 章　河合栄治郎の教育原理たる「人格」の思想史的意義　175

いたのか。ここでは、1940（昭和 15）年に出版されベストセラー化した『學生
に与う』を参照する。

> 　現実の人間は其の中に在る人格性の故に、自らでありながら自らに尊敬
> を感ずる、之が自敬（Selbstachtung）である、若し人格性に反するなら
> ば、何人であろうとも之に軽蔑（Verachtung）を感ずる。[28]

　ある個人は、自分自身を尊重できるからこそ、他者を尊重できる。それは、
河合によれば、その時点では可能態にすぎない規範的な「人格性」を現実化し
ようとする働きによる。

> 　自らさえも尊敬せねばならない人格性が、自らの中にあることから、
> 我々に矜持の念が湧く。自らに人格性があるにも拘わらず、徒に自らを蔑
> 視すること、之を卑屈と云う。自らの人格性の前に敬虔に頭を下げること
> から、我々に謙遜が現れる。自らの人格性の故でなく、唯自らを誇負する
> もの、之を尊大と云い高慢と云う。自信と謙遜と、卑屈と高慢とは、夫々
> 同一のものの表と裏である。我々はプライド（矜持）を持たねばならない
> が、プラウド（高慢）であってはならない。[29]

　健全な自尊感情こそが、自他の相互尊重の基盤を構成する。一人ひとりの個
人が自らを尊重する度合いに応じて相手も尊重できる。

> 　尊敬が各人の人格性に対してあるならば、尊敬さるべきは自己のみでな
> く、他人をも含まなくてはならない。何故なれば人格性は普遍として、あ
> らゆる人に表現されているからである。若し人格性の故に他人を尊敬しな
> いならば、其の人は自己の人格性を尊敬しないで、唯自己を尊敬していた
> のである。そこで自敬は当然に他敬を伴う。[30]

176　第2部　河合栄治郎の理想主義とその展開

　河合は「人格の完成」を究極の理想とみなすが、河合流の「完成すべき自
己」においては、自己と他者との関係性は大前提になる。「人格性」を媒介と
して他者とつながっている個人の自己実現に対しては、「自他実現」という呼
び名を与えてよいだろう。

　　　注・引用文献
1)　社会思想研究会編『河合榮治郎全集』第21巻、社会思想社、1969年。本章では、特に「第三章
　　公判記録（東京地方裁判所）」を参照する（同上、34 ～ 177頁）。これは、1940（昭和15）年の4月
　　から10月にかけて、東京地方裁判所において、石坂修一裁判長と兼平慶之助・三淵乾太郎両陪審判
　　事のもとで、登石登検事に対して、河合栄治郎被告と海野晋吉弁護人・木村健康特別弁護人とが向
　　き合った公判である（34頁）。
2)　山下重一「河合栄治郎の法廷闘争」行安茂編『イギリス理想主義の展開と河合栄治郎——日本イ
　　ギリス理想主義学会設立10周年記念論集』世界思想社、2014年所収、287頁。
3)　社会思想研究会編、前掲書、217 ～ 220頁（引用部分は220頁）。これは、木村健康まとめによる
　　「第四章　弁論要旨」（178 ～ 345頁）の一部である。
4)　同上、218頁。なお、この直後に、"我が国教育学界の最高権威吉田熊次博士もその著『我が国体
　　と教育勅語』（文部省編）において、被告河合と全く同じ見解をとっている"と説明されている
　　（218 ～ 219頁）。
5)　同上、91 ～ 92頁。
6)　同上、92頁。
7)　同上。
8)　同上、45 ～ 46頁。
9)　同上、82頁。
10)　竹林滋・吉川道夫・小川繁司編『新英和中辞典［第6版］』研究社、1994年（1967年初版）、
　　1406頁。
11)　水野友晴は、西田幾多郎著『善の研究』と、河合栄治郎著『学生に与う』との比較を踏まえて、
　　"河合栄治郎の人格説"について考察を行っている（水野友晴「西田幾多郎と河合栄治郎」行安
　　編、前掲書所収、289 ～ 301頁）。
12)　社会思想研究会編、前掲書、47頁。
13)　哲学の専門家の言い方を借りれば、"アリストテレスは、個体の状況につき、デュナミス（力す
　　なわち可能態）からエネルゲイア（働きすなわち現実態）へという動的な図式を考えたのである"
　　（今道友信『アリストテレス』講談社学術文庫、2004年（底本は1980年）、131頁）。
14)　社会思想研究会編、前掲書、47頁。
15)　宗教者でなく哲学者としてのカントの"実践的理性認識としての実践哲学"においては、「理性
　　信仰」は、実践理性による信仰であるが、しかしそれはまずもって、純粋実践理性なるものが存在
　　するという、実践理性に対する信仰によって支えられていなければならない"（宇都宮芳明『カン
　　トと神——理性信仰・道徳・宗教』岩波書店、1998年、54頁）。河合の思考法からも、実践理性が
　　信仰手段であるのみならず、信仰対象でもあるといった内的な循環構造が垣間見える。河合が、
　　「人格」を最重要視するカント哲学と波長が合った、もしくはその影響を大きく受けたという点を
　　強調しなければならないだろう。
16)　社会思想研究会編、前掲書、51頁。
17)　同上。

第 4 章　河合栄治郎の教育原理たる「人格」の思想史的意義　177

18)　同上、32 頁。この引用部分は、「第二章　予審請求書」(18 ～ 33 頁) の一部である。大本の著作
　　は、河合榮治郎『第二學生生活』(日本評論社、1937 年) である。以下同様。
19)　社会思想研究会編、前掲書、32 頁。
20)　同上、31 頁。なお、これの大本の著作は、河合榮治郎『社會政策原理』(日本評論社、1931 年)
　　であり、「改訂版」は 1935 (昭和 10) 年に発行された。
21)　木村健康「解説」社会思想研究会編『河合榮治郎全集』第 2 巻 (トーマス・ヒル・グリーンの思
　　想体系 II)、社会思想社、1968 年所収、430 頁。
22)　同上、430 ～ 431 頁。
23)　社会思想研究会編、前掲書 (第 21 巻)、183 頁。傍点は原文のまま。
24)　同上、49 頁。
25)　同上、50 頁。
26)　同上、53 ～ 54 頁。
27)　同上、54 頁。
28)　河合栄治郎『学生に与う (第一部) ―価値あるもの―』(現代教養文庫 17)、社会思想研究会出
　　版部、1951 年 (原著の初版は 1940 年)、60 頁。傍点は原文のまま。
29)　同上。
30)　同上、61 頁。傍点は原文のまま。

第5章

教育者としての河合栄治郎とその再評価

道正　健太郎

第1節　はじめに──一教師から見た河合栄治郎

　私は1988年に神奈川県に教員として採用され、2018年に60歳で定年を迎えるまで、県立高校教師を勤めて来た。その後も5年間、再任用教員、さらに現在も非常勤講師として勤めているので、途中4年間、司書として県立図書館に出向していた時期を除いても32年間、さらに教員採用前に公私立の高校で非常勤講師をしていた期間を加えると、35年間、教壇に立っていたことになる。

　このように職業としては高校教師一筋に歩んできた私が河合栄治郎を論じようとする場合、当然、その教育者としての面に焦点を当てていくことになろう。もちろん、「天成の教育者」と呼ばれ、学問への精進に勝るとも劣らず、あるいは場合によってはそれ以上の情熱を、大学での直接の教え子はもちろん、それ以外に接する人々、さらには著書や講演を通じて一般の人々への教育に傾けてきた河合栄治郎に我が身を比較する気持ちはさらさらないが、一教師が教育者としての河合栄治郎をどのように見てきたかを述べさせていただくことが、多少なりとも何らかの参考になれば幸いである。

第2節　河合栄治郎は知られているか──私の体験から

　この本を手に取る人の多くは河合栄治郎に興味がある人々だと思われるが、残念ながら現在、世間一般の人々の中でその名を知る人はきわめて少ない。忘

れられた存在と言ってもよいぐらいである。

　戦前、学生を中心として多くの人々にその著書は熱狂的に読まれ、終戦とともに、著者が亡くなっているにもかかわらず、再び学生を中心とする人々に熱心に読まれるようになった河合栄治郎も、高度経済成長期を経て、いつしか、すっかり読まれなくなってしまった。

　私自身の経験を振り返ってみても、参加させていただいている「河合栄治郎研究会」で知り合った方々を除くと、自分の周囲で河合栄治郎の名を知っている人は皆無に近かった。

　私は1975年に大学に入学したが、さっそく一年生のときに選択した政治学を教えてくださったのが田中浩先生だった。田中先生は当時は確か一橋大学助教授だったが、私の通っていた大学では非常勤講師として大人数の授業を担当されていた。前期はホッブス等、西洋の思想家を扱ったが、後期の途中から長谷川如是閑等、日本の思想家を扱うようになった。

　河合栄治郎を扱う講義を始める前に、田中先生は最前列に座っていた学生に「河合栄治郎のものは何か読んだことはあるか。」という質問をされた（「河合栄治郎という名を聞いたことがあるか。」という質問だったかもしれない）。その学生が首を振ると、田中先生はその隣りに座っていた学生に同じ質問をされた。その学生が同じように首を振り、その次に聞かれた学生も否定すると、田中先生はそれ以上の学生に同じ質問を繰り返すのをやめてしまわれた。その質問が自分まで回ってきたら、「『学生に与う』を読みました。」と答えられたのにと、残念に思ったことを覚えている。最前列で授業を聞こうという学生達なので、意識の高い学生だったと思われるが、1975年当時はもう河合栄治郎は読まれなくなっていたことがわかる。

　2009年に松井慎一郎氏が中公新書『河合栄治郎』を出されてその本をいただいたとき、私はすでに買っていたので、一冊を勤務先の高校図書館に寄贈することにした。親しくしていた社会科の教員二人が職員室で座席がすぐ近くだったので、本を示したところ、二人とも河合栄治郎の名を知らなかった。二人とも私より年は若く、一人は日本近世史専攻、一人は東洋史専攻だったが、

職場で日本史を担当する場合は近現代史も教えることになる。

　このような具合で、もちろん周囲にいる人すべてに、河合栄治郎を知っているかどうか聞いて回ったわけではないが、その名を知らない人がほとんどだった。唯一と言ってよい例外が私より一回り年齢が上（1946年生まれ）の英語の教員で、たまたま河合栄治郎に話題が及んだとき、「ああ、河合栄治郎は知っている。」という反応があった。河合栄治郎の著書に触れたのは大学生になってからという人が多いが、その教員は1965年に東大文Ⅲに入学し、1969年に英文科を卒業している。そのころまでは大学のキャンパスに河合栄治郎の著作に接するような雰囲気が、かろうじて残っていたのだろう。

　このような状況の中で、本来なら私も一生河合栄治郎の名を知らずに過ごしたことであろう。子供のころから本は好きだったが、書店でも図書館でも河合栄治郎の本を目にすることはなかった。こんな私が河合栄治郎の存在を知り、興味を持つようになったのは、父の存在が大きい。父の蔵書の一冊で河合栄治郎のことを知り、私が大学に合格すると、さっそく自分が学生時代に読んだ、戦前発行の『学生に与う』を渡して、それを読むように言ったのである。

　河合栄治郎に直接教えを受けた人はもちろん、河合栄治郎が書物を通して人々に情熱的に訴えていたときに、同時代人としてその教えを受け取った人も、今ではほとんどいない。そういう意味で、父が河合栄治郎からどういう影響を受けたかをたどってみることは、河合栄治郎が一人の人間をどう教育したかを考える一つの例になるのではないだろうか。

第3節　ある大正人に河合栄治郎が与えた影響（教育）
——父の場合

　父・道正誠之は1924（大正13）年1月1日に島根県松江市で生まれた。戸籍上の届け出はそうなっているが、実際には1923（大正12）年12月生まれである。河合栄治郎が32歳のときで、河合栄治郎が1944年に53歳で亡くなったときは、父はちょうど20歳である。父にとって河合栄治郎は父親の世代に

当たる。父は 2019（令和元）年に 95 歳で亡くなっているので大正・昭和・平成・令和の四代を生きたことになる。河合栄治郎よりも 42 年長生きしている。

松江市から福岡市に転居した父は旧制福岡中学校（現福岡県立福岡高等学校）、旧制福岡高等学校（現九州大学の一部）に進学した。中学校時代に満州に修学旅行に行ったときに書いた感想文を見せてもらったことがあるが、それには当時の時代状況を反映して、愛国主義的な勇ましい文章が書いてあったので、河合栄治郎の著書に接して自由主義的・理想主義的な考え方を身に付けるようになったのは、おそらく福岡高校入学後のことではないだろうか。

1944 年、父は高校 3 年在学中に徴兵され、高校は繰り上げ卒業となり、陸軍に入隊する。軍隊内では、同じ学生出身者でも、師範学校出身者は軍国主義に凝り固まっており、威勢のよいことばかり言っていたという。教員養成を目的とする師範学校では、全寮制による軍国主義教育が行われており、父は「困ったものだ。」という思いで見ていたという。父がこのように当時の軍国主義的風潮に流されずに、自由主義的な考え方を維持することができたのも、福岡高校の校風も関係があるかもしれないが、河合栄治郎の本を愛読していたことも、大いに影響していると思われる。

先に大学に合格した私に父が、戦前に発行された『学生に与う』を渡したことを述べたが、その本には万年筆による父の手跡の文が添えてあった。実はこの本は晩年、再び父によって愛蔵されていたのだが、父の死後、遺品を整理したときに、いくら探してもこの本は出てこなかった。だからそこに書かれていた正確な文は再現できないのだが、「1945 年 8 月 15 日、戦争は終わった。河合先生の言っていた通り……」といったようなことが書かれており、終戦の日に 20 歳の父が、終戦直前に亡くなった河合栄治郎に対する感懐を思わず書き留めたような文だったことは覚えている。

終戦の翌年 1946 年、父は河合栄治郎の姿がもう教壇に見えない経済学部ではなく、かつて河合栄治郎が学生生活を送った東京帝国大学法学部政治学科に進学する。しかし、軍人だった父親（私の祖父）の軍人恩給が停止されたため無収入となり、上京して大学に通うこともできず、福岡で仕事をして学資を稼

182　第2部　河合栄治郎の理想主義とその展開

がざるを得なかった。このとき行った仕事がGHQ（連合国軍総司令部）による
郵便検閲であり、晩年、父を取材した新聞記事には次のように載っている。

　　福岡市のCCD（筆者注・民間検閲局）で働いた神奈川県横浜市の道正誠
　之さん（90）はある時、幹部から「日本語でいいから」と進駐軍や共産
　党、天皇制について意見を求められた。「日本に共産主義はなじまない」
　と書いて提出すると、「よく書けている」と喜ばれたという。（『態本日日
　新聞』2014年1月23日付朝刊「国民監視──郵便検閲の真実③」）

　終戦直後の当時は、労働組合運動を始め左翼活動が盛り上がりを見せ、今に
も共産革命が成就するのではないかとさえ、思われていた時代である。しか
し、戦前からマルクス主義を批判してきた河合栄治郎の著作に親しんでいれ
ば、当然「日本に共産主義はなじまない」という結論になる。戦時中の熱狂的
な軍国主義に感化されることのなかった父は、戦後の熱狂的な共産主義に対し
ても、冷静に対処することができたのである。
　1949年、父は「帝国」が抜けた東京大学法学部政治学科を卒業する。今、
私の手元には通知票に当たる父の「学生票」がある。そこには父の受講した講
座名・担任教授氏名（氏名となっているが、名字しか書かれていないので、以下で
は著者が（　）で補う）・試験成績が記されている。河合栄治郎と因縁の深い教
授名とその講座名を挙げると、経済原論・舞出（長五郎）、政治学史・南原
（繁）、国際政治・矢内原（忠雄）、米国憲法歴史及外交・高木（八尺）、統計
学・有澤（広巳）、社学政策・大河内（一男）等である。なお、矢内原の国際政
治の試験成績は空欄になっているので、講義は聞いたものの試験は受けなかっ
たものと思われる。先に述べた通り、父は大学にはほとんど通えない状況だっ
たので、成績は「良」が多いのだが、日本政治外交史の岡（義武）とともに、
南原からは数少ない「優」をもらっている。二人の講義内容は素晴らしかった
ことは、かねがね父から聞いていたが、思想弾圧された河合事件で河合を親身
になって応援した南原から「優」をもらえたことは、父にとってもうれしいこ

第5章 教育者としての河合栄治郎とその再評価　183

とだっただろう。

　大学を卒業するに当たって父は国家公務員上級職試験を受験する。高等文官試験を受けて農商務省に奉職した河合栄治郎と、通った大学を含めて、ここまでは同じ道を歩んでいる。河合栄治郎は社会を改革しようとして官吏の道を選んだが、彼を信奉する父も同じ道を歩もうとしたのではないか。しかし、福岡と東京の二ヶ所が拠点になっていた父への採用通知が福岡の実家の方へ行ってしまい、東京に住んでいた父のもとへ届くのが遅れたため、父は前年に信託会社から信託銀行になったばかりの民間企業に勤めることになり、結局、ここに定年まで勤めたのだった。

　大企業に勤めると、基本的には会社の命じた役職に就き、会社の命じた所に転勤することになるのだが、一度だけ父が自分の意志を通したことがある。今でこそ銀行から関連会社への出向が当たり前になっているが、当時はそういった例は少なかった。福岡の関連会社が業績不振に陥って倒産しかけていたとき、誰もが後込みする中、父は自ら出向を希望したのである。これなども、二つの道のどちらを選ぶのかに迷ったときは、困難な方を選ぶように諭した河合栄治郎の教えを正に実践したものではないだろうか。このときは、当時のボウリング・ブームに乗って、会社としては全く畑違いだったボウリング場の建設・経営が当たって、幸い会社を建て直すことができた。

　戦後、政治の世界では、河合栄治郎の思想は、弟子の関嘉彦らの尽力によって民社党の結成・活動に引き継がれていく。しかし、残念ながら民社党はその解党に至るまで、多少の増減はあったものの、弱小政党の域を出ることはなかった。マスコミの報道を見ても、「保守対革新」の構図のもとでは、「保守」の自民党、「革新」の社会党・共産党と違って民社党はどっちつかずの中途半端な存在と見られ、取り上げられることは多くなかった。

　私が小中学生のころ、NHK ではよく、日曜日の朝に各党幹事長・書記（局）長による討論番組が放映されており、父と一緒に見ることが多かった。今思い出してみても、自民党・田中角栄幹事長、社会党・石橋政嗣書記長、公明党・矢野絢也書記長、民社党・佐々木良作書記長、共産党・不破哲三書記局長によ

184　第2部　河合栄治郎の理想主義とその展開

る論戦は、いずれも論客揃いで、聞きごたえのあるものだった。

　民社党の党勢はなかなか伸びず、ある年の総選挙でも惨敗し、佐々木書記長が悲痛な表情で所感を述べていた。このとき司会者（今では誰だったか思い出せないが草柳大蔵だったか）が、「朝の来ない夜はない。」と言って力強く激励しているのを見て、普段は中立に徹している司会者が珍しいことを言うと思っていると、一緒に見ていた父が、我が意を得たりといった表情で、「この司会者は実は民社党が好きなんだよ。」と言い、さらに、「民社党っていうのはなかなかいい政党なんだよ。」と付け加えた。それまで父が政党についてコメントするのを聞いた記憶はあまりなかっただけに、このときの父の言葉は印象に残っている。河合思想を受け継ぐ民社党は、父にとって他の政党にはない親しみを抱かせる存在だったのだろう。

　1994年2月に「河合栄治郎没後五十周年記念集会」が東京で開かれることを父に教えると、前日の大雪が積もった中での直前の知らせだったにもかかわらず、目を輝かせてすぐに行くことを決断し、それからは晩年体が衰えるまで、河合栄治郎研究会には熱心に参加し続けた。

　河合栄治郎について父と改まって話し合ったことはあまりなかったので、推測の部分が多くなってしまったが、こうして父の生涯をたどってみると、河合栄治郎の父に与えた影響は少なくないと思われる。河合栄治郎は一時期同じ時代を生きた一人の人間を、立派に教育したと言えるだろう。

第4節　教育者としての河合栄治郎──人々をどう教育したか

　第2節の中で、私は「父の蔵書の一冊で河合栄治郎のことを知」ったと述べた。高校2年の夏休みにこの本を読んだことが、私と河合栄治郎の初めての出会いだったと記憶する。

　この本は美濃部亮吉著『苦悶するデモクラシー』（文春文庫）である。私がこの本に興味を抱いたのは、まず、著者名にひかれたからである。当時（1976年）、現職都知事として「美濃部さん」は絶大な人気を誇る華やかな存在だっ

た。

　読んでみるとこの本が書かれたのは、「美濃部さん」が都知事になるはるか以前の1959年であり、当時、経済学者だった美濃部亮吉が戦前の学者達の思想弾圧について書いた地味な内容だった。この中で河合栄治郎が取り上げられており、戦前に猛威を振るったマルクス主義と軍国主義に、文字通り命をかけて戦った学者の姿に、私は目を見張った。

　ただし、この本の中で取り上げられている思想弾圧を受けた他の学者達に対する共感と理解に満ちたまなざしと、河合栄治郎に対するそれは明らかに異なっていた。作中で断わっているように、筆者の美濃部は戦前の東京帝大経済学部助手時代に、河合栄治郎と敵対する大内兵衛のグループに属していたために、河合栄治郎から冷たい扱いを受けたというのである。

　さらに、大学時代の春休み、私はかねがね敬愛していた作家である芹沢光治良の大河小説『人間の運命』を読んでいたとき、作中に明らかに河合栄治郎をモデルにした「K教授」が登場し、作者をモデルにした主人公を曲解し、その恋人に主人公を中傷して二人の仲を裂こうとする姿に驚いてしまった。もちろん、この作品は小説なので、事実そのものではないかもしれないが、『学生に与う』や真理を求めて左右両翼思想と戦う姿に見られる気高い人物像と、『苦悶するデモクラシー』や『人間の運命』に見られる姿との落差に私はとまどってしまい、その後折を見ては河合栄治郎について書かれた本を読んで、その実像を探るようになった。特に、河合栄治郎と直接、接した人が書いた本はよく読んできた。それらの本を中心に、河合栄治郎が人々にどのように映ったかを見ていくことで、彼の教育者としての姿を探っていきたい。

　河合栄治郎の講義や講演を初めて聞いたときの感動を述べた文は多いが、ここでは彼の弟子・猪木正道の著書『私の二十世紀―猪木正道回顧録』（2000年、世界文化社）から引用しよう。

　　東京帝大経済学部は、低能教授と噂される先生が多いのにがっかりした。しかし救いもあった。1934年4月中旬に行われた新入生歓迎の講演

会で、河合栄治郎教授と矢内原忠雄教授との熱弁に接したことである。河合教授は大変な雄弁である上、内容も感動的だったので、私はたちまち河合党になってしまった。講演を聴く新入生の中に、涙を流している者がたくさんいたことは印象的だった。

　私を含めて教師をしている者にとって、このように生徒や学生達に感銘を与える授業を行うことは理想であろう。もちろん、一高弁論部で鍛えたテクニックも一因ではあろうが、それ以上に学生達に対する愛情や熱意、学識のみならず、常に自分を高めようと努力する人格性を感じたればこそ、学生達は感動したのだろう。現代の教師達にとっても、まずここが出発点であろう。

　河合栄治郎は講義だけではなくゼミ（演習）を重視したが、これについても多くの教え子達が書き残している。ここでは、そのゼミの特色を要約したやはり弟子の関嘉彦の著作『私と民主社会主義——天命のままに八十余年』（1998年、近代文芸社）の一部を紹介したい。

　　ゼミを通じて私が学んだ河合教授の教育の特色をいくつかあげておこう。第一は、ゼミでの教え方がきわめてきびしいことである。（中略）その後から河合先生が学生の誤りを指摘する。殊に学生の報告に対する批判は容赦ない。中にはその批判に堪えきれず、以後ゼミをやめた人もいた。（中略）
　　第二は、ゼミでは沈黙を許されず、出席者全員が発言を求められる。またそれぞれが自分の所信を述べなければならない。（中略）
　　第三は、平易な言葉で自分の考えを表現することを求められた。（中略）以上の三つは、その後私が教師になって学生を指導する立場になっても守ることにした。

ゼミでの河合栄治郎の指導振りがよくうかがえる文章である。
河合ゼミのレベルの高さ・内容の充実とともに第一に指摘されたそのきびし

第5章　教育者としての河合栄治郎とその再評価　187

さは、他のゼミ参加者達も口を揃えて書き残しているところである。ゼミをやめる者もいたほどだと書かれているが、必修科目と異なり本当にその内容を勉強したい者達だけが参加するというゼミの性質を考慮すると、真剣に学生達に立ち向かう河合栄治郎の愛情の裏返しと言えよう。

　第二に指摘されたことも重要である。大学はもちろん、高校でも現在では参加型の授業が多く取り入れられている。グループになって話し合いながら、課題解決能力を養っていくものであるが、中心になって意見を積極的に発言する生徒がいる一方、気をつけて注意していないと、ほとんど発言しない生徒も出てしまう。必ずしも怠けているわけではなく、人前でしゃべることをためらうその生徒の性格から来ることも多いのだが、これもその子の性格だからと見逃してしまうと、結局、その生徒の成長のためにはならない。発言を義務化して習慣化させることは必要であろう。

　第三の指摘は第二のそれとも関連するが、ただ知識を暗記するだけではなく、それを自分のものとして、自分の考えを述べられるような生徒を育てていくことにつながる。

　教授が一方的に講義をし、学生達はひたすらそれを口述筆記するという形が一般的だった当時の大学で、ゼミを通して学生一人一人に目を配る河合栄治郎の姿から、現代の私達が学ぶことは多い。

　さらに「天成の教育者」河合栄治郎は、大学等の教育現場のみならず、接するすべての人を教育しようとする。河合栄治郎を診察した医師は、「河合先生は自由な社会というものの、思想的な、本質的なものを根掘り葉掘り私に説明された。」（武見太郎『戦前　戦中　戦後』1982年、講談社）と証言するし、彼がひいきにしていた芸者も、「その頃まだ聞きなれない『デモクラシィ』とか『リベラリズム』とかいう言葉をあたしのような無学な者にもわかるように、かんでふくめるように教えてくださったのは河合先生です。」（中村喜春『江戸っ子芸者一代記』1983年、草思社）と、その感激を述べている。

第5節　おわりに——河合栄治郎の教育論

　最後に、河合栄治郎が教育についてどのように訴えているかを、いくつか見ていくことで本章の結びとしたい。

　『学生に与う』を大学入学時に初めて読んだとき、まず私に伝わってきたのは著者の熱情である。そして、「なぜ学ぶのか」に対する答えとして「人格の成長」と言い切るのは、簡単なようでいて、なかなかできないことである。教師も生徒も目まぐるしい毎日に追われる中で、私達もつい、生徒にふさわしい進路につなげること、そのための大学等に合格できるように指導することが教育の目的だと思ってしまいがちであるが、『学生に与う』第六章の中で、「人格成長の手段たるべきものを、逆にこれを最高価値とすること」にならないよう戒めている。

　さらに、人格成長は、結局は本人自身にしかできないことであり、教師はそれを手助けするにすぎないことが同じ章の中で述べられているが、これも現代の私達教師が肝に銘じなければならないことである。熱心な教師ほど、「何もかも自分が教えてあげなければ」と思いがちだが、それでは生徒は成長しない。

　『学生に与う』のはしばしには著者の学生達への愛情が感じられるが、『学生叢書』に収められた「教師と学生」の中には、はっきりと「先ず教師は学生に対して愛を持たなければならない。」と書かれている。「人格の成長」とともに、これも教育の原点であろう。私も最初に赴任した高校は、いわゆる「教育困難校」で、教師に暴言を吐く等の生徒もいた。複雑化する現代には、さまざまな環境に育つ生徒がいる。教師にとっては難しいことかもしれないが、どんな生徒に対しても愛情を持って接していきたい。

　今から80年前に亡くなった人であるので、河合栄治郎が実践した教育者としての姿勢や、訴え続けた教育論の中には、現在そのままでは通用しないものはもちろんあろう。しかし今まで述べてきた通り、その本質的な所は今でも十分通用するし、また、通用させなければならない。

第6章

河合栄治郎に学ぶ教師の在り方生き方
——私の「河合」体験と教師体験から

花澤　秀文

第1節　「心に点火する」教師・河合栄治郎を摑む

1　河合栄治郎を「発見」した頃

　如何なる分野の書であれ、河合栄治郎の著書を初めて繙いたとき、読者は、いったいどのような心境を抱かれただろうか。おそらく多くの読者自身の「感動体験」と重なる出来事かと思われるが、始めに河合の著作との「邂逅」を巡る私の個人的経験のことから出発したい。

　いま古稀を過ぎて高齢期の人生を生きる私は、本書の読者の中で殊に大学生・高校生の若い読者層を念頭に、「私にとっての河合栄治郎」、およびその周辺のことなどを語らせていただきたいと思う。

　「河合栄治郎」という著者を、初めて私が「発見」したのは学生時代20歳の春、神田すずらん通りの東京堂書店で、書名に惹かれて求めた現代教養文庫『学生に与う』[1]であった。下宿で本書を読み進めるうちに、「私が求めていたのは、これだったのだ！」との確信を得られた。本書の全ての章で、生きることの歓喜と勇気を与える数多の激励の言葉を見出した私は、そこに赤鉛筆で傍線を引いた。読書の途中「本書を読み終えることが惜しい」との感慨さえ湧いた。学生への熱く深い著者の「教育愛」に打たれて、読了した心中は「これで救われる！」と、自身が学生であることの幸福感と将来への明るい希望とで満たされた。

　本章の標題「河合栄治郎に学ぶ教師の在り方生き方」の主旨は、「理想の教

師」の道を生涯一貫して探求実践した先輩教師河合から、いまを生きる後輩教師に贈る「教師像」の提示と教職への温かい督励への理解と受容に求められる。

『学生に与う』に代表される教育・教養方面の書の愛読者は、私を含めておそらく自身の想定する「理想の教師像」を河合栄治郎その人に投影していると思われる。河合が理想の教師の「典型」として広く読者から支持される理由は、専ら理想的教師像を観念的に構想することの難しさにもよると思われる。

一方で実際に教えを受けた教師達を想起するなら、その中で自身が最も強く影響された教師の「個人名」を挙げることは、誰にも容易であろう。次にこの「理想の教師」について、学生時代に私の経験した師弟関係をも含めて語りたい。

2 私の敬愛するふたりの「生涯の師」

大学卒業までに私は神田神保町の古書店廻りで、河合栄治郎の著書の大部分と河合編『学生叢書』の全巻を揃えたが、収集中に私が気づいたのは、同叢書『学生と西洋』巻の緒言「東洋文化と西洋文化」の執筆者に、私の属するゼミの指導教授「高山岩男」の名が見えたことである。ここで河合と関係する範囲で、少しく高山に触れておく。

河合栄治郎は、同書序文に「本書は先ず緒言として、西洋文化と東洋文化との比較に就いて、高山岩男氏を煩はした。此の一篇は以下の所説に対する序論となると共に、又次の『学生と哲学』に対しても照応の伏線となろう。」[2]と紹介している。

ゼミで高山教授に「河合栄治郎」を問うと、直ちに「教育者として、また生き方としてもすばらしい人物であり、高く評価している。ただし哲学面では不十分な点はある」旨の応答があった。

次に教養文庫『学生に与う』巻末に名解説を執筆された猪木正道京大教授との関連である。私は著書『政治学新講』『共産主義の系譜』等を既に読んでいたが、『学生に与う』解説文に出会うまで、猪木が河合門下屈指の高弟であるという師弟関係を知らなかった。

高山教授によると、猪木は京都の旧制三高での教え子であり、マルクス主義の立場から盛んに教師に論駁する優秀な高校生だったことを証言された。卒業後、猪木は東大経済学部に進み、河合栄治郎の演習に参加。そこで師の理想主義に深く共鳴し、マルクス主義的思考から離脱した経歴は周知の事柄である。

これらのことは、私と間接的で些細な関わりだが、河合→高山、高山→猪木、猪木→河合の人間関係の連鎖を知ると、緩やかな絆だが高山岩男教授を仲立として河合栄治郎と私も繋がっている心地で、何だかひとり妙に嬉しかった。

東洋の『荀子』勧学篇第一に、「学は其の人に近づくより便なるは莫しと。且つ学の経（みち）は其の人を好むより速やかなるは莫し。」[3]と言う。また西洋の一格言に、「触れると心が震える何かに出逢ったら、迷わずそこに留まれ。それがあなたの居場所だ。」ともある。

若い私は、河合栄治郎と高山岩男の「其の人に近づき、其の人を好み」、「迷わずそこに留まり、それを居場所」としたのである。以来半世紀余りの歳月が流れて、いま高齢に至った。一方「学の経は速やか」ならず老いて未だ途上に留まる状態ではある。

河合は、「人（師）が彼（弟子）自身に来たる時」、「この契機が生涯に有する重要性は、いかに評価するも過大に失することはありえない」[4]と助言する。ともかく学生時代に、「書物の師」河合栄治郎と「ゼミの師」高山岩男、ふたりの「生涯の師」を戴けたことはまことに私の人生の重大事であって、この至福を深く感謝している。

3 「師」に恵まれた河合栄治郎と高山岩男

このことに関連して、河合栄治郎と高山岩男は、共に幼少年期から青年期にかけて「生涯の師」と遭い見える僥倖を得ている。「良い教師は、次の世代の良い教師を育てる。」という教育の至当な正の連鎖の典型を、ふたりの尊敬する師の例で紹介したい。

まず河合栄治郎の証言。「私は身に値しえない位に、幼い時分から師に恵まれていた。」その小学校時代の担任の先生とは「殆ど三十年間変わらない師弟

192 第2部 河合栄治郎の理想主義とその展開

として交わりを続けて来たのであった。」「一人の人間の成長を見守って呉れた師を持つことは、易に得られない恩恵である。」「その先生が私に示して呉れたのは、凡そ人間の持ちうる最大限の心の誠であった。―中略―私は先生に報いる心を以て、多くの若い人に対して来た。而も足らざるを思うことが多い」と30年来の師弟愛を語る。[5]

次に高山岩男の証言。山形高校時代に江戸っ子で夏目漱石門下を自認する先生の下で、文芸哲学の手ほどきを受けた。「その推輓で京都の哲学に行くべきを教わり、何の躊躇もなく京都の哲学を選んだ」京大を「卒業後も西田（幾多郎）、田辺（元）の純哲関係だけでなく、波多野（精一）先生を始め、天野（貞祐）、和辻（哲郎）の両教授には実に親しくして頂き私の哲学的思索や広義の教養は、この人々との教室外、家庭の談話の間から深くなった」と回想する。[6]

再び繰り返すが学生時代に私はふたりの師を確かに摑んで離さなかった。「何よりもまず教師であることに一番大きな生きがいを感じておられ」「理論と実践とが完全に一致した本物の思想家」河合栄治郎先生（猪木正道証言）[7]と、「頭脳明晰で学識広く」「日本の古武士というか、性格がさっぱりしている典型的な日本男児」（大島康正証言）高山岩男先生である。[8]

ふたりの師からの強い影響を受けた私は、就職先の進路を公務員志望から教職へと変更した。卒業後は直ちに郷里に帰り、県立高校の「倫理・社会」担当教師として、教養・哲学・宗教・人生とに深く関わる科目を教えた。授業を通した教えと学びの交流と、日々成長する生徒の姿とは、教師の喜びと励みであり、自身大きな報酬を頂けたと思う。

教育活動の指針に教師・河合栄治郎、研究活動の基底に教師・高山岩男、ふたりを師表と仰いで、退職までの40年間奉職した。この間、学生時代に「本書は我が思想と行動のBibleである。」と扉にペン書きした文庫本『学生に与う』を繰り返し繙いて、日々多忙な教育活動の糧として来たのである。

第2節　生きる力を与える「人類の教師」と河合栄治郎

1　「人類の教師」の資格・四聖の共通項

　高校『倫理』教科書に「源流思想」の章がある。ここで取り上げる代表的人物が、広く「人類の教師」と称される四聖——ソクラテス・キリスト・ブッダ・孔子——である。私は教師・河合栄治郎に、「人類の教師」四聖の生き方在り方と繋がる接点があると推察する。それは何であるかを考えたい。

　この「人類の教師」を見分ける標識とは何か。名著『教育哲学』（『高坂正顕著作集』第6巻所収、理想社、1970年）の著者高坂正顕は、これを次の基本3点に求める。[9]

　1．生きる姿勢を正し、生きる意義を教える教師。
　2．その人を思い浮かべることで、生きる力を与えられる教師。
　3．何らかの意味において、目を覚まさせてくれる教師。

　以下、これに関係する事柄を考察したい。教育は人類の誕生とともに開始された、人間に最も根源的な文化活動だが、これが明確に人間の自覚に挙がったのは、ヤスパースの提唱する「枢軸時代」（前500年を中心とする数世紀）のことであった。この知的変動によりそれ以前にはなかった覚醒した「知」の在り方、すなわち人類の精神的基礎となる「思想」が初めてここに出現した。

　この思想、殊に人間として善い生き方、正しい在り方、生きていく姿勢を、実践躬行して証明したのが、ソクラテス・キリスト・ブッダ・孔子の「四聖」とされる。孔子を除いては職業的「教師」の範疇に含まれないが、四聖は後世の人々から「人類の教師」と敬仰されている。

　その根拠は、「師とは何か」の根本命題が問われるとき、四聖の各人は、真実の意味での教育者、すなわち師の「原型」と東西の世界で承認されたからである。加えて弟子たちの目撃した師の生きた姿が歴史的に伝承され記録されて

194 第2部 河合栄治郎の理想主義とその展開

来た事実もきわめて重要である。

2 四聖と通底する教師・河合栄治郎

それでは師の原点、「人類の教師」の四聖に共通する資格とは何か。和辻哲郎は、次の5項目を挙げている。[10]

1．人類の教師は、最も特殊（個）的なるものが最も普遍（類）的な意義価値を有する。

2．人類の教師が教えた人々は、事実上狭く局限されるが、可能的にはいついかなる社会の人々であっても教えを受けることができる。

3．人類の教師の持つ普遍性は、その教師の人格と智慧にもとづくと考えられる。

4．人類の教師は、皆よき弟子を持った（プラトン・キリストの十二使徒・ブッダの十大弟子・孔門十哲など）。弟子たちはその師の道や真理を喧伝することに努力した。

5．人類の教師の説く道や真理を、孫弟子や曽孫弟子たちが記録して、教師の人格と思想とが、時の試練に耐え、幾世代をも通じて働き続けた。

いま和辻の唱える世界の「人類の教師」四聖に共通する資格要件の5項目を、そのまま日本の「天性の教師」河合栄治郎に適用するなら如何に判定されるか。次に各項目別に資格の是非を対比してみよう。

1．河合栄治郎（個）の統一的世界観としての「理想主義」、および人間観・教育観としての「人格主義・教養主義・個人主義」、これらを支援・擁護する「自由主義」、これらは偏狭なナショナリズムの枠を越えた民主主義の理念に合致し、世界人類に普遍（類）的の意義と価値を有する思想と言えよう。

2．河合栄治郎を対面受講できたのは戦前の東大生、および濃い師弟関係を結んだのは河合ゼミ所属の一部学生に局限される。けれども『学生に与う』を始め諸著作は、戦中、戦後期の学生、勤労青年、教師、一般人と広範な読者に

歓迎され指針とされた。著作を通して熱く語る河合の言葉は、多くの読者に学ぶ喜びや生きることの意味を教えて来た。今後主要著作の「英訳」と世界へ向けての発信が望まれる。

3. 河合栄治郎の持つ「普遍性」とは何か。河合における「人格と智慧」の関係は如何か。人格とは「独立した個人としての人間性」を意味し、智恵とは「人生の指針となるような、人格と深く結びついている哲学的知識」(『広辞苑』)と定義されるが、河合において二つは不可分一体である。言行の一致する河合の生き方自体は「人類の教師」の持つ普遍性と繋がる。

河合の「人格と智慧」について、知友門下の証言から数例を引く。「誰よりも学生に対して深い関心と熱情を注いだのは河合さん」である。これは「河合さんの人格にとって根本的要素」であり、この「性格の持ち主ではじめて教育者としての資格を持ち得る」(蠟山政道)。[11]「学生の心となって学生の立場に立って愛情と叡知とを持って学生を指導された先生こそ真の意味の教育者である」(山田文雄)。[12]「河合先生の方が先生の講義や著作よりもずっと偉大だ」(猪木正道)。[13]

この人格と一体化した「智恵」は、河合の理想主義に集約される。これは多くの読者の納得了解するところであろう。

4. 教師・河合栄治郎の弟子たちのこと。東大経済学部河合ゼミ生を始め、幾多の俊秀は人材の宝庫であった。彼らは学問・学術部門での「河合学派」、または官界・経済界の「河合山脈」を成して、戦後日本を強力に牽引した。門下生の各方面での活躍は、先師・河合精神の継承と社会的実践でもあった。その功績は、「人類の教師」の十二使徒や十大弟子の果たした貢献に該当するのではないか。

5. ここで河合における緊要の課題は第5項目であろう。「人類の教師」の場合は、その人格と思想とを、孫弟子等が記録に残し「時の試練に耐え、幾世代も通じて働き続け」て今日に生きていると言えるが、教師・河合栄治郎の場合はどうなるのか、その行方に少なからぬ関心が抱かれる。

河合栄治郎は1944年2月15日逝去した。享年53歳。それから80年間もの

196　第 2 部　河合栄治郎の理想主義とその展開

歳月が流れた。この間、師説を継承・展開してその使命を果たした中心は、敗
戦直後に河合門下らが立ち上げた「社会思想研究会」および同出版部である。
殊に「現代教養文庫」の創刊と『河合榮治郎全集』全 23 巻を刊行して、「河合
栄治郎」を世に広く知らしめ普及させた功績はきわめて大きいと言える。

　1991 年 2 月、『河合栄治郎生誕百年記念講演会』が、東京・大手町の経団連
会館で、門下生らも集い盛大に開催されたが、それからも 33 年間が経過し
た。この間に教師・河合栄治郎に直接師事した弟子の世代は、その社会的使命
を果たし終えて概ね鬼籍に入っている。

　2024 年現在、「河合栄治郎」の継承と発展の主な担い手は、孫弟子からさら
に曾孫弟子の若手研究者の世代に移っている。その中核は、直弟子の「社会思
想研究会」に代わって、同じ目的と任務を遂行している「河合栄治郎研究会」
であろう。

　「河合栄治郎」を正確に理解し、精緻に研究し記録して、これを継承し一層
発展させて理想主義の実現を図る使命は、「人類の教師」における孫弟子・曾
孫弟子の世代に該当する現代人、すなわち真実にいまを生きる私たちの積極活
動如何に委ねられていると言っても過言ではないのである。

第 3 節　『学生に与う』から学ぶ昭和の高校生

1　『学生に与う』読書指導の方法

　本節では昭和期の 1976 年、私が 26 歳で教師 5 年目の頃に「倫理・社会」科
目の授業で、テクストに河合栄治郎著『学生に与う』を採択して学年の生徒全
員を対象に読書指導した経験を語りたい。

　これを実施した学校は、岡山市郊外の農村地帯に位置する岡山県立 O 高等
学校である。同校は男女共学の普通科高校で、生徒数は 1 学年 7 クラス約 300
名余り。全校生徒数約 1000 名余りの中規模校である。生徒は、地元の農家や
水産業者の子弟、新興住宅地住民の子らが混在していたが、校区住民の気風は
伝統の残るやや保守的と言える風土であった。

反対に教職員の気質は、いまの言葉で「リベラル」、古い呼称では「革新」系の人も多く、「平和と民主主義」を唱えて、県下の高校の中でも組合活動が活発な職場であった。

河合栄治郎著『学生に与う』の読書指導の対象は、第2学年、本書を夏休みの読書課題（宿題）として、指定した文庫本を校門前の書店で各自に購入させた。このとき書店の店頭に貼り出された黄色い紙に「花澤師指定　河合栄治郎著『学生に与う』定価○○円」と書かれたのを見て、大学の教科書販売をする書店と同じ光景だなと思った。一方で本書採択に対する批判も一部教師からあった。

さて、読書指導の方法である。生徒に原稿用紙の枚数を指定して、読書感想文を提出させるという通常の方法は採らない。

私の採った方法は、文庫本『学生に与う』の本文中に直接書き込ませる仕方である。生徒自身が、著者の主張に賛成する箇所、疑問の箇所、および反対の箇所に、色を変えて傍線を引く。そして頁の余白にその理由を書く。これにより読者と著者との対話的思考を意図したわけである。

そして読了後、生徒は文庫本の裏表紙の見返し1頁に収まる分量の感想文を書いて、夏休み明けに「本自体」を提出する。私はそれらを読み、適宜助言や意見などを記入して、本を返却すると、これを喜ぶ生徒は少なくなかった。

ここで生徒は「河合栄治郎」を読むことによって、1．著者との対話　2．自分自身との対話　3．教師との対話　を経験することになる。これは読書のもたらす教育的効果と考えられた。次に、『学生に与う』を読んだ高校生の読書感想文の中から紹介したい。

2　高校生の『学生に与う』読書感想文

河合栄治郎が『学生に与う』出版時（1940年）に読者として想定したのは、主に旧制大学生、旧制高校生と専門学生などであった。本書を巡って、現代の大学生の見解や感想は幾らか見聞するが、本書を新制高校生が如何に読んだか、を知る手掛かりは少ない。ゆえに昭和の高校生の「記録」ではあるが、私

198 第2部 河合栄治郎の理想主義とその展開

が読者に一見して戴きたい感想文の2編を掲載する。

　最初この本を手にして、目を通した時「こんな難しいものが読めるもの
か」と思った。しかし夏休みの宿題だし、二学期の中間考査の成績に響く
からと思って、仕方なく読み始めた。第一章、第二章……九章くらいまで
はしぶしぶという感じだったが、第十章　歴史　のあたりから何かこの本
に引き付けられていく自分を感じて、自分でも不思議なくらい感銘するよ
うになった。
　そしてこの「難しい本」をやっと読み終えた今、初めて読書というもの
が分かった。早く読んで終わらそうと思っていて、何で自分の糧になどな
ろうか。感動したら心からジーンとしてくる。そしてそこに赤い線を引
く。簡単なようでわからなかった読書による感動、それは確実に自分のも
のになってうれしい。
　この本の作者は「恋愛」に対する考えが少し古いとは思うが、やはり私
は賛成できるし、日常生活、読むこと、書くこと、考えること、語ること
など、本当に勉強になり、よい参考になったと思う。(Y・M)

　本書の第一部は少し難しい感じだったが、第二部はわかりやすく、考え
させる文章もたくさんあった。なるほどなぁと思う反面、反対する部分も
たくさんあった。こうやって感想を一つ一つ感想を書いていると、まるで
この作者と討論でもしているような気分になってくる。これほど中身の濃
い読書をしたのは久しぶりだ。
　この『学生に与う』がなぜ今まで読み継がれて来たか、読み終えた人に
はちょっぴりわかるのではないでしょうか。作者は、かなりハイカラな言
葉を使っているが、それも理由の一つだと思う。表現も大胆です。でも何
よりも学生が、考えたり悩んだり、そんな身近な問題を、作者が取り上げ
て考えているところに、その理由があるのでは、と思える。時代は変わっ
ても、学生の考えることは、あまり変わっていない。同じように夢をも

ち、悩みをもち……。

　作者はこれを戦前の学生に与えるために書いたのだろうけれど、私は彼らを昔の若者たちとは考えられなくて、同じ時代に学ぶ仲間のような気持ちになってくる。作者がまるで現代の我々のために書いてくれたような……。特に「友情」「師弟」の文章はたいへん考えさせられた。(M・U)

第4節　おわりに　「教師に愬う」——河合栄治郎の箴言から

　おわりに、「教師に愬う」河合栄治郎の箴言から、ここに私自身が感銘を受けて自戒と反省としたい教師の心構え「三つの言葉」を挙げておこう。この河合の「悲願」が日本の教育の場で漸次覚醒され広く実行されてやがて「満願」に達する理想を期して、本章の主題「河合栄治郎に学ぶ教師の在り方生き方」の結びの言葉に代えたい。

1. 先ず教師は学生に対して愛をもたねばならない。ここに愛とは学生の成長が教師自身にとっての喜びであり、学生を無為に放任することが教師として耐ゆべからざる苦痛となるほど、学生と教師が二にして一なるが如き関係を云うのである。14)
2. 教育の独自的価値を看過して、教育を智識に隷属させ、研究者と学者と教育者との区別を忘却して、教育者としての能力を軽視、無視し、教育者としての資格よりも、研究者としての資格に重きを置いたことが、日本の教育を如何ならしめた重大の原因である。15)
3. 教師！人生の分岐点に立つ若人に、潜める心霊に点火して之を人生の戦いに駆ること、世に之ほど神聖な職業が在ろうか、之こそ聖職と呼ばれねばならない。然るに此の名に値する教師は、今や何処に姿を隠しているのであろうか。16)（傍点花澤）

　注
1)　日本評論社、1940 年刊、初版は発売 2 カ月間で 2 万 2000 部を記録。渡部昇一「河合栄治郎の意

200 第2部 河合栄治郎の理想主義とその展開

　味」日本文化会議編『日本の知識人』PHP 研究所、1980 年、p. 2.
2)　河合榮治郎編『學生と西洋』日本評論社、1941 年、p.2.
3)　金谷治訳注『荀子』（上）岩波文庫、1961 年、p.17.
4)　『全集』第 16 巻、p.192.
5)　『全集』第 15 巻、p.363.
6)　高山岩男『西田哲学とは何か』燈影舎、1995 年、p.187.
7)　猪木正道　解説『学生に与う』現代教養文庫、1997 年、p.187.
8)　大島康正「はしがき」『哲学の世界』創文社、1985 年、p.2.
9)　高坂正顕「教師の使命」市村真一編『日本の教育・理想と苦悩』創文社、1981 年、p.7.
10)　『和辻哲郎全集』第 6 巻、岩波書店、1962 年、pp.264-266.
11)　蝋山政道「人間として同僚としての河合さん」社会思想研究会編『河合榮治郎　傳記と追想』社会思想社、p.198.
12)　山田文雄「先生の思いで」同前、p.217.
13)　猪木正道　解説『全集』第 9 巻、p.453.
14)　『全集』第 18 巻、p.273.
15)　『全集』第 14 巻、p.43.
16)　同、p.43.

第7章

河合栄治郎の教養論と学生の生き方

渡辺かよ子

第1節　はじめに

河合栄治郎（1891-1944）の急逝から80年が経った。河合栄治郎の教養論と
それが示す学生の生き方は、21世紀の今日にあっても多くの貴重な示唆を含
んでいる。それは単なる懐古趣味ではなく、専門分化と人間形成としての教養
との葛藤の解決に向けた、非政治的・非実践的・独善的エリート主義的な教養
主義の克服という今なお未解決の歴史的課題に関する一つの回答を提示してい
るからである。

近現代日本の教養をめぐる議論（＝教養論）は、これまで四度興隆してい
る。第一期の大正教養主義、第二期の1930年代の教養論、第三期の敗戦後の
一般教育に関する議論、第四期の1991年の大学設置基準の大綱化以降の教養
や「教養教育」に関する議論、である。2020年代の今日、教養をめぐる言説
は「教養力」や「ファスト教養」等、情報化によって加速するグローバリズム
を背景にさらなる新たな進化を遂げつつある。こうした近現代日本の教養論の
歴史において最も重要な位置を占めていると考えられるのが、第二期の1930
年代の教養論である。それは、日本語の「教養」の今日的意味を確定し、敗戦
後、米国から一般教育（general education）を受容する思想的基盤となり、今
なお我々が格闘している教養の諸課題に関する先駆的議論を提示しているから
である。[1] 以下、1930年代の教養に関する議論の中核となった河合栄治郎の
教養論と学生の生き方について、その特徴と歴史的意義を概説したい。

202 第2部 河合栄治郎の理想主義とその展開

第2節 河合栄治郎の教養論の概要

河合栄治郎の教養論は、天皇制ファシズムによる言論弾圧が厳しさを増す1930年代に展開された。『第一学生生活』や『第二学生生活』等の河合の教養論、ならびに河合が編集した『学生と教養』をはじめとする『学生叢書』全12巻は当時の多くの学生に読まれ、今なお懐かしさと共に語り継がれている。これらの河合の教養に関する著作はあるべき教養に関する議論を呼び起こし、多くの批判と反批判と共に教養と題された叢書シリーズを生み出す起爆剤となり、空前の教養に関する議論が興隆した。河合の教養論に触発された多彩な1930年代の教養論は、それ以前には「教育」と同義に用いられていた近代漢語である「教養①」を、大正教養主義以降の豊かな文化の体現という「教養②」に転換し、今日の日本語の教養という言葉の意味を確立した。その過程にあって1930年代の教養論は、非政治的・非実践的・独善的エリート主義として特徴づけられる大正教養主義を批判ないしは批判的に継承することで多彩な「新しい」教養の在り方を提起した。そうした教養に関する議論には、①戦時体制への対応としての教養、②階級的偏見のない普遍的教養、③社会分化や専門分化に対応する紐帯としての教養、にむけた志向関心が見られた。各論者の教養論の志向は戦局と共に変容し、1930年代末の教養論の殆どが①戦時体制への対応を説くものとなっていた。転向や偽装転向が余儀なくされた状況にあって、河合の思想とその生き方は一貫していた。[2]

よく知られているように河合の業績には、①社会政治哲学の理論的研究、②理論的研究の高等教育への応用、③理論的研究の時事的問題への適用、という三つの領域があった。教養論は②の領域に属し、①の理論的研究に基礎づけられたより具体的な高等教育論として展開された。哲学においては理想主義、社会思想においては社会主義、政治思想においては議会主義と言論自由主義の立場をとる河合の思想体系の人間ならびに社会の究極の価値として掲げられたのが、「人格の完成」であり、それにむけた各人の努力である「教養」ならびに

「人格の成長」であった。こうした究極の価値の実現に向けて展開されたのが河合の思想体系であり、そこには対象論理的、理想と現実の対比、楽観主義という特徴があった。[3]

河合は高等教育段階における教育の類型を「一般的教育」と「特殊的教育」の二つに分類し、両者を比較している。一般的教育とは「人間自身を形成すること、人間を彼自身たらしめること、人格を陶冶すること」と定義され、一方の特殊的教育は「一般的教育を前提として、人格の構成要素たる学問、道徳、芸術などを教授し、修得せしめること」とされ、その目的は人格の各要素を捉えてこれを開発することにより人格の陶冶に参与することにあるとされる。一般的教育の特殊的教育に対する優位を主張する河合は以下のように述べている。「特殊的教育の対象たる学問は、人格の要素の一つであり、各人における学問の成長が、その人格の陶冶に与るのであるから、学問と人格とは部分と全体との関係にあり、特殊的教育と一般的教育は枝葉と根本との関係にある。」河合によれば、一般的教育は必然不可欠の根本条件であって、一般的教育なくして、特殊的教育は存在意義を持たないという。日本の高等教育の現状における根本的問題は、一般的教育も特殊的教育も共に十分に機能しておらず、これら二つの教育を遊離ないしは並立させ、両者の間に何らの連関を付けていないことにあるという。[4]

学校に一般的教育も特殊的教育も期待できない現況にあって、河合は、学生は理想の自己に向けて自己によって自己を教育するほかないとし、これを教養と捉えている。「人格の成長」と同義の教養は、真善美を統合する「最高の価値」とされ、現実の自己と対立する理想の自己に向けての努力である教養は、自己の成長過程における戦いであり、「あれかこれかと智識や芸術を漁ることではない、智識や芸術の主体たる人間をいかにするかということ」であった。教養の実態を具体的に描写することは困難であるとしながらも、その一端を「完全なる知識と豊富なる情操と広汎な同情と夫々高度にして而も相互に調和した状態」としている。教養と同義とされる人格の成長は、「我々の能力を完全に実現すること」「善」と捉えられ、「我々の持つ能力の中には、少なくと

204 第2部 河合栄治郎の理想主義とその展開

も、学問、芸術、道徳に対する能力が含まれ、之等の能力を実現する所に、真善美があり、此の能力を最高完全に実現した極致が神である。故に人格の成長とは神への接近を意味する」[5] という。

個人の人格の成長と他者のそれについては、両者は自ら調和し同一のものであるとされた。あらゆる同胞の人格の成長を図ることをその内容とする人格の成長は、自己だけを考慮し公共性を持たない場合には真に人格が成長したとはいえず、自己の為ということと他人の為ということは究極的に一致すると考えられた。社会や公共を関心としない道徳も教養もなく、社会のあらゆる成員の人格の成長に反するような自己主張は許されず、そのための自己犠牲は甘受されねばならなかった。また、教養こそが祖国愛を基礎づけ、その推進力となるものであり、国家の与える精神的・物質的条件なしには人格の成長は有り得ないので、国家防衛のためには財も命も惜しんではならず、全ての教養人は「国士」でなければならないとされた。[6] この点において、河合は教養思想を大正期の理念的な楽観的コスモポリタニズムから、国家とその危機を媒介とする現実的なナショナリスティックな愛国思想に転換している。

理論と実践の関係について、河合は将来への準備としての学生時代と社会改革の実践としての卒業後の生活という二分法を採用している。河合の教養論は、学生時代という人生の一時期は、職業的学習や物質的状況に気をとられてはならず、何よりも「世界観の学習」に没頭すべきとした。学生時代には、教養の結果が社会改革に至るよう、社会改革を為し得るがごとく教養に勤しむべきことを説いている。

　　大学数年の学生生活は、恵まれたる生涯の時代である。……学生生活において大事を将来に期しつつ、胸に改革の情熱を燃やしつつ、しかも静かに沈潜しえないものは、その期する所の小なるか、その任務の大なるを忘るるものである。浅薄なる理論に満足し席暖まるに違なく行動に奔走するものは、その心事において諒とすべくして、その未来の永続した活動に不安を覚えしめる。大学の学生時代はかくして暮さるべきではない。[7]

第3節　河合栄治郎の教養論の特徴

　上記で概括した河合の教養論には、以下のいくつかの特徴を見出すことができる。

　第一は、社会改革と思想体系の中核として教養が位置付けられていることである。哲学においては理想主義、社会思想においては社会主義、政治思想においては議会主義と言論自由主義の立場をとる河合の思想体系の人間ならびに社会の究極の価値として掲げられたのが、「人格の完成」であり、それにむけた各人の努力である「教養」ならびに「人格の成長」であった。この点は当時の多くの教養論の関心が戦時体制への対応にあり、現実に追従するための近視眼的な「新しい」教養を説いていたが、河合はそれ以前からの思想研究に基礎づけられた、理想社会の実現にむけた社会改革とその方途を視野にいれた論理的一貫性を持った教養論を展開していた。戦時下の天皇制ファシズム体制による言論弾圧にあっても河合の思想は揺らぐことなく、またそうした中で河合の思想に内在する矛盾もまた鮮鋭化していた。

　第二は、河合の教養論は天皇制を中核とするナショナリズムに基礎づけられていた。河合が唱えた最高価値としての人格成長の主体がそのための単なる条件を防衛するために、それ自身の生命を打ち捨てねばならないという論理矛盾は天皇制の賛美と絶対化によって回避されていた。河合は愛国者であった。「理想の自我が普遍であり、現実の自我が特殊であると同じく、理想の人類は普遍であり、現実の国民は特殊である。特殊の自我を通してのみ、人格へ成長することができると同じく、特殊なる国民を通してのみ、理想の人類に達することができる。……われわれが人類に生きようとするならば、特殊なる国民を通してのみ、それが可能である」[8] という。

　第三は、河合の教養論の対象は、人生の一時期である学生時代という恵まれた条件において「自覚」を達成できる少数のエリート男子学生であった。河合は大学教育の機会や大学が享受していた研究活動の自由を社会一般に拡張しよ

うという意図は持たず、むしろ反対にエリート主義を徹底するために大学の学生数の減少を説いた。性別役割分業を前提として男子学生向けに説かれた河合の教養論は、ジェンダーの視点から批判されるべきであろうし、河合自身が教育への関心を喚起されたトーニーの「全ての者に中等教育を」という教育機会の拡張とは逆方向の主張となっている。河合の教養論は男性エリートの個人的観点からのみ機能するものであり、教養の機会の社会的分配と社会の構成員相互のコミュニケーションの基盤形成には殆ど無関心であった。個人の人格成長のみならず、国家社会における文化や教養の在り方、常識・良識・学問・科学と教養との関係等、社会階層や性別役割分業を超えるより普遍的な教養の探求に向けた志向は希薄であったといわざるを得ない。

　第四は、教養の中核となる宗教や神に関する議論が希薄であることである。このことは河合の教養論の集大成といえる『学生に与う』の中で、宗教の重要性を認め、宗教に関する単独の章を設けながらも、自らはいまだ宗教的体験を持たないために宗教を語る資格がないと述べている。河合自身は一高時代に新渡戸稲造の薫陶を受け、内村鑑三の説教を聞きにも行っているが、科学と宗教は矛盾するとして生涯、宗教とは没交渉であった。河合にとって神とは理想の自我を現実化したものであり、完全に実現した人格性を客観化したものであった。無力や孤独の救済から神仏を求める心は、理想と現実の自我の内部的対立に堪え得ず対者の一つを外に求めるものであるが、現実の自己の無力と弱小を否定して理想の自我に生きようとする理想主義者と、神を求めて宗教に生きる者とは互いに縁遠いものではないという。[9] 河合の教養論が宗教信仰によって基礎づけられることなく、科学の領域で踏みとどまっていることは、確かにその思想の深みに欠けるのかもしれないが、その知的誠実性と逆境にあって発揮される強靭な精神力と相俟って、より普遍性を持った教養に関する議論を可能にしているのではなかろうか。

　第五は、教養を真善美の視角から捉えるも、教養における美や芸術に関する議論が薄弱であることである。河合は自身の学生時代には芸術に関する関心が普及しておらず、自身の家庭にも芸術的雰囲気は皆無であったという。一高、

第 7 章　河合栄治郎の教養論と学生の生き方　207

大学時代も美術や音楽は河合にとっては未知の世界であり、外国に行って初め
て音楽への興味を覚えるも、建築や彫刻、絵画には全く興味がわかなかった。
河合が初めて芸術や美術に興味を示すのは休職後の大和の古寺への探訪であっ
た。このことは、一高時代の同級生の中に、河合と同じ学生時代に芸術的感性
を育み後の文化外交官や日本文化の紹介者となって活躍した柳澤健（1889-
1953）や矢代幸雄（1890-1975）等がいることを考えると、河合の教養論の特徴
的限界を示しているともいえる。河合によれば、美的鑑賞は物象を契機とし
て、自己の美的価値観念を物象に投影することであり、鑑賞する側に相当の用
意と条件が必要であるという。その条件とは現実からの脱却と美的価値への自
己の没入であり、没入の体験をつうじて自我・魂・精神が常住不断に昂揚し純
化し向上することが教養であり人格の成長であるという。「美的観賞は往々に
して繊細過ぎる感情、鋭敏すぎる神経、虚弱な性格を育成して、現実の風波に
堪えぬ敗者を作る危険性がある」[10] という。

　以上のような特徴を持つ河合の教養論は、戦前の各種読書調査や『学生と教
養』をはじめとする『学生叢書』の文字通りの爆発的な売れ行きに示される興
隆を見せた。多くの学生に読まれた河合の教養に関する著作は戦後間もない
1946 年春に実施された日本読書新聞の増刷希望の世論調査では、5 位：『社会
思想史研究』、6 位：『学生と教養』、10 位：『学生と読書』となって、10 位ま
でに河合の著作が三冊ランクインしている。[11] また社会思想社による河合栄
治郎全集の出版や河合栄治郎研究会の活動によってその思想の継承普及が続け
られている。

　河合の教養論は没後 80 年を経て、なお大正教養主義を批判的に発展継承し
た教養思想の中核として再評価がなされるべき思想であることは間違いない。
とりわけ、批判精神を欠いた受動的消費的な、単に主体に付帯する文化資本と
捉えられることの多い昨今の教養にまつわる多くの言説が流布される時代に
あって、理想の人格に向けた自己形成という教養の原義、すなわち能動的主体
的な自己形成の意義を近代日本の文脈に即して原理的に議論し、当時の国家的
危機の時代に真の愛国者としてファシズムを批判した河合の教養論とその生き

208 第2部 河合栄治郎の理想主義とその展開

方は、その思想的瑕疵を含有しつつも、大いに称えられるべき歴史的に継承されるべき教養思想であることは確かであろう。

第4節 生きられた教養と権力——多様な学生文化と生き方の問題

　次に河合が展開した教養論とそれを体現した河合自身の生き方を重ね合わせ、同時代的な教養と生き方の可能性の幅について考えてみたい。河合没後80年を経て見えてくる教養と生き方の関係、特に生きられた教養が社会改革や権力とどのように対置しているのか、河合が同世代の自己形成者の中でどのような特徴を持つのか試論的に検討したい。河合自身は人生の節目に機会を捉えて自らの生き方の表明をしながら自己形成を行っている。例えば「ルーテルとエラスムス」「官に就くに際して」「官を辞するに際して」、四著書の発禁処分に対する裁判闘争等、人生の各節目で明確に自らの生き方の所信を表明し、自らの自己形成に関する主張と正当性を言語化している。こうした行為こそ、河合の自己形成である教養が生き方と一体化した「生きられた教養」の体現とみなすことができる。こうした河合の生き方と自己形成の原点はよく知られているように第一高等学校時代にある。以下では、河合の教養と生き方の特徴をより明確に理解するために、河合と同時期に一高で学んだ当時の学生の教養観と生き方を検討してみたい。

　教養と生き方という視点から、河合とはいわば対極にあるのが、詩人・文化外交官の柳澤健である。新渡戸を慕う雄弁家の基督教徒の学生に反感を感じながら、柳澤は詩作や芸術鑑賞を愉しみ、後に外交官となって国際文化交流に貢献した。河合と同学年で文芸部に所属した柳澤は、異色の一高寮歌「光まばゆき」を作詞し、校友会雑誌への掲載適切性をめぐって記念会の茶話会で議論が沸騰した艶麗繊細な「大川端情調」の作者であった。[12] パリを中心に在外生活が長い柳澤は音楽や絵画等の芸術をこよなく愛し、様々な国際文化交流事業のフィクサーとして活躍した。松岡外相の着任によって更迭されるも特に不平を表明することもなく、モーロアの「忘れるべきことを必ず忘れる」を信条と

している。外務省本省勤務の際、河合が排撃された蓑田胸喜に対しても、その「正直と弱さ」を見抜き、余裕のある対応をしている。[13] 雑学に長け広くて深い観察眼を持つ柳澤は、戦後、長年の外交官としての在外経験を活かし、『和洋エチケット：これだけは心得おくべし』という軽妙な教養ハウツー本を著している。柳澤は後年、同じく一高の同級生である田中耕太郎へのインタビュー『生きてきた道（伝記・田中耕太郎）』において、田中の視点から見た「平賀粛学」の詳細な経緯と弁明を記している。[14] が、残念ながら田中にも柳澤にも河合への共感的理解や河合擁護の可能性にむけた配慮は殆ど見られない。

　一方、自己形成としての教養と社会改革の実践の視点から、宗教的基礎の有無と活動分野に違いがあるものの河合と相似形をとっているのが河合と共に一高の第12代弁論部委員（明治43年度）を務めた河上丈太郎である。幼少期からクリスチャンの父親に生き方を導かれた河上は、一高時代に内村と新渡戸の薫陶を受け、大学で社会科学の実証性を学んだ後、教員・政治家となって社会改革に邁進した。[15] また、一高在学中に弁論部委員として徳富蘆花に講演依頼を行なったのが河上であった。『謀反論』と題された講演は大逆事件で処刑された幸徳秋水らの志を擁護し、河上や河合をはじめ多くの一高生に生涯にわたる深い感銘を与えた。これらの学生には、矢内原忠雄、恒藤恭、芥川龍之介等が含まれ、講演当日の様子と衝撃、その後の学内状況等が日記や手記に残されている。当時20歳前後のこれらの学生は後にそれぞれの人格形成を行う中で意識的・無意識的に国家権力の問題と対置しつつ、その四半世紀後の1930年代に40歳代になって教養論を展開している。河合もそうした一高生の一人であった。

　また河合と一高の同級生で「平賀粛学」の決定に最重要の役割を果たし、戦後の文部大臣・最高裁長官となる田中耕太郎もまた、河合が起爆剤となった当時の教養論の興隆について論じている。一高時代に新渡戸の薫陶を受け、内村からの破門を経てカトリック教徒となった田中は音楽に造詣が深く、徳富蘆花の『謀反論』に大いに触発されている。田中は、『教養と文化の基礎』（1937年）において「此の頃位『教養』とか『文化』とかが論ぜられている時代は、

210 第2部 河合栄治郎の理想主義とその展開

明治維新以来我が国に於て未だ存在しなかったと云ってもよかろう。『教養』は人間に品位を与えうるものと考えられ、特に学生に対して教養を持つことが説教せられている」[16]と述べ、文化の洪水の中で世界観的基礎が欠乏した単なる知識欲からの教養の要求を批判している。また大学での法学の学習にあっては、高等学校時代の人間的教養の基礎の上に技術的具体的知識を学ぶことで一層切実に自分のものとして把握されるようになり、一般的教養と同様に技術も亦人間を作ると述べている。[17]

上述の柳澤や河上、田中の例に示されるように、当時の一高生の人格形成と教養、生き方は多様であり、そうした中で河合の教養論とその生き方はある意味特異であった。その特異性は、感性や情操、芸術的要素を排除し、真摯誠実に、自らの理性と意思に基づき理想の自己形成に励むという論理至上主義的な教養論であり、自らの思想体系に立脚した理想社会と社会改革を繋ぐ教養論であった。河合の教養論は文化の豊かさや愉しみとは縁遠いのかもしれないが、こうした特徴を持つ教養論を展開した河合であったからこそ、誰もが沈黙を強いられた天皇制ファシズムの猛威に対しても怯むことなく真っ向から批判を展開することができたのではなかろうか。

第5節　おわりに——未完の自己形成としての教養

以上、河合栄治郎の教養論と学生の生き方について検討してきた。没後80年を経た今日、我々はもはや男子エリート学生に向けられた河合の教養論をそのまま受け入れることはできない。寧ろ1930年代当時の多くの論者が河合の教養論を批判したように、その教養論を基盤にした新たな教養の議論が必要なのであろう。

我々は河合の教養論と生き方から何を学ぶことができるのであろうか。それは、その論理矛盾や真善美に関する教養の不均衡を含みつつ、そこから新たな理想の人格形成に向かう、未完の自己形成としての教養ということであるように思う。上記で明らかになったように、河合にとって教養とは理想の人格にむ

けた自己教育を意味し、それは将来の政治的実践的な活動に向けた準備段階における自己の基盤整備であった。それは決して芸術鑑賞等を介した豊かな情操や消費活動の一環としての人付き合いのためのマナーや基礎知識というものではない、本来的な自己形成としての教養という教養論における原点確認にあるのではなかろうか。

　悔やんでも悔やみきれない愛国者河合栄治郎の早逝は、その瑕疵を多分に含む教養論がどのような新たな展開を見せ、敗戦後の民主主義の下で大らかにのびのびと拡張するのか、その可能性を奪ってしまった。我々はこうした河合の無念さを受け継ぎながら、河合が遺してくれた教養論を原点として、改めて非政治的、非実践的、独善的エリート主義という教養主義を超える新たな自己形成の思想としての教養の可能性を拓いていかなければならない。

　　　注
1)　渡辺かよ子『近現代日本の教養論』行路社、1997 年を参照。
2)　渡辺かよ子「1930 年代の教養論の変容に関する試論的考察」『愛知淑徳大学論集：コミュニケーション学部篇』(1)、2001 年を参照。
3)　渡辺、前掲、1997 年参照。
4)　河合栄治郎『学生に与う』1940 年（『河合榮治郎全集　第 14 巻』社会思想社）40-44 頁。
5)　同上 44-63 頁。河合栄治郎『社会政策原理』1931 年、（同 3 巻）277-278 頁。
6)　河合『学生に与う』63-70、246-254 頁。河合栄治郎「教養と祖国愛」1942 年未発表原稿（同 19 巻）238-259 頁。
7)　河合栄治郎「大学に於ける自由」1928 年、（同 15 巻）53 頁。
8)　河合『学生に与う』253 頁。
9)　同上 153-156 頁。
10)　同上 131 頁。
11)　『日本読書新聞』1946 年 5 月 22 日。
12)　『向陵誌』第一高等学校寄宿寮、1937 年、30 頁。柳澤健『印度洋の黄昏』柳澤健遺稿集刊行委員会、1960 年。
13)　柳澤健『おせきはん』1952 年、60-61 頁。
14)　柳澤健『田中耕太郎述 生きて来た道』（顔叢書第 6 号）世界の日本社、1950 年、93-116 頁。
15)　河上丈太郎「私の履歴書」（第 13 集）、日本経済新聞社、1961 年、河上民雄「河合栄治郎と河上丈太郎」『アジア時報』25 (5)、1994 年。
16)　田中耕太郎『教養と文化の基礎』岩波書店、1937 年、1 頁。
17)　同上、622-628 頁。

第8章

河合栄治郎を継ぐ人々
——青日会から河合栄治郎研究会まで

松井　慎一郎

はじめに

　河合栄治郎という思想家を語る上で、彼の思想と意志を受け継ぐ人々の存在を抜きにすることはできない。ソクラテス、釈迦、キリスト等の偉大な思想家は、師を宣揚する壮絶な弟子の闘いがあったればこそ、今日にまで世に語り継がれているのである。河合が没後80年を経た今日においても思想家として話題にされる機会があるのは、彼の思想と意志を受け継ぐ人々の不屈の闘争があったからである。

　情熱的な教育と文章で知られる河合のもとから「河合山脈」といわれるほど多くの優れた門下や後継者が輩出されていったが、本章では河合思想の普及と実践という意味で献身的な活動を展開したといえる三人の人物とその周辺について見ていくこととする。

第1節　木村健康と青日会

　数多いる河合門下のなかでも「正系の継承者」として誰もが認める存在が木村健康（1909〜1973）であった。河合門下の猪木正道がいみじくも「河合先生をソクラテスとすれば、木村さんはプラトンだ」と発言している[1]ように、弾圧された師の正義を命懸けで訴えた事実こそ木村が「正系の継承者」として認められた最大の理由である。

理論経済学とカント哲学に関する研究で河合から評価された木村は、1931
年大学卒業と同時に副手に、翌年には助手に任用されるが、39年の平賀粛学
に際しては師の河合に殉じて大学を去る。そして、河合が出版法違反で起訴さ
れると、師の絶望的な法廷闘争を特別弁護人として献身的に支えた。「私は昭
和十四年春頃から昭和十八年の五月にいたるまで、学者として最も勉強盛りの
四年間の全勢力を、この裁判事件に注ぎ込んだのである。私はそれを少しも悔
いてはいない」[2]と回想するように、嘱望されていた自らの研究人生を犠牲に
するほど壮絶なものであった。河合思想の潔白を判事・検事に示すために作成
した『弁論要旨』は、河合の思想体系の概略と発禁著書の表現について懇切極
まる説明を施した膨大な分量のもので、河合をして「私自身よりも氏の方が私
の思想に精通していると云ってもよい位である」[3]といわしめるほどのもので
あった。そうした献身的な木村の活躍の甲斐もあり第一審は無罪を勝ち取った
のである。

　こうしたブレない弟子の存在こそ他の門下生たちの本心を失わせることがな
かった最大の要因であろう。木村が大河内一男や安井琢磨のように翻意して大
学に残っていた（師を裏切っていた）としたら、他の門下生たちは去就をはっ
きりさせることができなかったに違いない。木村の決然とした姿勢に師の正義
を確信したに違いない。大学を追われ刑事被告人となったにもかかわらず、以
前と変わらず、多くの門下が河合の自宅を訪れた。なかでも、高田正、梶村敏
樹、長尾春雄、塩尻公明、三森良二郎、木村健康、土屋清、外山茂、関嘉彦、
石上良平、斎藤暹、猪木正道、水野勲、二宮敏夫、音田正巳は、受難の師を激
励するため、2週間に1回のペースで河合邸に参集し、河合を囲んで、哲学、
社会科学、思想、文化、時事問題に関する研究会を開催した。河合は、イギリ
スのディズレーリの「ヤング・イングランド党」にあやかり「青日会」（「青年
日本の会」の略）と命名したのである。毎回、あらかじめ決められた報告者が
自分の関心に沿ったテーマで報告し、会員相互で活発な議論が展開された。木
村も「大東亜戦争の合理的根拠」や「フィヒテ」をテーマに報告を行った。そ
の後、青日会は実業家小林采男の資金援助もあって「河合研究所」に発展する

214　第2部　河合栄治郎の理想主義とその展開

が、河合の急逝により設立後20日にして解散する。[4]

　戦後まもない1946年1月、木村は東大経済学部に助教授として復帰する（1949年から61年まで教養学部教員を兼務）。定年するまで20年以上にわたり、河合の衣鉢を継ぐ教員として存在感を示した。河合はかつて大学教員の職能を研究者、教育者、大学行政家の三種に求めた[5]が、木村は恩師の教えを忠実に守って職務を遂行した。もともとの専門である経済学については単著（『厚生経済学序説』勁草書房、1969年）を一冊残したのみでさほど目立つ業績を残すことはできなかったが、イギリス労働党や民主主義をテーマとして社会思想史の分野では戦後まもない時期の思想・学術界を牽引する働きをなした。また、最初の河合研究である「河合榮治郎の生涯と思想」[6]は、河合の人物と思想の本質を明らかにしたもので、今日においても決して色褪せていない。今後の河合研究においても羅針盤としての地位を維持していくことだろう。

　猪木正道が、「河合先生は学生に自分の時間を割かれたけれども、自分の勉強を犠牲にされることはなかった、そういうけじめがあったが、戦後の木村さんは甚だ遺憾だけれども、そのために自分の勉強を犠牲にされた感がある」[7]と述べているように、戦時中、学生を庇って憲兵隊に逮捕された第一高等学校におけるカリスマ教師は、戦後の東大においても健在であった。献身的な教育指導で、嘉治元郎、小宮隆太郎、早坂忠、村上泰亮をはじめとする有能な人材を育てたのである。

　経済学部の内紛により大学行政家としては思い通りの活躍ができなかった河合とは違い、評議員をはじめとする学内の役職を務め、教養学部の設立にも尽力した。また、旧制成蹊高校の成蹊大学改組にも力を入れ、東大退官後は成蹊大学の初代経済学部長を務めたのである。

　かつて、一高教員時代の木村の奮闘に対して校長の安倍能成は、「河合さんの弟子がこんなに偉いとは、河合さんを見直した」と発言したという[8]が、大内兵衛や矢内原忠雄といった河合の論敵が戦後の東大において中枢を占めるなかにあって、木村の傑出した活躍は河合の声名を高めることになっても低めることにはならなかっただろう。表向きは、土方成美をはじめとする「革新

第 8 章　河合栄治郎を継ぐ人々　215

派」教員との内部抗争の責任を取らされた形、すなわち「喧嘩両成敗」として
東大から追い出されたにもかかわらず、河合が戦闘的自由主義者として弾圧さ
れたという真実を多くの者が認識することができたのは、木村の活躍あっての
ことだと考えられる。

第 2 節　関嘉彦と社会思想研究会

　戦後多忙な校務等で河合門下の中心者としての役割を果たすことができなく
なった木村健康に代わり、河合門下を束ねて師の思想を宣揚したのが関嘉彦
(1912 ～ 2006) であった。1933 年に東京帝国大学経済学部に入学した関は、入
学当初、滝川事件を通じてマルクス主義による社会改革の道に疑問を感じた。
その時、河合の『社会政策原理』を読み、理想主義的社会主義（自由主義的社
会主義）に共鳴、34 年から河合の演習に参加し、主体的に考えることや平易な
言葉で表現すること等を指導されたのである。[9]「戦闘的自由主義者」として
の河合の声名を高める契機となった「二・二六事件に就いて」(『帝国大学新聞』
1936 年 3 月 9 日付) の発表は、大学在学中のことであり、「軍部に対する挑戦
状」ともいうべき論文を書いた勇気こそ河合から学んだ最大のものであっ
た。[10]

　戦時中、陸軍司政官として北ボルネオに赴任していた関は、恩師の急死を 1
年後輩で河合の娘婿であった斎藤暹の便りによって知る。敗戦後、北ボルネオ
から引き揚げる際、多くの戦友の屍を放置せざるを得ない断腸の思いのなか
で、「このような無謀な戦争を繰り返さないよう、日本を河合榮治郎先生が教
えていたような自由主義的な社会主義の社会に変革すること、そしてもしその
ように改革された日本を侵略する国があれば、その時こそ再び銃を取って戦う
こと、これこそが英霊に応える途である」と決意するに至った。[11]

　復員後、関がかつての青日会や河合研究所の中心メンバーに、河合の思想を
日本に広め、戦後の混乱から日本を立ち上がらせるための研究会を創設するこ
とをはかり、1947 年 12 月、「日本再建の原理たるべき社会哲学を徹底的に検

討し、社会改革の具体案たる社会政策を科学的に研究し、之を江湖に普及せしめて聊かなりとも日本復興に資せんとする」、「社会の凡ての成員の人格の成長を保証する如き日本国家を再建し、以ってその理念を世界に及ぼさんとする」という趣旨のもと結成されたのが社会思想研究会であった。[12] 関は理事と事務局長を兼任し、実質的なリーダーとして会を牽引していった。関が書いた草案をもとに討議して作成された綱領は、(1) 個人人格の完成こそ最高の価値であることを信ずる、(2) 個人の社会的自由を最大限に拡張する、(3) 社会主義社会の実現に努力する、(4) 民主政治を擁護する、(5) 世界平和の維持に努力する、というように、河合思想の実現を目指すものであった。東西冷戦の激化に伴い国内の政治的・思想的対立も激しくなるなかで、社会思想研究会は「民主社会主義」の旗印を打ち出し、河合門下以外に、芳賀綏や田久保忠衛といった後年論壇で華々しい活躍を遂げる若手研究者も集い、最盛期には会員・会友数は 700 名に達し、1976 年の解散まで日本の思想・学術界において存在感を発揮したのである。

　そして、関の功績として欠かすことのできないのが社会思想研究会出版部（のちの社会思想社）の設立である。もともと社会思想研究会の活動資金を捻出するために設立されたものであるが、関は「事業人としての天性の才能」を発揮し、[13] ルース・ベネディクト『菊と刀』やアーノルド・トインビー『歴史の研究』などの翻訳権を高い条件で落として翻訳書を出版、これらはロングセラーのドル箱となって屋台骨を支え、その後、長い間、出版社としての地位を保持することができたのである。2002 年の事業停止まで「現代教養文庫」をはじめとする良書の出版を展開したが、河合思想の普及という点では、『河合榮治郎全集』全23巻・別巻一（1967 ～ 1970）を出版した意義は極めて大きい。

　かつて河合は社会大衆党に期待を寄せ、現実政治への関心を示したが、河合門下のなかで最も現実政治にコミットしたのは関であった。1960 年の民社党創立に際しては党の綱領を起草し、民主社会主義研究会議（民社研）の理事や議長として、長い間、民社党のブレーンを務め、1983 年には民社党から比例区で参議院議員に当選、1989 年までの一期、「思想を持った政治家」として、

利権や権勢が渦巻く政界で独自の政治活動を展開したのである。[14]

そして、戦後日本の言論史上において関の名前が登場してくるのは、経済学者森嶋通夫との論争、いわゆる「関・森嶋論争」である。1979年に『北海道新聞』と『文藝春秋』誌上において日本の安全保障をめぐる論争が両者の間で繰り広げられた。非武装中立論に立った森嶋の「不幸にして最悪の事態が起これば、白旗と赤旗をもって、平静にソ連軍を迎えるより他にない」、「徹底抗戦して玉砕して、その後に猛り狂ったソ連軍が殺到して惨憺たる戦後を迎えるより、秩序ある威厳に満ちた降伏をして、その代り政治的自決権を獲得した方が、ずっと賢明だと私は考える」との発言に対して、関は「共産主義の国はその思想に基づく支配を拡大するため、機会があれば武力侵略をしないとは限らない、それで日本も自ら国を守るための武力を整え、足りない所は……アメリカとの同盟により補うべし」、「現在ソ連に占領されて政治的自決権を獲得している国が存在するであろうか」と反論した。[15] 河合は、「国民と云う共同体は自己の意志によって支配さるべきもので、他の国民の意志に隷属すべきではない。国民が独立自主の主体となった時、始めて国民の成員は自然の人格の成長を為しうるのである」という人格主義に基づいて、国家独立を目的とする戦争は肯定するという正戦論を主張した[16]が、こうした師の正戦論がそのソ連・コミンテルン批判とともに、弟子の関に正統な形で受け継がれたと見ることができよう。

第3節　川西重忠と河合栄治郎研究会

晩年の関と親しく交流して指導を受け、生涯にわたり河合の宣揚とその思想の普及に努めたのが、川西重忠（1947～2019）であった。川西は河合が死去してから3年後、鳥取にて生をうけた、まさに「没後の門人」である。川西が河合の存在を知るようになったのは、早稲田大学法学部に入学後、知人から『学生に与う』の読書を勧められたことがきっかけであった。「学生として生きるとはどういうことか」をテーマとして「若いものにとって関心がある」「恋

218　第2部　河合栄治郎の理想主義とその展開

愛、友情、祖国、家庭、それらがみんな体系化されている」本書から「自我が丸ごと没入していくという読書経験」をした。以後、何十回と読み、「座右の書」となったという。[17)]

　大学卒業後、一般企業に就職した川西であるが、勉学の志やみがたく、仕事の傍ら多くの読書に励むとともに、仲間内で研究会を開催する。世に流行していたハウツーものではなく高度な人生論的なことを論じる月例会で、虎ノ門の葵会館を会場にしたところから「葵の会」と名付けられたという。[18)] その研究会が母体となって、1983年に発足したのが「河合栄治郎研究会」であった（それ以外にも「日中関係学会」や「神戸社会人大学」が発足された）。河合門下の土屋清や評論家の粕谷一希（この年に日本経済新聞社から『河合栄治郎──闘う自由主義者とその系譜』を出版している）らを発起人に迎え、(1) 河合栄治郎の人と思想に関心を持つ人は誰でも自由に入会できる、(2) 研究会は会費無料とし寄付、入会資格は一切求めない、(3) 会の運営が会計や人事でおかしくなる時は、速やかに閉会とする、との趣旨のもと設立された。毎年、河合の命日である2月15日の墓参会や研究発表会を続けるなかで、河合門下の関嘉彦、猪木正道、外山茂や遺族の河合武らを糾合して徐々にその規模を拡大していったのである。

　特に、1994年2月13日に神田学士会館で開催された「河合栄治郎没後五十周年記念集会」では、川西は実行委員代表と司会を務め、会を大成功に導いた。当日は、武田清子による「日本リベラリズムにおける河合栄治郎」と粕谷一希による「今日蘇らせるべき自由主義──河合栄治郎と私」の二つの記念講演が行われ、河合関係者のほかに伊藤淳二（当時、鐘紡名誉会長）らの河合愛読者らが集い、総勢150名が河合を偲んだ。当時、病気療養中であった丸山眞男も次のようなメッセージを送っている。

　　河合先生没後五〇年の記念集会を、まことに意義深いものと存じます。
　　私が戦前・戦中の河合先生からもっとも学んだことは、個人の人権への感覚と、少数者の意見に対する寛容ということでした。その意味では猫も杓

子も自由と民主を唱える今日の日本でこそ、かえってますます河合先生の本当の精神を生かさねばならぬと信じます。ご盛会をお祈りいたします。[19]

　当時、大学院生であった筆者は、河合を博士論文のテーマにすることを考えついた頃であったが、この会合が開催されることをゼミの先輩である岩田重則氏（現・中央大学教授）からいただいたハガキで知った。岩田氏は、『朝日新聞夕刊』1994年2月4日付に掲載された会合の告知文を貼り付けて送ってくださったのである。河合の現代的意義を強調するこの会合に参加したことで、筆者のその後の人生は決定したといっても過言ではない。河合を研究テーマとすることには周囲から一部反対意見があり、若干躊躇していた面もあったなかでの参加ではあったが、川西のエネルギッシュな進行ぶりに圧倒された[20]こともあり、河合こそ自分が本当に追究すべき思想家であるとの確信がこの時芽生えるに至ったのである。

　それから2年後の1996年2月に開催された河合栄治郎研究会において、筆者は川西と面識を得るようになったが、それ以降、電話や手紙を通して再三激励していただき、若輩の身でありながら研究会の事務局にも入れていただいた。その頃、同じく河合に関心を持っていた大学院生の芝田秀幹氏（現・沖縄国際大学教授）や清水太郎氏も研究会に参加、川西は我ら若い学徒をしばしば食事に誘い、河合研究についてはもちろんのこと人生万般に及ぶアドバイスを行ったのである。川西は、河合による『学生叢書』（全12巻、1936〜1941）の企画・出版の意義について、「この叢書を通じて当時の学生の間に、理想主義の哲学・思想に基づく一つの架空の自由大学を作り上げられた」、「校舎も無ければ財政的裏づけも無いという、全く河合先生を中心とした精神的結合と著作による学園」[21]と述べているが、河合栄治郎研究会をまさに「校舎なき大学」として発展させようとしていたと考えられる。

　1996年から2000年までの5年間は、2月の墓参会、6月の総会に加えて、10月もしくは11月の研究発表会が恒例となった。研究発表会では、若手研究

220　第2部　河合栄治郎の理想主義とその展開

者のほかに、山下重一（当時・國學院大学名誉教授）、芳賀綏（当時・東京工業大学名誉教授）、行安茂（当時・倉敷作陽大学教授）、竹内洋（当時・京都大学教授）、飯田泰三（当時・法政大学教授）、渡辺かよ子（当時・愛知淑徳大学助教授）をはじめとする第一線の研究者諸氏が登壇し、活発な議論が展開されるようになった。[22] それは、冷戦体制崩壊とバブル経済破綻後の混沌とした現代社会においてこそ河合思想の重要性がますます発揮されるという川西の確信に基づく積極的な運営による成果であった。川西は、当時、次のように述べている。

　　発足以来会則も会費も一切無い「ただ河合栄治郎に関心を持つ」という一点のみを入会条件とした本会が、長い細々とした歩みから、この数年にわかに活気付いてきた。それにはこの数年来の国際情勢の劇的変化と空前の経済発展の後に現れた現代日本の世相混迷に対する河合栄治郎の思想と著作への再評価にその原因の多くが求められると思う。（中略）さらに最近、河合栄治郎についての実証的な研究や、多岐にわたる見解が各方面から発表されてきた。当河合栄治郎研究会でも、かつての同窓会的で仲良しクラブ的な雰囲気から徐々に変化がみられ、年々若手会員を中心として河合の思想と人生を今までの礼賛一辺倒のみからではなく、別の視点より踏み込んだ発表が出るようになったことは、会の健全性を維持し、多くの研究者に発表の場を提供する上でも、誠に喜ばしい限りである。[23]

　河合栄治郎研究会の活動に関わるなかでアカデミズムの世界に価値を見出した川西は、長年勤めた電機メーカーを退職し、ライフワークである河合研究のほかに北東アジア地域の産業経済研究等に従事するようになる。ライプチヒ大学、ベルリン自由大学、桜美林大学等で教鞭を執るとともに、桜美林大学北東アジア総合研究所（現・アジア・ユーラシア総合研究所）を設立、様々な分野にわたる研究者に発表の舞台を提供するとともに出版活動を活発に展開したのである。河合思想の普及という点からいえば、西谷英昭氏とともに『学生に与う』の現代語訳版である『現代版　学生に与う』（2014）を出した意義は大き

い。昭和初期の文章に馴染みのない現代学生も河合思想に触れる契機を持つことができるようになった。筆者も現在、職場の大学において初年次教育のテキストとして使用している。桜美林大学の川西ゼミのほかに、亜細亜大学の宇佐見義尚ゼミ、日本大学の高久保豊ゼミ、沖縄国際大学の芝田秀幹ゼミの学生たちが『現代版　学生に与う』を読んだ感想をまとめた『「学生に与う」と現代の学生たち』(2016) の刊行は、出版事情が厳しいなかにあって、若い学生たちに活躍の舞台を少しでも提供したいとの川西の後進への強い愛情が溢れ出ている。河合が『学生叢書』で若い門下生に執筆の機会を与えたことを彷彿させるものがある。

　川西が死の病と格闘しながら手がけた『河合栄治郎著作選集』全5巻・別巻1 (2018 ～ 2019) は、現在、一般書店で入手できる唯一の河合著作集であるが、『河合榮治郎全集』とともに、今後、河合研究を行う上での基本文献としての地位を保っていくことだろう。

おわりに

　福沢諭吉や新島襄のように自ら創立した学校が大学にまで発展して学祖として崇められるケースとは違い、晩年ファシズムに弾圧されて大学を追い出され、不遇のままその生涯を閉じた河合には、恒常的にその人物や思想を宣揚する機会や組織はなかったといえる。それでも、河合が人々の記憶から全く消え去ることがなかったのは、直弟子の木村健康と関嘉彦、そしてその精神を受け継いだ川西らの不断の努力があったからである。彼らに共通するのは、単に文章や口頭で師の偉大さを宣揚しただけでなく、師と同じ精神・思想に立ち、その実現に向けて命懸けの実践を展開したことにあるだろう。優れた思想の継承は机上で静かに行われるものでは決してない。その思想が社会を変革する志向を帯びているものであれば、実践が伴うことは必須である。今後も河合が思想家として評価され続けていくかどうかは、ひとえに残された我々後進の戦いにかかっているといえるだろう。

222　第2部　河合栄治郎の理想主義とその展開

注

1) 「〈座談会〉東大経済学部河合演習生　木村健康さんを偲ぶ」木村健康先生追想録刊行委員会編
　『追想　木村健康』1989 年、43 頁。

2) 木村健康「控訴院及び大審院」『河合榮治郎全集』第 21 巻、社会思想社、1969 年、406 頁。

3) 河合栄治郎「地方裁判所公判の記」1940 年 8 月、『河合榮治郎全集』第 20 巻、1969 年、173 頁。

4) 芳賀綏「河合栄治郎と社会思想研究会」行安茂編『イギリス理想主義の展開と河合栄治郎』世界
　思想社、2014 年、337 〜 339 頁。

5) 河合栄治郎「時局・大学・教授」1938 年 4 月、『河合榮治郎全集』第 19 巻、1969 年、178 頁。

6) 社会思想研究会編『河合榮治郎　傳記と追想』（社会思想研究会出版部、1948 年）に収録。

7) 前掲「〈座談会〉東大経済学部河合演習生　木村健康さんを偲ぶ」43 頁。

8) 同前、44 頁。

9) 関嘉彦『私と民主社会主義——天命のままに八十余年』日本図書刊行会、1998 年、33 〜 36 頁。

10) 同前、37 頁。

11) 同前、65 〜 66 頁。

12) 社会思想研究会については、社会思想研究会『社会思想研究会の歩み』（社会思想社、1962 年）
　と前掲「河合栄治郎と社会思想研究会」を参照。

13) 川西重忠は、「私は、長年のビジネス上の経験から、関は政治には不向きだが、事業人としては
　天性の才能を持っていたのではないかとひそかに思っている。現世流の金儲け本位のベンチャーと
　しての才能ではなく、とっさの先見の明ある判断と、社会のニーズを把握し商品化するのに必要な
　企業人・創立者としての資質を関に感じるのである」と述べている。川西重忠「河合栄治郎門下の
　正統的後継者・関嘉彦」前掲『イギリス理想主義の展開と河合栄治郎』318 頁。

14) 2006 年 6 月 19 日に東京グランドホテルで開催された「関嘉彦先生とのお別れの会」において、
　櫻井よし子氏は「政治家は思想がないものだと思っていたが、関先生にお会いして、思想を持った
　政治家が現実にいることに感動した」と発言されている。

15) 「関・森嶋論争」については、加藤秀治郎「序　編者解説——関嘉彦と戦後日本の国際政治論」
　（関嘉彦『戦後日本の国際政治論』一藝社、2000 年）を参照。

16) 河合栄治郎「国際的不安の克服」1934 年 10 月、『河合榮治郎全集』第 11 巻、1967 年、163 〜
　164 頁。

17) 「永池会長対談／川西重忠さん　河合栄治郎と私　第一回」『月刊すこーれ』459 号、2019 年 6 月、
　45 頁。

18) 林隆之氏（当時、日本経済新聞編集局文化部）宛川西重忠メール、2002 年 4 月 26 日付。

19) 『丸山眞男集』第 16 巻、岩波書店、1996 年、256 頁。

20) 道正健太郎氏もこの時の川西氏の司会ぶりを「堂々として自信にあふれており、その立派な体格
　と力強い声と相まって、カリスマ性をも感じさせるものだった」と回顧している。道正健太郎「河
　合栄治郎研究に情熱を傾けた川西重忠さん」川西重忠追想集編集委員会『現代日本社会に問う——
　躍動する教育者川西重忠追想』アジア・ユーラシア総合研究所、2021 年、166 頁。

21) 川西重忠「河合栄治郎　闘いの生涯」『河合栄治郎研究』社会人大学出版部、1985 年、9 頁。

22) その研究成果の一端は、河合榮治郎研究会編『教養の思想——その再評価から新たなアプローチ
　へ』（社会思想社、2002 年）に見ることができる。

23) 川西重忠「まえがき」『河合栄治郎研究　平成九年度』社会人大学出版部、1997 年、3 頁。

第9章

川西重忠とその河合栄治郎研究

行安　茂

第1節　川西重忠の学生時代と卒業後の活躍

　川西重忠（1947-2019）が河合栄治郎の『学生に与う』（1940）を初めて手に取ったのは彼が早稲田大学法学部に入学した1965（昭和40）年であった。早稲田大学では1966（昭和41）年授業料値上げ反対のストが起こっていた。1968（昭和43）年には中央大学学費紛争が起こり、同年には日本大学においても20億円の使途不明問題で学園民主化運動が起こっていた。同年6月には東大生による安田講堂占拠が起こり、機動隊が導入された。こうした学生運動は全国的に拡大した。川西は過激な学生運動を見て大学での学生生活をどう過ごすかという問題を考えたに違いない。川西が河合の『学生に与う』という本に注目したのは1965年の初期の学生運動が激化してゆく状況を見ていたからであったと考えられる。

　筆者は1964（昭和39）年4月から1966年3月まで新設の岡山理科大学の学生課長、1968（昭和43）年4月から1972（昭和47）年まで学生課長兼厚生課長の中間管理職にあったが、学生運動の対策を日夜考え、心身の疲労が極度に達するほどであった。当時、川西が学生運動にどのようにかかわっていたかを川西から聞いたことは一度もなかったが、学生時代をどう生きるかについては真剣に考えていたに違いない。

　川西は1969年3月、早稲田大学法学部を卒業後、同大学院法学研究科に進学するが、研究テーマが何であったかは不明である。川西は1971年3月、大

学院修士課程を卒業後、日本 NCR に入社する。川西は卒業後も河合栄治郎の理想主義・自由主義に愛着と未練とを感じていたに違いない。川西は 1984（昭和 59）年、日本 NCR を退社し、同年三洋電機に移る。川西がなぜこの新しい職場に移ったかについては筆者は何も聞いていない。

　川西を支えていたものは 1983（昭和 58）年に設立された「河合栄治郎研究会の発足」であった。川西は早稲田大学在学中から河合栄治郎の理想主義の人生観が彼の頭の中に問題意識として一貫していたと見ることができる。当時筆者が川西から初めていただいた名刺は「産業システム事業本部室、中国プロジェクト主管　川西重忠」となっていた。川西のその後北京での在外駐在員としての活躍は三洋電機のプロジェクトと深い関係があったものと推察される。川西は河合栄治郎の「断固たる精神」をビジネスの経営理念として生かしたと見ることができる。

第 2 節　川西論文に見る関嘉彦の生涯と思想

　川西は行安茂編著『イギリス理想主義の展開と河合栄治郎』（世界思想社、2014）の分担執筆として「河合栄治郎門下の正統的後継者・関嘉彦」を書いた。まず、川西が本書をどう評価したかについて紹介しておきたい。

　　イギリス理想主義学会が設立されて、今年が 10 年目に当たるという。10 年ひと昔の節目であるが、万事スピーディな今の時世では大昔のような気がする。いつの間にか 10 年経ったのである。
　　本学会の行安茂先生の情熱と使命感と実行力を以てして、はじめてなしえたことである。毎年・東西に分かれその研究会と一度の全国大会の開催は、開催校の協力校一つとってみても、簡単なことではない。
　　後進を育てつつ、イギリス理想主義研究会を手塩にかけて立派な学会にまで牽引してきた行安先生のご協力に対し改めて感謝と感嘆を表明したい。
　　イギリス理想主義の思想と近代日本の思想家は浅からざる関係を有して

いる。私自身は、河合栄治郎の研究を通じてイギリス理想主義に関心を持ったものであるが、最近になり、日本の極端から極端に揺れる不安定な政治現象と経済社会面で報道される企業倫理に関する事件を見るにつけても、河合栄治郎の奉じた理想主義哲学とその淵源であるイギリス理想主義の理解と受容の意味を考えることが今こそ必要であると痛切に感ずるのである。

　このようなとき、行安先生の編集と企画になる『イギリス理想主義の展開と河合栄治郎』なるタイトルの著作が世界思想社から刊行される。学会創立10年を飾るに相応しい快挙である。20名を超す執筆者のいずれも力作ぞろいで、当初予想をはるかに超えた大冊になるとお聞きしている。私自身は『河合栄治郎の正統的後継者・関嘉彦』という一文を驥尾に付して書き上げた。内容については今以てあまり自信はない。ただ改めて二人の師弟関係を調べてゆくうちに、このような純良な良き師、良き弟子の師弟間の敬愛と信頼関係が、戦前、戦中期のある時期の日本に間違いなくあったのだという、ただそのことに羨望のため息を何度ついたかわからない。
（『2013年日本イギリス理想主義学会・関東部会プログラム』）

　川西は上記の論文の中で関嘉彦（1912-2006）の生涯を以下のように紹介する。関は1912（大正元）年、父嘉八郎と母アサオの長男として福岡県に生まれる。修猷館中学校、福岡高校を卒業後、東京帝国大学経済学部に入学する。専攻は政治・社会思想史、法学博士。関は河合栄治郎の紹介により「日本生命」に就職し、3年間勤務する。川西はこの頃の関について以下のようにいう。

　この日本生命での三年間は無駄であったと関はいうが、企業における人間関係と組織の実態を知る上では貴重になったと『私と民主社会主義』で述べている。加えて、後年の政治家時代に協力者となる友人を得るとともに、将来の伴侶もこのときに得ている。関の妻まり子は、当時「ミス日本生命」と言われたほどの評判の美人であった。——日本生命の三年間は、

226 第2部 河合栄治郎の理想主義とその展開

無駄どころか、関の人生の上でも貴重な期間であったといえよう。(『イギリス理想主義の展開と河合栄治郎』311-12 頁)

関は戦時中はボルネオに軍属として地域研究調査の仕事に従事する。関に河合の訃報を知らせたのは河合のゼミ生であった斎藤暹(河合の長女の娘婿)であった。それは 1944 年 2 月 15 日以後であった。終戦後、「ボルネオからの復員船の上で、関は日本再建のための民主社会主義者として『唯一筋の路』を歩むことを決意する。」帰国後の 1946 年に設立された社会思想研究会の理事として選ばれる。関は「社会思想研究会綱領」を執筆した。代表理事は土屋清と関の二人であったと川西は述べているが、関が代表理事になったのは 1968(昭和 43)年からである。1967(昭和 42)年の『社会思想研究』第 19 巻 7 号には代表理事は山田文雄と土屋清である。因みに、筆者の「河合栄治郎の思想体系」が掲載された『社会思想研究』春季特別号(1964)の代表理事は山田文雄と土屋清であった。関が新しい代表理事になったのは 1968 年-1976 年(閉散)の期間であった。

関は 1949(昭和 24)年、東京都立大学助教授に就任する。37 歳のときであった。その在職期間は 20 年間(1949-69)であった。川西によれば河合の「教育的感化力」を受け継いだ教え子は関嘉彦と塩尻公明であった。関はその後東京大学、慶應義塾大学、自治大学校で教鞭をとる。1978 年から 83 年までの 5 年間、早稲田大学の客員教授となる。研究者としての関は以下の著作を刊行した。『イギリス労働党史』(社会思想社、1969)、『社会思想史十講——自由主義・民主主義・社会主義』(有信堂、1970)、『ベルンシュタインと修正主義』(早稲田大学出版部、1980)『社会主義の歴史——天命のままに八十余年』(日本図書刊行会、1988)、『民主社会主義への 2000 年——フランス革命からポスト冷戦まで』(一藝社、2007)。

関は 1983 年から 89 年まで参議院議員として活躍する。この経緯について川西は以下のように説明する。

民社党の綱領を書いた関の令名はすでに高く、民社党から参議院議員の比例候補第一位として立候補した。民社党から請われての出馬であった。ただ気質的に政治家向きでなかった関は、一期六年間の職務期間を終えると、少しの未練もなく、また元の世界に戻っていった。(『イギリス理想主義の展開と河合栄治郎』310頁)

関は参議院議員になる以前、「関・森嶋論争」(『文藝春秋』1979)によって最も注目されたと川西はいう。この論争は森嶋通夫が「不幸にして最悪の事態が起これば、白旗と赤旗をもって平静にソ連軍を迎えるより他ない」という発言に対して関は反論した。川西は関の立場を以下のように述べる。

関氏は、師の河合と同じく、個人の人格の成長を目的とする自由主義者であるが、必ずしも戦争そのものに反対ではない。やむをえざる防衛自立のための戦争は認める立場である。闘う前から白旗を掲げる森嶋氏の論には、もとより与しない。(同書、309頁)

第3節　川西重忠の『断固たる精神』と河合栄治郎の「人格の成長」

川西のライフ・ワークは『断固たる精神　河合栄治郎』(桜美林大学北東アジア総合研究所、2013)である。小著であるが、川西の主張がよく示されており、河合栄治郎研究の良き入門書である。特に注目されるのは、河合の「二・二六事件の批判」である。川西はその要点を以下のように述べる。

河合の思想体系を約言すれば、それは理想主義的個人主義の哲学の上に立つ社会民主主義である。河合はこの立場を携えてマルクス主義、軍部ファシズムの左右陣営と果敢な闘いを続けたのである。青年学徒に対しては、河合の思想は「人格」を基層に持ち、「人格の成長」の面から社会へ

の貢献の重要性を教えた。河合は国家をも他の部分社会と同様に人格成長のための部分社会と捉えた。人格の尊厳と成長が目的であって国家はそのための手段であるという関係になる。国家を一切の上に位置せしめる国家主義は河合から見ると理想主義の纏をきた物質的利己主義であり、河合の理想主義的個人主義、自由主義的社会主義とは本来相容れない思想であった。（『断固たる精神　河合栄治郎』84頁）

　改めて考えるべきことは人格とは何か、人格の成長とは何かということである。この問題は今まで十分理解されてきたようには見えない。河合は「人格を真、善、美を調和し統一した主体である」と定義する。この調和はいかにして可能であろうか。河合はその統一は理性によって可能であると考えた。しかし、理性は衝動および欲求と無関係に真、善、美を統一することはできない。理性は衝動や欲求が起これば同時にこれらに働きかけ、知識を求め、善の行動を実現しようとし、美を表現しようとする。人格の完成は理性と衝動との合理化過程に求められるが、河合は人格を理想としてのみ考え、これに至るプロセスに注目していない。河合は理想の人格に向かってひたすら努力せよという。河合はその足がかりとなる衝動や欲求、感情（怒りや屈辱）に対する自己転換の合理化については何も述べていない。理性はこれらの衝動や感情をより高い目的（公共的善）達成の意志へ高めることによって人格を実現することができる。これがグリーンの「自我実現の原理」であった。河合はこの原理を理解していない。河合がもしこの原理を生かし、理性と意志とを調和するプロセスを深く考えていたならば、現実の自我が理想の自我（人格）へと高まるプロセスを説明することができていたはずである。

　次に指摘したい問題点は「人格の成長」と「社会への貢献」との関係である。河合は人類や国民の関係を普遍と特殊との関係によって捉える。そして「これらの特殊が互いに有無有通ずる補完の役目をなしている。カントが各人は『常に目的として扱われなければならない』といいながら、必ずしもけっして手段とすべからずとはいわないで、『単に手段として扱うべからず』といっ

て、手段として扱われることのあるのを認めているのは、各人が互いに補完の役目を為す場合には、彼は私の手段となり、私は彼の手段たらざるたえないからである。」（新版『学生に与う』現代教養文庫、社会思想社、1997、82頁）

「補完」の意味は人格成長のために互いに助けたり、助けられたりする人間関係のあり方である。「補完」という言葉は人間の利己心への訴えと結びついているように見える。人格の成長それ自体は利己的意味を含んでおらず、それは純粋に理性から生じた目的であることを考えるとき、人間の諸活動を手段として考えることは人格成長の理念にふさわしくないように見える。川西はこの点については何もコメントをしていない。

河合の人格成長と社会との関係を考えるとき、グリーンの「道徳的理想」は河合の人格（理想）とは基本的に異なっている。グリーンは人間完成の観念が道徳的生活を動機づけるが、その達成が何であるかをいうことはできないという。しかしその観念が満足させるべき条件を識別することはできると彼はいう。人間完成が達成される生活の第一条件は、「単なる科学的芸術的活動の生活ではない」ことである。人間完成が達成される生活の第二の条件は「社会生活」である。それはすべての人が自由にかつ意識的に協力する生活である。グリーンはこのような生活は「一つの調和的意志」によって決定された生活であるという。この意志は「献身的意志」であり、これは人間の完成を目的とするという。グリーンは以下のように要約する。「われわれの良心が認める徳の理想は性格と生活とを人間の理想へ捧げてきた。そしてこれはそれ自身すべての人の側での献身的活動の生活であると考えられる。」（T.H.Green, *Prolegomena to Ethics*, 4th Edition, 1899, p.352.）

河合の「補完」とグリーンの「すべての人の側での献身的活動」との違いを知ることができる。グリーンもカントから影響を受けたが、人間関係を「相互奉仕の理想への献身」と考える。この背景にはキリスト教の影響が見られるが、河合にはこれは見られない。

第4節　川西重忠とその優れた経営能力と実行力
——河合栄治郎研究への動員力と若い人を育成する能力

　川西は2019年12月3日に急逝した。今年（2021）年は二回目の盆を迎える。あの元気で幅広く活躍されてきた川西教授がこんなに速く亡くなろうとは夢にも思わなかった。思えば2019年2月15日（金）、川西、松井、佐々木、矢田部、行安、小泉陽子（河合栄治郎孫娘）、関嘉彦の孫娘らと河合栄治郎墓参をし、記念写真を撮った。午後の研究集会で筆者が開会のスピーチをし、松井、芝田、清滝の発表があり、川西が閉会のスピーチをした。筆者の「日記」に「川西先生の体調がよくない。足が不自由で、顔色、声がよくない」と書いてある。

　筆者が川西と共に河合栄治郎の墓参に行った最初は2004年2月15日。以後筆者はほぼ毎年墓参に行った。川西は1983（昭和58）年に「河合栄治郎研究会」が発足してから中心となって墓参をしてきた。この点が川西の偉いところである。川西は信仰をもってはいないように見えたが、墓参ができることはそのこと自体川西が河合を「守護神」として尊敬し、信じていたことを示す唯一の証しである。河合は川西の直接の恩師ではなかったが、毎年墓参をすることは心から河合への畏敬の念がなければできることではない。

　河合のライフワークといってよい『河合栄治郎著作選集全5巻』（アジア・ユーラシア総合研究所、2018）が川西の責任編集で刊行されたことは本人にとっては感慨無量であったに違いない。その第一巻は『学生に与う』（昭和15年）の復刻版である。川西が河合の著作の中で終生頭の中に残った本がこれであった。思うに、本書は河合の理想主義哲学の体系を最も平易に解説した教養の書である。学生時代に邂逅した本書が川西の人生の守護神であったといえよう。

　川西は友人や後進のためによく配慮し、彼らの一人ひとりの成長のために発表の機会を提供してきた。川西は義理堅い人であった。川西の人脈の広さに驚くばかりである。川西はわが身を犠牲にして出版の機会を設け、一人ひとりを

生かす経営能力をもっていた。面倒見のよい人であった。川西が声をかければ、多くの人が集まるのは川西の特異のキャラクターからくる人望があったからである。知識階級の中で川西のようなマネージメントの能力をもつ人は希有である。筆者は確か 2018 年 2 月 15 日の河合栄治郎墓参の帰途、『河合栄治郎著作選集全 5 巻』の企画を聞いたとき、別巻として一冊刊行したい旨話したとき、川西は「ぜひお願いしたい」と協力の意を表明された。こうして刊行されたのが筆者の『河合栄治郎の思想形成と理想主義の課題』（アジア・ユーラシア総合研究所、2018）であった。改めて川西所長に深甚の謝意を表したい昨今である。

　川西にもう一つ感謝したいことがある。それは筆者が立ち上げた「イギリス理想主義研究会」の全国大会および関東部会の会場として北東アジア総合研究所の一室の使用をいつも了解して下さったことである。川西はそのとき「河合栄治郎研究会」の幕をかかげ、協賛の意を表された。「イギリス理想主義研究会」は 2011 年 8 月 27 日の総会（於 同志社大学）において「日本イギリス理想主義学会」へと昇格が決定された。学会の会場をどこの大学にお願いするかは、会長として毎年頭を悩ます問題であったが、川西の積極的協力によって学会が発展してきた。川西の逝去は学会にとって最大の損失であり、残念である。改めて故川西重忠名誉教授に対し哀悼の意を表したい。

　川西の人柄と河合のそれを比較するとき、両者は非常によく似ている。学生や後進を育てようとする熱意が強いことが共通している点である。川西は理想主義者であったが、河合の理想主義が残した課題を何と捉えたか、これを解決する方向は何であるかについては論じていない。川西の優れた点は二つの民間会社の経験があったために人間関係を組織化し、一人ひとりの能力・個性を最大限に生かす経営能力をもっていたことである。この点は河合の能力よりも優れていたかもしれない。河合の性格は非常に強く他人に対して好き・嫌いの感情が強かったと見える。そのため人格の成長が理想として主張されたと見ることができる。これに対して川西のキャラクターは他人を包容する力があった。同時に、河合と同じく情熱的であり、よく人を判断する直感力をもっていた。

第5節　川西重忠の生き方のバックボーンと『学生に与う』の思想

　川西の生涯を支えたものは『学生に与う』を貫く理想主義である。彼はこれを学術的に深く分析し、解釈するに至ってはいないが、彼の幅広い活動の原点であったことは疑いない。周知のように、川西は 21 世紀になってから以下のように『学生に与う』を復刊してきた。

　河合栄治郎研究会編『教養の思想』（社会思想社、2003）は河合の思想を広い視点から総合的に検討し、再評価する画期的研究書である。執筆者は 15 名である。

　西谷英昭・川西重忠編著『河合栄治郎「学生に与う」現代版、現代の学生に贈る』（桜美林大学北東アジア総合研究所、2011）は 16 名の執筆者が現代学生に期待するプレゼントの書である。

　西谷英昭・川西重忠編著『河合栄治郎「学生に与う」現代版、続現代の学生に贈る』（桜美林大学北東アジア総合研究所、2013）の執筆者は前著の執筆者と一部同じであるが、大部分は新しいメンバーである。これらの人々は各界で活躍しているリーダーである。学生たちは先輩から期待されている。その発言は傾聴の価値が十分あろう。

　河合栄治郎研究会編著『河合栄治郎著「学生に与う」』（桜美林大学北東アジア総合研究所、2013）は河合栄治郎研究会創立 30 周年記念出版である。本書は川西が 30 年間河合の思想を追求してきた念願の成果である。本書は社会思想社から刊行された『学生に与う』（1940）の第一部「価値あるもの」と第二部「私たちの生き方」の枠を除去し、27 項目を理論から実践への一貫性によって配列した新しい構想の編著である。

　川西重忠編・西谷英昭編訳『現代版 学生に与う』（桜美林大学北東アジア総合研究所、2014）は『学生に与う』の第一部「価値あるもの」13 項目および第二部「私たちの生き方」14 項目の 27 項目のすべてを原本に従って再現したものである。原本の用語の中には現代の学生に読みにくい言語が用いられていた

第9章　川西重忠とその河合栄治郎研究　233

ので西谷によってこれらは現代語に訳されている。本書が「現代版」といわれる理由がここにある。

　河合栄治郎著作選集の第一巻は『教育・教養論』編集：湯浅博、第二巻は『社会思想家論』編集：川西重忠、第三巻『二・二六事件他時局論』編集：松井慎一郎、第四巻『人物論』編集：清滝仁志、第五巻『国家論・唯一筋の路』編集：芝田秀幹である。なお、別巻は行安茂『河合栄治郎の思想形成と理想主義の課題』である。出版社はいずれも一般財団法人アジア・ユーラシア総合研究所である。

　以上、川西重忠桜美林大学名誉教授の業績の一端を紹介し、若干のコメントをした。その人格と業績は永遠の遺産として残るであろうことを確信し、感謝を申し上げたい。本論文を作成するに当たり、2020年2月15日、駒澤大学において開催された川西重忠先生の追悼記念集会において松井慎一郎教授（聖学院大学）が「川西重忠先生と河合栄治郎研究会」と題して講演された時の配布資料（「河合栄治郎研究会の歩み」）を参考にしたので一言お礼を申し上げたい。

第10章

現代学生の生き方とその課題
——筆者の経験から

行安　茂

第1節　現代の大学院生と研究の継続

　河合栄治郎の『学生に与う』の第2部「私たちの生き方」は現代の大学院生や若い教育者（大学の若い教員および高等学校等の教員）にとって研究の視野の拡大と研究の初歩を考える上において貴重な助言を与える。初歩として考えさせることは第2部の14「読むこと」、15「考えること」、「書くこと」、「語ること」についての河合の提言である。これらについて再考する必要があるのは、論文を書くときの方法と姿勢についてである。書くためには内外の資料を丁寧に読み、理解した上で考えたテーマについて論文を書くことが求められる。どのようにしてテーマを決定するか。論文はどのようにして構成されるか。内容はどのように展開されるか。これは最も難しいことである。テーマが決定されたならば、それについての論文を書くことは比較的に容易であるように見える。そのためには平素から本や資料を読むとき問題意識をもつことが必要である。論文を書く人が何についてなぜ書くかを主体的に考えるならばテーマは容易に発見されるはずである。

　さて、現代の若い研究者、いわゆるオーバードクターコースの院生にとってもう一つ困難なことは、博士課程において研究したテーマを継続的に研究する大学や学校への就職先を見つけることである。多くの希望者が申し込みをするであろうから競争は激しくなるので希望する大学等に就職することは困難であるに違いない。運よく希望する大学等に就職することができたとしても、若い

第 10 章　現代学生の生き方とその課題　235

教員は各種の中間管理職に就任することが求められよう。たとえば、学生募集の開拓の担当課長や就職先を開拓する担当課長が任命されるかもしれない。こうした仕事をするためにはその仕事を担当する事務職員が配置されるから、こうした職員を平素から指導し、管理する責任が課されるはずである。こうした仕事の計画を立て、それを実行するためには時間が必要である。そうなれば、研究者として研究論文を書く時間は不足し勝ちであろう。そうしているうちに研究への集中から離れてしまい、研究成果を上げることはできなくなるであろう。学会での報告を依頼されても、これを受けて報告することはできなくなるであろう。その結果は博士論文の完成は夢のまた夢に終わるかもしれない。こうした現実はオーバードクターコースの在籍中の院生には誰にでも起こる可能性はあると見なければならない。要するに「読むこと」、「考えること」、「書くこと」、「語ること」の時間とエネルギーとが不足してくるのである。

　筆者は昭和 39 年 4 月に新設の岡山理科大学専任講師兼学生課長として就任したが、当時過激な学生運動が全国的に台頭し、新設の大学に岡山大学の過激な学生が押しかけ、デモを扇動し、その暴力活動をいかにして阻止するかの対策に日夜苦労した。学長から当時まだ中国・四国の大学に導入されていなかった大型のコンピューターが新設の岡山理科大学に導入されていたので、過激な学生が鉄パイプでそれを破壊したならば大損害であるから学生対策には厳重に注意し、指導をするように学生課長の筆者は厳命を受けた。筆者は早速、学生指導の組織としてチューター制度を新設し、教授、助教授、講師、助手がチューターになって、学生を指導する制度を拡大教授会の議を経て大学が全体として指導し、協力できる体制を確立した、さらに、その後、保護者会を組織し、保護者の理解と協力を得て学生を共に指導することができるように、西日本の主要都市の会場で保護者会を開催し、教員二名に出張してもらい、学生の出席状況および単位の取得状況を保護者に説明し、理解と協力とを求めるようにした。

　以上の二つの制度は学生課長としての筆者一人の発案であってこれらの制度を拡大教授会において承認してもらう前に、事前に筆者は学長に会い、以上の

236 第2部 河合栄治郎の理想主義とその展開

二つの制度の内容について説明し、理解を十分いただくようにしておいたので、すべてはスムーズに運ぶことができた。

以上の外に、学長からは筆者に対して学生寮を新しく建築したいので入寮規則を作成してほしい依頼を受けた。この件については筆者は学長に「学生寮の建築には反対である」と主張をした。その理由は学生寮が学生運動のリーダーの集合場所になるから、学生運動を有利にすると説明した。しかし、学長は学生寮の建築は遠隔の地域の学生の家庭が経済的に貧しい場合には保護者および学生にとっては福祉であると主張した。そこで筆者は入寮規則の基本的方針として1年生の在学期間のみを入寮とし、2年次になったらアパート等の施設に移ることを提案し、学長もこれを承認した。

第2節　国立大学への異動とグリーン研究の国際会議

筆者は岡山理科大学の在職期間は11年間であったが、研究を拡大深化するためには国立大学に移る必要があった。しかし、国立大学へ移ることについては岡山理科大学から強い慰留が求められた。しかし岡山理科大学の学長は岡山大学の学長からの割愛願いを拒否することができなかったので、岡山大学への異動が承認された。当時、筆者は岡山理科大学の教授であったが、岡山大学教育学部助教授として就任した。

岡山大学においては、研究費が岡山理科大学の研究費よりも多く好条件であり、中間管理職（11年間）から解放され、研究に専念することができた。河合栄治郎は転職するとき、「利己心と功名心」を動機とするかどうかが問題であるといった。筆者は地位を放棄して、研究の完成の方向を選択したのであった。当時、筆者は44歳であった。

国立大学に移ってから研究時間は自由に与えられ、これからいよいよ本格的にグリーン研究を拡大すべきだと考えていた。筆者は博士論文を昭和38年11月に広島大学に提出し、学位記を受領したのは昭和40年2月であった。岡山理科大学に就職したのは昭和39年4月であった。この就職は筆者の大学院修

第 10 章　現代学生の生き方とその課題　237

士課程の友人（私より 3 歳先輩）の推薦によるものであった。河合栄治郎は
『学生に与う』の中で友人の大切さを力説していた。彼の一高（第一高等学校）
以来の友人は 1 年先輩の鶴見祐輔（政治家）であった。河合は一高以来弁論部
の先輩として交流があり、河合のアメリカ出張中も鶴見から世話になってい
た。筆者が友人の大切さをしみじみと感じたのは、上記に説明したように、大
学院時代の友人との出合いであった。彼はその後広島英数学館（加計勉氏が経
営者、後の岡山理科大学の設立者）の教務主任であった。彼の紹介により筆者は
岡山理科大学へ就職することができた。

　さて、筆者は岡山大学に移ってから二つのグリーンに関係する国際会議に出
席することができた。第一は 1982 年 9 月 16 日 -18 日、オックスフォード大学
のベイリオル・カレッジにおいて開催された「T.H. グリーン没後 100 年記念
会議」に参加することができた。これより先、筆者は藤原保信教授（早稲田大
学）との共編『T・H・グリーン研究』（御茶の水書房、1982 年 4 月）が出版さ
れていた。藤原教授は数年後病気のため他界された。上記の「グリーン没後
100 年記念会議」に藤原教授は欠席されたが、ペルチンスキー教授（ヘーゲル
研究者）に会ってきて欲しい旨、伝言を受けた。上記の『T・H・グリーン研
究』は筆者が主として編集したが、政治思想の分野の分担執筆者として萬田悦
二教授（京都外国語大学教授）を紹介して下さり、その後日本イギリス理想主
義学会の理事として活躍された。「グリーン没後 100 年記念会議」を知ったの
は M. リヒター教授（ニューヨーク市立大学）からの筆者宛の情報提供によるも
のであった。リヒター教授の『良心の政治学』については筆者は『社会思想研
究』（17 巻 8 号、1965）においてその内容を紹介したことがある。筆者が再度
リヒター教授に会ったのは上記の「グリーン没後 100 年記念会議」においてで
あった。

　この会議の終了後、ペルチンスキー教授に会うことができて幸いであった。
実は藤原保信教授から依頼があってペルチンスキー教授編の『イギリスヘーゲ
ル学会紀要』に藤原教授の論文についての筆者の「書評」が掲載された（*The
Bulletin of the Hegel Society of Great Britain*, Number11, Spring/Summer, 1985,

pp.32-34.）。

　次に、筆者はオックスフォードのハリス・マンチェスターカレッジで開催された「T.H. グリーンと現代哲学会議」において報告した。題目は「日本における自我実現の思想展開と T.H. グリーン——西田幾多郎における人格と善」であった。反響は二人の質問にあった。第一の質問は T. スプリッゲ（エジンバラ大学名誉教授）から「①西田の『心の平静な状態』はグリーンにもあるが、この点はどうか。②ジョサイア・ロイスの『ロイスの忠』は日本ではどう受け入れられたか。」筆者はこれらの質問にわかりやすく答え、説明した。第二の質問は A. シンホニー教授（アリゾナ州立大学）が西田とグリーンとでは calm state of mind はどう違うかであった。これに対して筆者は以下のように答えた。グリーンの場合、「心」はキリスト教的背景をもっており、超越的神が前提にあるが、西田の場合、禅が「心の静かな状態」の前提にあった。禅は自己を究明することによって人間の内に宿る仏陀を悟ることを教える。第三は深貝保則教授（横浜国立大学）が質問というよりは補足的説明を河合栄治郎の『トーマス・ヒル・グリーンの思想體系』（1930）を取りあげ、参加者に紹介した。

　筆者はこの会議の終了後、帰途のフライトの中で、帰国したら日本イギリス理想主義研究会を立ち上げようと考えた。帰国後、大塚桂、小田川大典、金丸晃二、川西重忠、佐々木英和、芝田秀幹、谷川昌幸、名古忠行、松井慎一郎、萬田悦二、水野友晴、安原義仁、山崎洋子、若松繁信の有志に呼びかけ「イギリス理想主義研究会」を 2003 年 7 月 26 日（土）、明治大学創立 120 周年記念館リバティ・タワーで立ち上げた。その後、本研究会は 2011 年 8 月 27 日の総会が同志社大学で開催され、「日本イギリス理想主義学会」へと昇格が決定され、今日に至っている。

第 3 節　大学の中間管理職と視野の拡大

　現代の諸大学では若い教員の中から中間管理職の人が求められているように

第10章 現代学生の生き方とその課題 239

見える。それらの職種は、教務課長、学生課長、厚生課長等である。子どもの
人口数が減少化傾向にある今日、学生募集をどのようにして増大させるかにつ
いてはどこの大学においても緊急の課題である。学生が多く大学に受験するた
めにはその大学の教育体制がよいこと、就職率が高いことが必須の条件であ
る。このような要望を満足させるためには現在の大学院の院生は就職が前途多
難であるかもしれない。河合栄治郎は『学生に与う』の中でエリート学生を対
象にしていたから、本書から現代の学生や院生にとって役に立つ知恵は与えら
れないという不満が多いかもしれない。

　以下、筆者の経験を中心にして中間管理職の課題についていくつか述べてみ
たい。私立大学の中間管理職についてはすでに部分的に説明してきたので岡山
大学教育学部の中間管理職の一端を紹介したい。中間管理職は教育実習研究指
導センター長と附属小学校長とであり、これらの管理職の期間は6年間であっ
た。これらの管理職の外に、文部省の社会教育主事の講習（夏休みの30日間）
が岡山大学に委託され、筆者はその主任講師として任命され、その計画と実施
についての仕事が学部長から依頼された。社会教育主義講習を受講する者は岡
山県、鳥取県、兵庫県の西部地区の現職の教員および各地域の教育委員会に勤
務している職員の中から希望する受講生であった。定員は100名であった。筆
者はこの講習会は隔年に実施されるので、当該年度の4月からはその実施計
画、とくに講師の依頼（約10名）の仕事があり、その年度は多忙であった。
受講生は大学の3年生以上は受講生の資格があるので隔年に数名の学生が受講
生として社会教育主事の資格を取って卒業した。

　以上の三つの管理職を通してそれぞれ印象に残っていることは以下の三点で
あった。第一点は「教育実習研究指導センター長」時代、ICET（International
Council on Education for Teaching）からの情報が岡山大学教育学部長に届い
た。学部長からこの会議に参加してほしい依頼を受けたので、筆者はこの会議
に出席し「日本における初任者教員の資質改善の計画と実施」（英文）を報告
した。場所はシンガポールのあるホテルであった。ICETの本部はアメリカに
あった。筆者はこの会議において報告した後、二人のオーストラリアの若い大

240 第2部 河合栄治郎の理想主義とその展開

学の教員がやってきて、日本の教育の現状を研究するため岡山へ行きたいので
ホスト・プロフェッサーになってもらえませんかと依頼した。筆者はその場で
OK の返事をした。その後、二人は岡山へ来たので、筆者は二人を岡山市内の
小、中学校へ案内した。そして校長の案内によって各クラスの授業状況を視察
し、説明した。ICET の事務局長格のクラッセン博士は筆者と初対面であるに
もかかわらず極めて親切であった。彼は筆者に「ICET の終生会員になってほ
しい」と依頼したので、その場で承諾の返事をした。その後、クラッセン局長
がアメリカへ帰国してから次のような会員証を送ってきた。

International Council on Education for Teaching

Presents

this certificate of membership

to certify that

Shigeru Yukiyasu

is a

Life Member of the Council

President　Executive Directer

　日付が記されていないが、ICET がシンガポールで開催されたのは1990年7
月27日-31日であったから、上記の会員証は1990年度中に筆者に送られてき
たと記憶している。
　教育学部の中間管理職の中で最もよく記憶に残っているのは社会教育主事講
習会の受講生との交流であった。受講生の年齢が平均して30歳前後というこ
ともあり、学校や教育委員会、市町村役場での経験を積んだ受講生が多かった
ので非常に協力的であった。講習会が終了した後、倉敷市教育委員会に勤務し

第 10 章　現代学生の生き方とその課題　241

ていた部長クラスの人（元受講生）から「倉敷市の社会教育センターを市長が
建築したいというので、（筆者に）そのメンバーに入ってもらえませんか」と
依頼されたことがあった。筆者は即座に承諾した。当時は生涯学習の施設が必
要であると要望されていた時代であった。筆者は倉敷市総合社会教育センター
基本構想委員会（委員 14 人）の委員長として全国の主要都市を視察し、その施
設の内容と現状を視察した。こうした調査を参考とし、これからの生涯教育の
拠点としてふさわしい答申書を倉敷市長に提出した。それは昭和 62 年 9 月 14
日であった。これは筆者にとっては地域への貢献活動であり、文部省主催の社
会教育主事講習会の成果でもあった。

第 4 節　民主主義と地域社会への貢献

　大学院の博士課程の単位取得後直ちに大学の専任講師となることは、学生募
集が順調に進んでいない現状から考えると、容易ではないであろう。子どもの
出生率が減少しつつある現状を考えると、大学院生にとっては、専門分野にも
よるが、就職への展望は明るいとはいえない。将来の就職を考え、対外的に先
輩方との人間関係を作っておくことが不可欠である。この関係づくりは各自の
置かれている現状によって多様であることはいうまでもない。

　さて、大学院の博士課程単位取得後、幸運にも大学へ就職したとき、研究や
講義以外の仕事が依頼されることは予め十分覚悟しておく必要がある。どんな
仕事でも無条件で受け入れることが次の機会への第一歩であることを知ってお
く必要がある。河合栄治郎の『学生に与う』はその時代背景が現在とは全く異
なっていたから現在の学生や院生に直接役立つとはいえないかもしれない。し
かし『学生に与う』の第二部は、「私たちの生き方」が共通のテーマであるか
ら、その内容項目を読めば、十分参考になるはずである。多くの私立大学にお
いては、察するに、学生募集に関する仕事を担当する中間管理職への就任が求
められるかもしれない。筆者は 33 歳足らずで岡山理科大学の学生課長の辞令
を受けた。その後、1 年間のイギリス留学を除いて 10 年間学生課長、厚生課

242　第2部　河合栄治郎の理想主義とその展開

長、学生部長の中間管理職の仕事を全うしてきた。

　岡山大学に着任した1975（昭和50）年から1988（昭和63）年までは中間管理職には就いていなかったが、岡山県教育委員会、倉敷市教育委員会の外いくつかの教育委員会から家庭教育、中学校の統合問題等についての委員長の依頼の仕事があった。とくに記憶に残っているのは岡山県教委から同和教育についてのアンケート調査の委員長および調査員の人選を依頼されたことであった。筆者は同和問題についての優れた研究者が他学部にいるのでその教授に依頼されたらどうですか、と辞退を表明したが、県教委の担当課長が「ぜひ行安先生に委員長をお願いします」といわれた。一晩考えた末、すべての依頼内容を承諾したのであった。筆者はイギリス・アメリカの大学に留学中、多くの現地人と交流を深めていたから民主主義を体験的に講演することができると考え、同和教育の調査を受諾した。

　同和教育の調査の対象は岡山県下の幼、小、中、高校の教員（1430人）であった。調査主体は「岡山大学教育学部教職員意識調査委員会」であった。筆者が委員長、他に委員として教授（教育学）、助教授（日本史）、講師（数学）の合計四人であった。筆者は三人の調査員に対して対外的にはすべて筆者が責任をとりますのでご安心下さいと伝えておいた。というのは同和団体の書紀長がこの件について押しかけ、質問等をする可能性があったからである。当時、筆者はJ.ロールズの『正義論』（John Rawls, *A Theory of Justice*, 1972）を読んでいる最中であったので、同和問題についてはいつでも書紀長と論争できる自信をもっていた。

　さて、アンケート用紙の配布および回収は岡山県教育庁同和教育指導課において事務的に進められた。その後、アンケート用紙が回収され、その回答用紙は委員長の私に送られてきた。その回答用紙をわれわれ四人の委員が精読した。とくに専門の委員が図表やグラフを再チェックした。確かこれらのグラフの原案は県教育庁同和教育指導課において作成されていたのでわれわれ四人の委員が修正・補足をした。このようにして『教職員の意識調査結果報告書──同和教育について』（平成2年度、岡山県教育庁同和教育指導課）が完成した。本

第 10 章　現代学生の生き方とその課題　243

書が発行された後、同和教育団体の書紀長から県教育庁同和教育指導課長にお礼の電話があり、「報告書は大変よくできています」とのことであった。課長はこの返事を委員長の筆者に伝えてきた。懸念されていた書紀長と筆者との論争はなかった。このアンケート調査を引き受けてよかったと改めて他の三委員に感謝したのであった。

第5節　専門の研究を深めることと コミュニケーションへの積極性

　河合栄治郎は研究テーマの普遍性と研究者の特殊性との関係を絶えず重要視する。その背景にはコミュニケーションの相互理解の大切さがある。このことは第4節の同和教育についてもいえる。前節で報告した同和教育についての報告書が岡山県教育庁同和教育指導課から県下の教育委員会や小、中、高校へ発送された反響として筆者への講演依頼が次々と舞い込んできた。その一例として岡山県新見市教育委員会の同和教育指導課長の友人から新見市同和教育推進大会（約400名の参加者）の講演を開催するので講師として来てくれないかと依頼された。そのとき、講演の後、質疑応答の時間を取ってよいかという質問があったので、「どうぞよろしくお願いします」と承諾した。

　さて、講演の後、司会者から「何か質問はありませんか」と質問を参加者に求めた。会場は静かになり、誰も手を上げて質問する人はいないように見えた。そのとき、元気のよい声で中年の男性（新見市地区の同和教育団体の書紀長）が立ち上がり、「同和教育を推進するためには何が必要でしょうか」と質問した。そこで筆者は「それは人々が互いにコミュニケーションを自由にし、相互に理解し合うことです。」と答えた。「どんな話題でもよいから取り上げて尋ねたり、それに答えたりすることです。」と答えた。筆者はイギリスに滞在中、公園で親子が楽しく話しながら遊んでいたのを思い出し、その質疑応答の例を話した。さらに、たとえば、スコットランドのある駅で湖へ見学に行くバス停はどこでしょうか、と尋ねたことがあった。旅行中、わからないことがあ

244　第2部　河合栄治郎の理想主義とその展開

れば、近くにいる人に自由に話しかける。これが大切な一歩である。私は初め
てオックスフォード大学に1ヶ年間留学したとき、ベイリオル・カレッジの学
長に挨拶をした。記念に写真の撮影希望を申し上げたとき、彼は「学長室内か
外ですか」と尋ねたので「外です」と筆者は答えた。5月頃であり、美しい芝
生の上でカレッジを背景に撮らせてもらった。その後、日本人の友人（筆者よ
り6歳先輩）の教授に見せたところ、「いただけませんか」と要望されたので、
「ご自分で学長の写真を撮られてはいかがですか」と尋ねたことがあった。日
本人は学長に会って写真を撮影することを遠慮する人が多いようである。要す
るに対等に自由な会話をすることができない日本人が多いように見える。イギ
リスではどんな人であれ、地位の上下には関係なく喜んで話すが、日本人は遠
慮したがる傾向がある。要するに自由に気軽に誰に対してもコミュニケーショ
ンをとることができない傾向が日本人にはある。

　以上、コミュニケーションは具体的には学会に出席し、報告者に質問し、問
題点を指摘し、これからの課題を共通認識することである。情報交換会にも出
席し、会員との交流を自由に行い、多くの知己をもつことである。さらに、研
究書を出版したとき、会員から献本を受けることがある。こうした場合、受け
取った会員はできるだけ早く内容についてのコメントを送ることが大切であ
る。しかし、この返信が遅れ、ときにはこのことを忘れてしまう人もいる。大
切なことは、本や書面が送られてきたら、原則として直ちに返信を出すことで
ある。しかし、これを怠る人は少なくない。たとえば、原稿の〆切期日を予め
知っていてもこの期日を忘れ、遅れることはよくある例である。ことわざにも
「今日できることを明日まで延ばすな」（Never put off till tomorrow what you
can do today）という言葉がある。換言すれば、「今」の「一呼吸」に注目する
ことが大切である。

　河合栄治郎は「考えること、書くこと、語ること」の中で注目してよいこと
は「達意に表現することが望ましい」といっていることである。語ること、書
くことの中で「何をいわんとすのか、考えを整理することがたいせつであり、
次にいわんと欲するところを、簡に失せず冗にわたらず、達意に表現すること

が望ましい。」と河合はいう。そのためには自分の書いた文章を何度も読み直してわかり易い文章になっているか、感銘を与える文章になっているかを確かめることである。自分が何回読んでみても、よくできている、感銘を受ける文章であれば、他人が読んでも同じ読後感を抱くであろう。自分が読んでみて、再度読みたい文章からは第三者が読んでみても、必ずや同じ読後感を心に抱くことであろう。二度と読みたくない文章は真善美の感覚に受け入れられる状況が真実に表現されていないためであるかもしれない。達意の文章を書くためには書く人の心が常に静かであり、書くことと自分の表現内容とが常に完全に一致していることが求められよう。それは西田幾多郎の「純一無雑の作用」が然らしめる自然の自他同一の境地であるかもしれないであろうと考えられる。

247

■参考文献

社会思想研究会編『河合榮治郎　傳記と追憶』社会思想研究会出版部、昭和 23 年

行安茂「河合栄治郎の思想体系」社会思想研究会編『社会思想研究』16 巻 4 号、1964 年

音田正巳・安井琢磨他「河合栄治郎とその思想を語る」（座談会）、社会思想研究会編『社会
　　思想研究』18 巻 10 号、1966 年

山田文雄・木村健康他「河合栄治郎を偲ぶ」（座談会）、『社会思想研究』18 巻 12 号、1966
　　年

行安茂「河合栄治郎における学問の方法」『社会思想研究』19 巻 7 号、1967 年

木村健康「思想家としての河合栄治郎」（特集）、『社会思想研究』19 巻 12 号、1967 年

江上照彦『河合榮治郎』社会思想社、1972 年

行安茂「河合栄治郎」山田孝雄編『近代日本の倫理思想』大明堂、1981 年

行安茂・藤原保信編『T・H・グリーン研究』御茶の水書房、1982 年

社会人大学編『河合栄治郎研究』昭和 62 年度、1987 年

社会人大学編『河合栄治郎研究』平成 9 年度、1997 年

松井慎一郎『戦闘的自由主義者　河合栄治郎』社会思想社、2001 年

河合栄治郎研究会編『教養の思想』社会思想社、2002 年

行安茂「河合栄治郎と T・H・グリーン」広島哲学会編『哲学』第 54 集、2002 年

遠藤欣之助『評伝　河合栄治郎─俯仰不撓不屈の思想家』毎日ワンズ、2004 年

松井慎一郎『評伝　河合榮治郎─戦闘的自由主義者』玉川大学出版部、2004 年

行安茂『近代日本の思想家とイギリス理想主義』北樹出版、2007 年

松井慎一郎『河合栄治郎　戦闘的自由主義者の真実』中公新書、2009 年

行安茂「西田幾多郎と T・H・グリーン」『日本哲学史研究』第 9 号、京都大学大学院文学
　　研究科日本哲学史研究室紀要、2012 年

西谷英昭・川西重忠編『河合栄治郎「学生に与う」現代版続現代の学生に贈る』桜美林大学
　　北東アジア総合研究所、2013 年

川西重忠『断固たる精神　河合栄治郎』桜美林大学北東アジア総合研究所、2013 年

行安茂『イギリス理想主義の展開と河合栄治郎』世界思想社、2014 年

行安茂『河合栄治郎の思想形成と理想主義の課題』一般財団法人アジア・ユーラシア総合研
　　究所、2018 年

行安茂『現代道徳教育学入門　自己実現の歴史的背景とその再評価』北樹出版、2024 年

Atsuko Hirai, *INDIVIDUALISM AND SOCIALISM: The Life and Thought of Kawai
　　Eijiro*（*1891-1944*）, Councill on East Asian Studies, Harvard University, 1986.

T.H.Green: Ethics, Metaphysics, and Political Philosophy, edited by Maria Dimova-

248

Cookson And W.J.Mander, Clarendon Press, Oxford, 2006

William Sweet, *Biographical Encyclopedia of British Idealism*, Coninum, 2010

あとがき

　今年は河合栄治郎が他界してから80年である。河合栄治郎は1944年2月15日急逝した。編者は生前の河合栄治郎を直接知ることはなかった。当時、編者は国民学校（小学校の名称が国民学校に改称されたのは昭和16年4月1日であった）の5年生であった。その後、昭和19年4月から旧制中学校に進学したが、太平洋戦争中の戦時体制下の中学校であり、落ちついて勉強ができる環境ではなかった。編者が河合栄治郎の名前を知ったのは、戦後の昭和21年4月以降のある日、岡山市の古書店に行って学生向けの本を探索していたとき、河合栄治郎編『学生と先哲』（日本評論社、昭和16年）および河合栄治郎編『学生と教養』（日本評論社、昭和13年）を発見し、購入してからであった。当時、編者は岡山県御津郡金川町（現岡山市北区御津金川）のある民家に下宿していた。

　河合栄治郎の教養書、とくに『学生に与う』は戦後の学生（主として大学生）に愛読されていた。編者は旧制中学校3年生のときから読み始め、感銘を受けてきたことを記憶している。編者が河合から影響を受けたのは以下の三点であった。第一点は河合の影響によって旧制中学校3年生、4年生の有志から構成される弁論部に入部したことである。第二点は河合の教養書を読むことによって文章の表現方法を身につけることができたことである。昭和23年から新制高等学校がスタートすると共に、編者は岡山県内の金川高等学校（私立）の生徒会の会長に選出された。これも河合栄治郎の教養書を読んだ影響によって生徒をまとめる能力が身についたためであったと記憶している。第三は、少年ながら社会改革者になろうと決意したことである。河合栄治郎は社会改革者であった。

　以上三点が河合栄治郎から学んだ点であった。戦後社会は衣食住が不足し、インフレーションのため物価が高く、人々の生活は困窮しており、思想的には封建遺制の克服が叫ばれ、民主主義を推進することが社会の風潮であった。し

かし、学生や生徒は将来何をなすべきかという問題に迷っていた。河合栄治郎は「何をなすべきか」の方向を指示したけれども、何をなすべきかは各人が反省し、何をなすべきかの目的を自分で考えなければならなかった。しかし、自分で考えて目的を具体的に決定することは15歳から16歳の学生にとっては容易ではなかった。河合栄治郎の『学生に与う』の内容は抽象的理論であり、具体的行為を指示してはいないと多くの読者は感じたに違いない。たとえば、最高善、人格、自我、理性といわれても、これらの概念が何を意味しているか、それらはどのような関係にあるかという疑問が起こるであろう。さらに自我とは何か、これと理性とはどのような関係にあるか、人間は理性のみによって動くか、理性と欲望、衝動とはどのように統一されるかという疑問が起こるであろう。

　以上の問題を解決しない限り、人格の完成も最高善も単なる抽象論であるにすぎないであろう。河合栄治郎の理想主義は以上の諸問題が体系的に説明され、理解されない限り、抽象論に終始する外はないであろう。本書は以上の疑問に答えるべく具体的に丁寧に説明したはずであるが、疑問点はまだ残っているはずである。河合栄治郎はどのような方法によって本書の諸問題を理解しようとしたのであろうか。

　河合栄治郎は東京帝国大学教授であったとき、その「演習」において報告した学生との対話において厳しい質問をし、学生に答えさせたといわれる。答えるとき、学生は自分の意見を明確に述べなければならなかったと教え子たちは回想している。河合の指導法は察するに、オックスフォード大学において採用されている Tutorial Method（個別指導法）を援用したものと考えられる。河合の指導法は厳しかったけれども非常に有益であったと教え子たちが回想していることからその指導法がいかに効果的であったかを想像することができる。

　河合栄治郎は日本の国内においては広く知られ、研究されてきたが、海外においてはどの程度研究されてきたであろうか。参考文献として三冊をあげておいたので、これらの研究の中で二著書を紹介し、二つの問題点を指摘したい。

　第一は ATSUKO HIRAI, *Individualism And Socialism: The Life and Thought of Kawai Eijiro*（1891-1944），Harvard University Press, 1986 である。本書は日本語に訳されてはいない。著者は日本人女性であり、日本語の標題とその英文の参考文献が 20 頁にわたり紹介されている。本書は著者がハーバード大学に提出した博士論文であったと推察される。著者は 1986 年当時、ハーバード大学のライシャワー日本研究所の準研究員であった。本書は河合栄治郎について書かれた英語による研究書として最も注目される研究書である。その内容は八項目から構成されている。それらは以下の通りである。

1. 個人主義の誕生
2. 個人主義者の形成
3. 個人主義の諸相
4. T.H. グリーンと「理想主義的個人主義」
5. 理想主義的社会主義—第三段階の自由主義
6. 河合とマルクス主義者たち
7. 河合と国家主義者たち
8. 河合栄治郎の試練

　本著の中で編者が疑問と考えた以下の点をあげ、河合栄治郎の今後の課題としたい。その論点は Hirai の次の一文である。「河合は第一高等学校において多分グリーンに出合ったであろう。というのは倫理学のコースが中島力造によってそこで教えられていたであろうからであった。」（『個人主義と社会主義』p.71.）この記述は事実とは違う。なぜかといえば中島力造が第一高等中学校（後の第一高等学校）で倫理学の授業をしたのは明治 23 年 6 月であったからである。このとき河合栄治郎は生まれていなかった。中島が帝国大学文科大学教授に就任したのは明治 24 年 7 月 1 日であった。著者 Hirai は河合栄治郎が第一高等学校時代に理想主義の影響を受けたのは新渡戸稲造であったことを知っていたはずである。

　次に紹介したい海外の文献は William Sweet 編の『イギリス理想主義の伝記的百科辞典』（*Biographical Encyclopedia of British Idealism*, Continuum, 2010）である。本書は Sweet による編著であり、多くの執筆者が寄稿しているが、「東

アジア」の項目については彼自身が執筆している（同書35-42頁を参照）。本書は中島力造（1858-1918）を中心としてイギリス理想主義が日本においてどのように導入され、受容されたかを日本の伝統思想との関係において明らかにしようとした。この関連において河合栄治郎の思想が取りあげられている。ただ問題は次の一文である。「河合栄治郎は大学後のある時機まではグリーンを読んでいなかったと書いたけれども、彼は1908-11の時期、東京の第一高等学校で中島の生徒であり、そして当時グリーン倫理学への広い関心についてよく知っていたであっただろう。」(*Biographical Encyclopedia of British Idealism*, p.37.)これは大きな誤りである。著者は過去完了形の文章で1908-11年当時の河合が一高在学当時、中島力造の教え子であると述べているが、中島力造が一高の教員であったのは、明治23（1890）年6月からであった。中島は明治24年7月1日、帝国大学文科大学倫理学授業の嘱託、明治25年8月8日付で帝国大学文科大学教授となった。この点から考えると、Sweetの編集の上記の記述は事実に反する誤りである。しかし、Sweet編者は、『イギリス理想主義の伝記的百科辞典』の中で中島力造、西田幾多郎、西晋一郎、高山樗牛、大西祝、綱島梁川、河合栄治郎の思想をよく紹介している。本書の参考文献の中に拙著の二編も紹介されている。その第一は、Yukiyasu, Shigeru, The Backgrounds of the Birth of Green's *Prolegomena to Ethics, The Bulltin of the Okayama College of Science*, vol.6.（1970）, pp.11-27（in Japanese）とYukiyasu Shigeru, and Yasunobu Fujiwara, The Impact of T.H.Green's Moral and Political Philosophy on Modern Japan, Paper, presenced at T.H.Green Centenary Conference, Balliol College, Oxford（September, 1982）である。

　以上、海外では河合栄治郎はあまり知られていないが、二編の研究書を紹介した。今後ますます国際交流を深め、相互理解を深めてゆくよう期待したい。

　本書（『河合栄治郎の生涯と思想——河合栄治郎没後80年記念論集』）は八人の執筆者によってそれぞれの専門の立場から執筆され、河合栄治郎没後80年にふさわしい内容を飾ることができ、編者として心から感謝しているところであ

る。今年の夏は暑さが長くつづき、執筆者各位におかれましては心身の調整が大変であったかと拝察しますが、所期の目的を達成することができまして心から感謝しています。ありがとうございました。

　最後になりましたが、出版事情が困難な状況下にあるにもかかわりませず、本書の出版を引き受けて下さった北樹出版の木村慎也社長のご高配を賜わりまして心から厚く御礼を申し上げます。さらに、古屋幾子氏には手書きの原稿を打ち直す作業および校正のきめ細かい作業をしていただきまして改めて深甚の謝意を申し上げます。編者として心から厚くお礼を申し上げます。

　　令和6年初秋

　　　　　　　　　　　　　　　　　　　　編者　行安　　茂

■執筆者・担当一覧

行安　　茂	（岡山大学名誉教授）	序・1部1・3〜6章・8〜10章 2部1・9・10章・あとがき
森上　優子	（文部科学省教科書調査官）	1部2章
西園　芳信	（鳴門教育大学名誉教授）	1部7章
松井慎一郎	（跡見学園女子大学教授）	2部2・8章
芝田　秀幹	（沖縄国際大学教授）	2部3章
佐々木英和	（宇都宮大学教授）	2部4章
道正健太郎	（神奈川県立横浜南陵高等学校 松陽高等学校非常勤講師）	2部5章
花澤　秀文	（岡山県立備前緑陽高等学校 非常勤講師）	2部6章
渡辺かよ子	（愛知淑徳大学教授）	2部7章

編著者紹介

行安　茂（ゆきやす・しげる）

1931 年	岡山県に生まれる
1961 年	広島大学大学院文学研究科（倫理学専攻）博士課程修了
1965 年	文学博士（広島大学）
1965 年	岡山理科大学助教授（'69 年　同教授）
1975 年	岡山大学教育学部助教授（'80 年　同教授）
1997 年	くらしき作陽大学教授（〜 2002 年）
現　在	岡山大学名誉教授、日本イギリス理想主義学会顧問、日本デューイ学会理事、日本道徳教育学会顧問、日本イギリス哲学会名誉会員
著　書	『トマス・ヒル・グリーン研究』（理想社、1974） 『デューイ倫理学の形成と展開』（以文社、1988） 『自己実現の道徳と教育』（以文社、1993） 『近代日本の思想家とイギリス理想主義』（北樹出版、2007） 『道徳教育の理論と実践』（教育開発研究所、2009） 「西田幾多郎と T.H. グリーン」（京都大学大学院文学研究科『日本哲学史研究』第 9 号、2012） 『道徳「特別教科化」の歴史的課題──近代日本の修身教育の展開と戦後の道徳教育』（北樹出版、2015） 『河合榮治郎の思想形成と理想主義の課題』（一般財団法人アジア・ユーラシア総合研究所、2018） 『現代道徳教育学入門』（北樹出版、2024）
共編著	『Ｔ・Ｈ・グリーン研究』（御茶の水書房、1982）
編　著	『デューイの思想形成と経験の成長過程』（北樹出版、2022）

河合栄治郎の生涯と思想──河合栄治郎没後 80 年記念論集

2025 年 3 月 10 日　初版第 1 刷発行

編著者　行安　　茂

発行者　木村　慎也

定価はカバーに表示　印刷／製本　モリモト印刷

発行所　株式会社　北樹出版

〒 153-0061　東京都目黒区中目黒 1-2-6
URL:http://www.hokuju.jp
電話 (03)3715-1525（代表）　FAX (03)5720-1488

©YUKIYASU Shigeru 2025, Printed in Japan　　ISBN978-4-7793-0769-0
（落丁・乱丁の場合はお取り替えします）